KB003834

세상이 던지는 질문에 어떻게 답해야 할까?

Original Title: "Las preguntas de la vida"

ⓒ Fernando Savater, 1999, 2008
ⓒ Editorial Planeta, 1999, 2008
Avda. Diagonal, 662–664, Barcelona 08034 (Spain)

Korean Translation copyright ⓒ 2012 Galmaenamu Publishing Co.
The Korean Edition published by arrangement with EDITORIAL ARIEL, an imprint
of EDITORIAL PLANETA, S.A. through Literary Agency Greenbook.

이 책의 한국어판 저작권과 판권은
저작권에이전시 그린북을 통한 저작권자와의 독점 계약으로
도서출판 갈매나무에 있습니다.
저작권법에 의해 한국 내에서 보호를 받는 저작물이므로
무단 전재와 무단 복제, 전송, 배포 등을 금합니다.

생각의 스펙트럼을 넓히는 여덟 가지 철학적 질문

세상이 던지는 질문에
어떻게 답해야 할까?

페르난도 사바테르 지음 | 장혜경 옮김 | 박연숙 감수

Contents

아직 모든 것을 알지 못하는 모든 이에게

“삶을 이해하는 순간이야말로 내 인생의 정점이다.”

ㅡ조지 산타야나

'철학 자전거'를 타는 법

이 책의 목표는 아주 소박하지만, 한편으로 매우 대담하다. 서양 철학을 딱딱한 역사적인 관점에서 설명하는 것이 아니라, 우리 모두의 이익과 직결되는 문제로 다루려 한다는 점에서는 소박하다. 더욱이 젊은이들에게 서양 철학이라는 큰 주제를 소개하는 데 미력하나마 도움이 된다면 이미 그 목표를 이룬 것이나 다름없다. 하지만 관심 있는 모든 사람들, 그러니까 젊은이뿐 아니라 젊음을 잃지 않은 사람들을 철학의 세계로 초대하려 한다는 점에서 이 책의 목표는 상당히 대담하다.

철학은 그리스에서 태어난 오래된 전통이다. 하지만 나는 이 전통의 오랜 역사보다는, 해답이 필요한 '생생한 감탄과 혼란이 어우러진 일상적 순간'에 더 관심이 많은 사람들에게 초대장을 건네고 싶다. 그러므로 이 책은 소크라테스가 2500년 전에 어떻게 철학을 이용하여 아테네에서 더 나은 삶을 영위하려 했는지 등에는 별 관심이 없다. 우리가 살고 있는, 인터넷과 신용카드와 치명적인 면역 저하 질병으로 대변되는 시대에, 어떻게 하면 우리의 삶을 좀 더 잘 이해하고 누릴 수 있는지가 이 책의 관심사이다.

그러자면 소크라테스와 여타 유명한 철학자들의 학설에 관심을 기울여야 한다. 다만 단순히 그들의 발견을 비판적으로 기록하고 답습하는 데 그쳐서는 안 된다. 철학은 비중 있는 학설들의 목록이 아니기 때문이다. 에스파냐 철학자 오르테가 이 가세트José Ortega y Gasset(1883~1955)의 말처럼 철학은 '뉴스와 단순한 학식'의 반대말이다. 물론 우리는 철학을 많은 준비와 공부가 필요한 정식 연구 과목으로 선택하여 진지하게 연구할 수도 있다. 하지만 그런 경우라 하더라도 선배들의 생각을 기반으로 삼거나 그 신세를 질 수는 있지만, 철학적으로 생각한다는 것은 타인의 사상을 반복한다는 의미가 아니다.

이 책은 철학사의 '투르 드 프랑스Tour de France'(세계 최고 권위를 자랑하는 도로 일주 사이클대회)를 열어 위대한 우승자와 그들의 영웅 행위를 기리는 자리가 아니다. 그보다 평범한 독자들에게 '철학 자전거' 타는 법을 가르치는 안내자가 되고자 한다. 그러기 위해 나 스스로도, 물론 철학사의 역대 우승자들에게는 못 미치는 수준이겠지만 나만의 철학을 살짝 보탤 것이다.

젊은 독자들, 젊음을 잃지 않은 독자들이 나와 함께 자전거 페달을 밟아 주었으면 좋겠다. 기분이 내킨다면 나와 반대 방향으로 달려도 좋다. 나는 이 책이 거스를 수 없는 철학의 지혜를 모은 컬렉션이 되기를 원하지 않으며, 철학적 모색과 호기심의 지침서가 되기를 바란다.

각 장의 첫머리에는 몇 가지 질문을 던져서 독자들이 앞으로 읽을 내용을 미리 정리해 두었다. 내가 뒤에서 제안하는 대답과 전혀 다른 자신만의 대답을 찾아보길 바란다. 철학에서는 이런 연습보다 더 중요한 것이 없다. 철학이란 전지전능한 존재가 무지한 자에게 전하는 계명의 진리가 아니기 때문이다. 그것은 권력의 도리가 아닌 도리의 권력에 복종하는 동등한 사람들의 대화이기 때문이다.

왜 철학인가

피의 나무 인간은 느끼고 생각하고 꽃을 피우며
말이라는 낯선 열매를 매달고 있다.
그 열매는 의미와 생각을 결혼시키고,
우리는 이념을 건드린다. 그것은 육체와 숫자이다.
— 옥타비오 파스Octavio Paz

질문으로 철학하라

21세기 초, 젊은이들과 젊음을 잃지 않은 사람들에게 철학은 아직 의미가 있을까? 정말 철학이 아직도 일반교양의 한 과목으로서 가치가 있을까? 흘러간 과거의 유물에 불과하지 않을까? 그저 괴짜들의 시간 때우기, 무익한 시간 낭비 아닐까? 요즘도 철학에 관심을 가지는 사람들이 있다면 아마도 철학에 사명감을 느끼는 극소수일 것이다. 그렇다면 왜 굳이 젊은 사람들에게 철학을 소개하겠다는 것인가? 다른 것도 많은데, 왜 하필 철학인가?

역사상 최초로 철학에 반대한 사람들이 철학을 다름 아닌 '애들 잡동사니'로 폄하했다는 사실은 참으로 의미심장하다. 그들은 철학이 기껏해야 아이들의 조기 교육에나 유용할 뿐, 어른들에게는 전혀 필요하지 않다고 주장했다. 그 대표적인 인물이 칼리클레스Callicles (플라톤의 대화편 중 《고르기아스》에 등장하는, 유명한 소피스트 고르기아

스의 제자)이다. 그는 부당한 짓을 저지르는 것
보다는 부당한 짓을 당하는 편이 낫다는 소크
라테스Socrates(B.C. 470?~B.C. 399)의 견해를
반박하며, 진정으로 법을 아끼는 사람이라면
오히려 강자가 약자보다, 가치 있는 사람이 가
치 없는 사람보다, 능력 있는 사람이 무능한
사람보다 우위에 서야 한다고 주장했다. 성문
법에는 부정을 당하는 것보다 저지르는 것이

🍃 **소크라테스**

고대 그리스의 철학자로, 저서
를 전혀 남기지 않았지만 플라
톤을 통해 그의 철학이 알려졌
다. 따라서 실제 소크라테스의
철학이 무엇인지를 두고 논란
이 적지 않다. 기원전 399년
'청년들을 타락시킨다'는 죄목
으로 사형 선고를 받았고, 독
배를 마시고 죽었다.

더 나쁘다고 쓰여 있지만, 자연법은 부정의 희생물이 되니 차라리
부정을 저지르라고 요구한다고 말이다. 다른 모든 건 철학의 생트집
에 불과할 뿐으로, 이미 어른이 된 칼리클레스에게는 경멸의 대상일
뿐이었다. "오, 소크라테스여, 이것(철학)을 젊은 시절 적당히 연구
하는 것은 지극히 점잖은 일이나, 그곳에 필요 이상으로 오래 머물
면 사람이 망가진다오."

요컨대 칼리클레스는 젊은 사람들이 철학을 연구하는 건 나쁘지
않지만, 성인의 경우에는 철학이 사람을 망가뜨린다고 보았던 것 같
다. 내가 '같다'고 말한 건, 소크라테스가 청년들을 사상과 말로 유
혹하여 타락시켰다는 죄를 뒤집어쓰고 독배를 마셨다는 사실을 잊
어서는 안 되기 때문이다. 철학이 성인뿐 아니라 청년들의 흥미조차
끌지 못한다고 해도 단호한 칼리클레스 −강자의 권리를 대변하는
자− 에겐 그 사실이 전혀 문제가 되지 않았을지도 모르니 말이다.

철학을 향한 비난은 한마디로 이렇게 요약할 수 있다. **철학은 아**

무짝에도 쓸모가 없다! 철학자는 그 누구보다도 가능한 한 모든 것에 대해 알려고 한다. 하지만 현실에선 협잡꾼이요, 공허한 미사여구의 추종자에 불과하다. 세상과 사회에 정말로 필요한 정보를 제공하는 사람은 누구인가? 당연히 학자와 기술자, 전문가 들이다. 이들이야말로 현실에 대한 유효한 **정보**를 제공해 줄 수 있는 장본인들이다.

철학에 반대하는 사람들의 주장대로라면, 철학자들은 근본적으로 아무것도 모르는 상태에서 이야기한다. 소크라테스도 그 사실을 자백했다. "나는 내가 아무것도 모른다는 것을 안다." 그가 아무것도 모른다면 왜 우리가 그의 말에 귀를 기울여야 한단 말인가? 아무것도 알지 못하는 사람보다는 뭐든 아는 사람에게 배우는 편이 더 낫지 않을까? 특히나 응용과학이 비약적인 발전을 이루었고, 평범한 사람들까지도 대부분의 물건이 어떻게 작동하며 어떻게 발전하고 있는지 아는 요즘 같은 시대에는 말이다.

현실이 던지는 질문에 대답하다

마이크로 칩, 입자 가속기, 인터넷, 디지털 TV가 판을 치는 세상에서 우리는 철학으로부터 어떤 정보를 끌어낼 수 있을까? 아무 정보도 줄 수 없다는 체념 섞인 대답밖에는 할 수 없을 것 같다. 소크라테스 역시 그랬을 것이다. 자연 과학자, 기술자, 전문 잡지, TV 프로그램 등이 수많은 정보를 제공하지만, '철학적' 정보란 존재하지 않는다. 철학은 오르테가 이 가세트의 말대로 단순 정보와는 전혀 다른 것이다.

그런데 우리 자신과 우리를 둘러싼 세계를 좀 더 잘 이해하기 위해 우리에게 필요한 유일한 것이 정말로 정보일까? 예를 들어 어떤 정보, 가령 이 세상에는 수많은 사람들이 굶주리고 있다는 정보를 얻었다고 하자. 이 정보를 얻은 뒤 우리는 그에 대해 어떤 생각을 해야 할지 자문한다. 그리고 그에 관한 다양한 의견

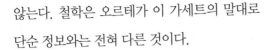

🖋 **호세 오르테가 이 가세트**
스페인의 철학자로, 독일 대학에서 공부했기 때문에 독일 철학, 특히 칸트, 니체, 딜타이의 영향을 많이 받았다. 가세트에 따르면, 나는 세계와의 연관을 통해 결정된다. 사고는 세계를 전유하는 한 형태이다. 이 전유의 형태는 개별적이며 각자가 '옳다'. 다시 말해 유일하게 '진리'인 관점은 없는 것이다.

을 듣기도 한다. 몇 사람은 국제 시장의 모순이 세계의 기아를 부채질한다고 말한다. 또 다른 사람들은 과밀한 인구가 원인이라고 주장한다. 빈부 격차에 따른 자원의 불균등한 분배에 책임을 돌리는 사람도 있고, 신의 뜻이라거나 운명의 장난이라며 체념하는 사람도 있다. 순진한 표정으로 이렇게 말하는 사람도 빠지지 않는다. "이게 뭔 놈의 세상인지, 원!" 그리고 그의 외침은 질문으로 변한다. "그래요, 우리는 대체 뭔 놈의 세상에 살고 있는 걸까요?"

이 마지막 질문에는 과학이 제대로 답해 줄 수 없다. "지구라는 행성에 살고 있다"거나 "매일 수많은 사람들이 굶주림에 허덕이는 세상에 살고 있다" 같은 대답은 만족스러운 답변이 결코 아니기 때문이다. 우리는 "부당한 세상에 살고 있다" 혹은 "인간이 저지른 죄 때문에 신이 인류에게 저주를 내렸다" 등과 같은 대답도 만족을 주지 못하기는 마찬가지다. 왜 지금 일어나고 있는 일들이 부당한가?

무엇이 신의 저주이며, 누가 그것을 확인해 줄 수 있는가? 우리는 지금 일어나고 있는 일들에 대한 간단한 추가 정보를 원하는 것이 아니라, 우리가 갖고 있는 이 정보가 무엇을 의미하는지 알고 싶다. 그것을 어떻게 **해석**해야 하며, 우리가 갖고 있는 다른 정보와 어떻게 연관시켜야 하는가? 그 모든 것은 우리가 사는 세상을 관찰하는 데 어떤 의미가 있을까? 이런 방식으로 확인한 정보를 바탕으로 어떻게 행동할 수 있고 또 행동해야 하는가? 이런 질문들이 바로 철학의 대상이다.

학문에는 세 가지 차원이 있다고 말할 수 있다.

첫 번째 차원은 우리 주변에서 일어나고 있는 일의 사실 관계와 기본 연관 관계에 관한 **정보**를 받아들이는 것이다. 두 번째는 **이해**이다. 이해를 통해 우리는 획득한 정보를 소화하고 그것에 의미를 부여하며 그것을 정돈할 보편적 원칙을 찾는다. 마지막 세 번째 차원은 전통적으로 **지혜**라 일컬어지는 철학적 인식이다. 이것은 우리의 지식과 이해를 삶을 꾸려 갈 가능성 및 우리가 선택할 수 있는 가치들과 결합시킨다. 즉 어떻게 하면 우리가 알고 있는 지식과 삶을 일치시킬 수 있는지 그 방법을 찾으려 노력한다.

내 생각에 과학은 첫 번째 차원에서 활동하는 학문이고, 철학은 두 번째와 세 번째 차원을 대상으로 하는 듯하다. 즉 원래 의미의 철학적 정보란 있을 수 없다. 그러나 철학적으로 이해하는 것은 가능하고, 또 철학적 인식에 도달하고 싶다는 희망을 품을 수도 있을 것이다.

한 가지 예를 들어 좀 더 자세히 설명해 보기로 하자. 우리는 지금 미술관에 와서, 세상에서 가장 유명한 그림 가운데 하나인 네덜란드 화가 히로니뮈스 보스Hieronymus Bosch(1450?~1516)의 〈쾌락의 정원〉을 감상하고 있다고 하자. 이 대작에서 우리는 어떤 종류의 **이해**를 할 수 있을까? 우선 화가가 사용한 캔버스나 물감을 물리적, 화학적으로 분석할 수 있을 것이다. 그림에 X선을 비추어 다른 그림의 흔적이나 덧칠의 흔적을 찾아볼 수도 있다. 마지막으로 다른 물건들처럼 무게를 달고 부피를 재고 분해해 볼 수도 있다.

한편 이 그림은 색과 형태를 이용해 특정한 수의 인물을 그려 놓은 종이이기도 하다. 따라서 그림을 이해하기 위해서는 사람이든 유령이든, 동물이든 식물이든 혹은 물건이든, 그림 안에 묘사된 대상과 장면에 관해서도 살펴보아야 한다. 그리고 그것들이 세 폭으로 된 그림의 각 부분에 어떻게 배열되었는지도 확인해야 한다. 그림에 등장하는 수많은 인물과 상상의 동물들은 혼자서 탄생하거나 어느 날 저절로 캔버스로 걸어 들어온 것이 아니라, 화가가 특정한 목표를 추구하며 그려 넣은 것이기 때문이다.

화가가 1450년에 태어나 1516년에 죽었다는 사실을 알고 나면 그림을 또 다른 방식으로 이해할 수도 있다. 그는 직선과 다채로운 색상으로 중세 후기의 회화를 주도한 플랑드르Flandre 미술의 대표 주자였다. 그가 묘사한 주제는 비록 아주 자유롭게 해석하기는 했어도 중세의 종교적, 상징적 세계의 산물이다. 따라서 인내심을 갖고 연구하면 그의 그림에 담긴 (시대의 이코노그래피iconography에 걸맞는) 알

● **지크문트 프로이트**

오스트리아의 심리학자. 정신
분석의 창시자이며, 20세기의
가장 영향력 있는 사상가 중
한 사람이다. 보통 정신 분석
은 무의식적 충동과 자아의 자
기 보존력의 상호 작용으로 해
석된다.

레고리allegory를 포괄적으로 밝혀낼 수 있을
것이다. 나머지는 지크문트 프로이트Sigmund
Freud(1856~1938)의 《꿈의 해석》을 이용해 접근
해 볼 수도 있을 듯하다.

그림을 이해하는 다른 방법을 상상해 볼 수
도 있다. 앞의 측면들을 간과하거나 퇴짜 놓지
않는, 모든 것을 최대한 많이 포섭하려는 관점
이다. 그러니까 그림의 전체를 파악하려고 노력하는 관점인 것이다.
이 야심만만한 관점에서 보면 〈쾌락의 정원〉은 물질적 대상이면서
동시에 역사적 증거이다. 또한 신화의 교과서이자 인간 야망의 풍자
이며, 화가의 숨겨진 인격의 비유적 표현이다.

그리고 무엇보다 탄생한 지 수백 년이 지난 지금까지도 우리 각자
에게 **개인적**으로 말을 거는 지극히 의미 있는 작품이다. 이 그림이
우리가 현실에 대해 알고 있는 것, 상상하거나 바라는 것과 관련이
있기 때문이다. 나아가 이 작품은 현세를 살아가는 삶의 상징적 혹
은 예술적 형태들, 우리를 생각에 젖게 하거나 웃게 만들거나 노래
부르게 만드는 것들을 가리킨다. 살았건 죽었건, 아직 태어나지 않
았건 모든 인간에게 공통된 생활 조건을 보여 주는 것이다.

이 마지막 관점은 그림을 향해 있던 우리의 시선을 우리 자신에게
로, 나아가 전 세계로 이끌었다가 다시 그림으로 되돌린다. 이런 관찰
방식을 철학적이라 부를 수 있다. 그리고 이런 철학적 관찰 방식은 위
대한 화가가 그린 대작만이 아니라 모든 대상에게 적용할 수 있다.

질문하는 동물

다시 한 번 **학문**과 **철학**의 차이로 돌아가서 그 차이를 좀 더 정확히 파악해 보자. 우선 눈에 띄는 것은 둘의 차이가 아니라 공통점이다. 학문과 철학은 현실이 던지는 질문에 대답하려 노력한다. 실제로 학문과 철학은 그 뿌리가 같다. 시간이 흐르면서 서서히 물리학, 화학, 천문학, 심리학 등이 철학 속 공동의 뿌리에서 떨어져 나왔다.

오늘날 학문은 사물의 성질과 기능을 규명하고, 철학은 그것이 우리에게 갖는 의미에 초점을 맞춘다. 학문은 모든 주제에 대해 이야기하기 위해 ―심지어 인간 자신을 연구할 때도― 비개인적인 관점을 취한다. 하지만 철학은 세상에 대한 이해가 불가피하게 주체에 달려 있음을 항상 의식한다. 학문은 무엇이 존재하고 어떤 일이 일어나는지 알려고 노력하지만, 철학은 그 존재와 사건이 우리에게 어떤 의미를 갖는지 고민한다. 학문은 관점과 지식의 영역들을 복제한다. 다시 말해 지식을 잘게 쪼개고 특수화한다. 반면 철학은 모든 것을 포괄적으로 연관시키려 애쓴다. 사고나 인간 실존의 모험을 통해 개별 지식 분야를 이론의 파노라마로 포장하고 그 다양성을 통일적으로 파악하려고 노력한다. 학문은 현실의 현상들을 눈에 보이지 않고 추상적이며 수학적으로 설명 가능한 파동이나 소립자로 잘게 쪼갠다.

철학은 자연 과학적 분석을 무시하거나 경멸하지 않으면서도 **인간적으로 살아 움직이는 현상의 현실**을 되찾는다. 예를 들어 학문은 나무와 탁자가 전자, 중성자 등으로 구성되어 있다는 사실을 밝혀내지만, 철학은 학문의 발견을 침해하지 않고서도 우리를 다시 나무와 탁자 사이의 현실로 되돌려 놓는다. 학문은 사실에 대한 지식을 추구할 뿐 단순한 추측을 원치 않는다. 그에 비해 철학은 우리가 지닌 지식 전체가 우리에게 어떤 의미가 있는지 —실제 지식인지 위장한 무지인지— 깨닫고 싶어 한다.

철학은 보통 학자들이 —물론 거리에서 만난 평범한 사람들도— 당연하거나 명백하다고 생각하는 문제에 특히 더 관심이 많다. 뉴욕 대학 철학과 교수인 토머스 네이겔Thomas Nagel(1937~)은 이렇게 말한다. "철학의 주 관심사는 우리 각자가 큰 고민 없이 매일 떠올리는 매우 일반적인 관념에 의문을 품고 그것을 이해하는 것이다. 역사학자는 과거의 특정한 시간과 공간에 어떤 일이 일어났는지가 궁금할 테지만, 철학자는 '시간이 무엇인가?'라고 묻는다. 수학자는 수의 상호 관계를 연구하지만, 철학자는 '수가 무엇인가?'라고 묻는다. 물리학자는 원자의 구성과 중력의 범위를 묻지만, 철학자는 우리의 의식 바깥에 무엇인가 존재한다는 사실을 어떻게 알 수 있는가 하는 점이 궁금하다. 심리학자는 아이들이 언어를 습득하는 방법을 알고 싶어 하지만, 철학자는 '어떻게 한 단어는 하나의 의미를 갖게 되는가?'를 묻는다. 관람권도 없이 극장에 몰래 들어가는 일이 옳은 행

토머스 네이겔

세르비아 출신의 미국 철학자로, 그의 철학 저서들은 형이상학, 인식론, 도덕 철학, 정치 철학을 망라하는 다양한 주제를 다루었다. 인식론에서 출발하여 주관적 관점과 객관적 관점을 중재하고자 하였고, 그 관점을 도덕 철학과 정치 철학으로까지 확장하였다.

동인지를 두고 모두가 논란을 하는 동안 철학자는 이렇게 물을 것이다. '무엇이 옳은 행동과 옳지 않은 행동을 만드는가?'"

앞서 말한 바와 같이 학문과 철학은 현실이 제기한 질문에 대답한다는 점에서는 동일하다. 하지만 학문은 질문에 대한 **해결책**을 제시한다. 다시 말해 각각의 질문에 대해 문제를 해결하고 제거하는 대답을 제공한다. 따라서 대답이 그 자체로서 논리가 분명하다면 더 이상 질문에 매달릴 의미가 없으며, 질문은 일체의 관심을 잃게 된다. 예를 들어, 물의 분자식이 H_2O라는 사실이 밝혀지면 우리는 더 이상 물의 구성 성분에 관해 궁금해하지 않는다. 그런 까닭에 이런 지식은 과거에 학자들이 내놓은 다른 해결책을 (새로운 질문 제기의 가능성이 열려 있다 해도) 자동적으로 제거한다.

반면 철학의 **대답**은 질문을 제거하지 않는다. 우리가 쉬지 않고 번갈아 가며 새롭게 문제를 제기한다 해도 이성적인 방식으로 그 문제를 다루도록 허락한다. '정의란 무엇인가?' 혹은 '시간이란 무엇인가?' 같은 질문에 철학이 내놓은 대답은 얼마나 많은지 헤아릴 수조차 없으며, 우리는 그치지 않고 거듭 이런 질문들을 제기할 수 있다. 또 과거에 철학자들이 내놓은 대답을 무익하다거나 낡았다고 폐기하지도 않을 것이다. 철학의 대답은 현실이 제기한 질문을 (몇몇 철학자들은 그랬다고 믿었겠지만) 해결해 주지 않는다. 오히려 질문 자체를 장려하고 그 질문에서 본질적인 것을 강조한다. 철학은 더 많은, 더 나은 질문을 던지도록 도와주고, 부단히 질문을 던지는 우리가 인간으로 보이도록 돕는다. 생각할 수 있는 모든 질문의 너머에서 쉬지 않고 질문을 던지는 '**질문하는 동물**'이 아니라면 인간은 과연 무엇이란 말인가?

물론 만족스러운 대답이 있는 질문들도 있다. 이런 질문은 학문의 소관이다. 이외에 다른 질문들의 경우 완벽하게 대답하기가 불가능한데, 이러한 질문에 −결코 최종적이지 않은− 대답을 던지는 것이 철학의 할 일이다. 과거에는 철학의 소관이라고 생각한 질문들−예를 들면 자연과 천체 운동에 관한 질문들−에 훗날 학문이 대답을 해 준 경우도 있었다. 학문이 이미 해결한 질문을 −철학의 의심에 자극을 받아 새로운 학문의 관점에서− 다시 제기한 경우도 있었다. 유클리드 기하학에서 비非 유클리드 기하학으로 넘어간 걸음이 그 대표적인 사례이다.

어떤 질문이 철학과 학문 가운데 어느 쪽에 속하는지를 정하는 것 또한 철학자들과 과학자들의 중요한 과제 중 하나이다. 오늘 철학이 관심을 갖는 특정 질문에 내일 학문이 과학적 해결책을 내놓을 수도 있다. 과학자들이 내놓은 미래의 해결책이 철학자들의 질문을 바꾸는 데 −그리고 다시 많은 과학자들이 그로부터 학문의 방향을 설정하고 새로운 자극을 이끌어내는 데− 결정적으로 기여할 수도 있다. 그러므로 학문과 철학은 서로를 적대할 하등의 이유가 없을뿐더러 서로를 경시할 이유도 없다. 우리가 확실히 말할 수 있는 것은 단 하나, **언제가 되더라도** 학문과 철학이 대답해야 할 질문이 바닥나는 일은 없을 것이라는 점이다.

지식을 얻는 것보다 중요한 것

학문과 철학은 또 다른 중요한 차이가 있다. 이 차이는 결과보다
는 오히려 그 결과에 도달하는 방법과 관련이 있다. 학자는 다른 학
자들의 해결책을, 그 해결책을 내놓기까지의 고민과 계산과 실험을
모두 직접 반복해 보지 않고도 차용할 수 있다. 하지만 철학자는 다
른 철학자의 대답을 수용하거나 그들의 권위를 반박할 수 없는 논거
로 이용하는 것으로는 만족할 수 없다. 과거의 철학자들이 거쳐 간
사고의 과정을 직접 따라가 보지 않고는 그 어떤 대답도 철학자에게
타당성을 갖지 않기 때문이다. 따라서 모든 철학자는 사상의 전통이
아무리 풍부하더라도 자신만의 철학적 길을 개별적으로 고민해야
한다. 한마디로, 학문의 결과는 이용하고 싶은 모든 사람에게 혜택
이 돌아가지만, 철학의 결과는 스스로 체험하고 고민한 사람들만 이
용할 수 있다.

극단적으로 −어쩌면 과장해서− 표현한다면, 학문의 진보는 현실
에 대한 인류 공동의 이해를 개선시킨다. 그에 비해 철학은 개인의 세
계관을 바꾸고 확대하는 데 기여한다. 그러므로 타인을 위해 학문을
연구할 수는 있지만, 타인에게서 철학적 사고를 강탈할 수는 없다. 학
문의 발견은 뒤따르는 학자들의 발걸음을 가볍게 만들지만, 철학의
기여는 뒤따르는 철학자들의 노력을 −물론 더 풍성하게 만들기도 하
겠지만− 더 복잡하게 만든다. 그래서 독일 철학자 이마누엘 칸트
Immanuel Kant(1724~1804)는 철학이 아니라 철학적으로 사고하는 법만

● 이마누엘 칸트

독일 철학자 칸트는《순수 이성
비판》에서 인식 가능성의 조건
들을 설명하려 노력하였다. 인
식을 위해서는 인간이 인식을
위해 가져오는 경험과 전제 조
건들이 결정적으로 중요하다.
우리는 현실을 우리에게 보이
는 대로만 인식한다. '사물 그
자체'는 인간이 인식할 수 없
다.《실천 이성 비판》은 '정언
명령'이라 부른 칸트의 의무
윤리학을 정리한 저서이다. 칸
트의 미학서인《판단력 비판》
은 앞선 두 비판을 잇기 위한
교량 건설의 노력이다.

● 플라톤

고대 그리스 철학자로, 소크라
테스의 제자였다. 그의 철학은
(편지를 제외하면) 대화의 형태를
취한다. 저서의 인물로 등장한
소크라테스는 한 사람 혹은 여
러 사람과 대화를 나누면서 그
들이 무엇을 아는지 밝혀낸다.
따라서 플라톤의 대화편에서
플라톤의 독자적인 철학을 걸
러 내기가 쉽지 않다. 하지만
이데아론과 국가 철학은 그의
중요한 기여로 인정받고 있다.
이데아는 사물의 초감각적 원
형으로, 인간은 개념적으로 그
에 접근한다. 이는 불멸의 영

을 가르칠 수 있다고 말했다. 철학이란 유럽 각
국의 수도를 외우는 일처럼 타인이 이미 완성
하여 누구나 가르치고 전달할 수 있는 지식이
아니기 때문이다. 철학의 관심사는 **방법**, 다시
말해 사고의 길, 관찰하고 논증하는 방법이다.

소크라테스는 "나는 내가 아무것도 모른다
는 것을 안다"고 말했다. 플라톤Platon(B.C. 427?
~B.C. 347?)과 크세노폰을 통해 우리가 그에 대
해 알고 있는 대로라면 이 말은 아이러니라고
밖에는 해석할 수 없다. 이 문장은 아마도 다음
과 같은 의미로 이해해야 할 것이다. "너희들을
만족시키는 지식 중 그 무엇도 나는 만족스럽
지가 않다. 지식이 그런 것이라면 나는 더 이상
아무것도 알고 싶지 않다. 나에겐 반증이 있고,
나는 너희들의 확신에 기초가 부족하다는 것을
알기 때문이다. 그러나 적어도 나는 내가 아무
것도 모른다는 사실은 알고 있다. 그 말은 일반
적으로 지식이라 불리는 것에 대한 불신을 일
깨울 논거를 내가 발견했다는 뜻이다. 어쩌면
너희들은 나의 질문에 대답하고 나의 의심을
무너뜨릴 수 있을 것이다. 사람들이 지식이라
부르는 것을 우리 함께 연구해 보자. 그리고 소

위 전문가들이라는 사람들조차 폭풍 같은 나의 질문으로부터 구해 낼 수 없는 것들은 폐기해 버리자. 일반적으로 인정된 것을 반복하는 것은 진정한 지식이 아니다. 아무것도 모른다는 사실을 아는 편이, 철저히 고민하지 않은 것을 맹목적으로 받아들이는 것보다는 낫다. 시험 없는 인생, 주어진 대답을 본질적으로 따져 보

혼이 태어나기 전 몸에 묶여 있던 시절에 알았던 이데아를 다시 기억함으로써 일어난다. 플라톤은 신분 사회인 철학자가 통치하는 국가를 구상하였고, 시칠리아의 시라쿠스에서 여러 차례 그 국가를 실현하고자 하였으나 실패하였다.

지 않고, 스스로 대답하려고 노력하지 않는 삶은 가치가 없다."

이처럼 철학은 혼란을 제거할 이론을 제공하기 전에 먼저 자신의 불확실함을 시인하는 데서 출발한다. 올바른 대답을 내놓기 전까지 왜 틀린 대답에 확신하지 못하는지 그 이유를 명확히 해야 한다. 스스로 고민하고 토론한 뒤 무언가를 아는 것과, 직접 생각하지 않고 기존의 지식을 아무 의심 없이 받아들이는 것은 전혀 다른 문제이다. 철학은 인식을 향해 진군하기 전에 시작된다. 이는 곧 안다고 믿지만 실상은 타인의 실수를 반복하는 것에 다름 아닌 사람들을 반박한다는 의미이다.

지식을 얻는 것보다 더 중요한 것이 있다. 안다고 믿지만 거의, 혹은 전혀 알지 못하는 것을 비판하는 능력을 갖추는 것이다. 철학자는 자신의 생각을 확신하기 전에, 적어도 자신이 타인의 주장을 의심하거나 거부하는 이유를 알아야 한다. 그리고 이런 부정적이고 방어적이며 비판적인 철학의 기능은 이미 그 자체로 가치가 있다. 자신의 불확실함을 인식하는 것은 이미 진보이다.

온 세상이 직접적이고 완벽한 해결책을 요구하고, 풀 수 없는 문제는 불편하게 생각하는 21세기 초……. 이 시대에 철학을 이야기하는 것이 과연 의미가 있는 걸까? 질문을 다르게 던져 보자. 교육 −학교 교육을 포함하여− 은 **인간화**의 의미를 갖는가? 수백 년 전부터 인간에게 철학을 강요한 그 불안보다 더 인간적이고 더 필요한 것이 있을까? 인간을 인간답게 만드는 철학의 힘을 포기해야 하는가? 우리가 살고 싶은 민주 사회에 꼭 필요한 철학의 힘, 해방과 반反 도그마dogma의 잠재력을 포기해야 하는가?

질문에 대한 대답은 자명하다. 하지만 어떻게 하면 철학에, 아니 철학의 방법에 접근할 수 있을까? 어떻게 젊은 사람들을 철학으로 초대할 수 있을까? 어디서부터 시작해야 할까?

죽음에 대한 생각에 긍정적인 것이 숨어 있을까?

Preview

어떤 의미에서 죽음은 우리를 진짜 인간으로 만든다고 할 수 있을까? 죽음보다 더 개인적인 일이 있을까? 생각한다는 것은 우리 개인의 인간성을 인식한다는 의미가 아닐까? 죽음을 논리적 필연성을 포함하는 필연성의 원형으로 볼 수 있을까? 동물의 존재는 인간과 같은 의미에서 유한할까? 왜 죽음을 '양도할 수 없다'고 말할 수 있을까? 죽음은 '나이와 질병에 관계없이 항상 위협적인 모습으로 문 앞에 서 있다'는 말은 무슨 의미일까? 꿈과 불멸의 희망 사이엔 연관성이 있을까? 왜 에피쿠로스는 죽음을 두려워하지 말아야 한다고 말했을까? 루크레티우스는 그의 논리를 어떻게 뒷받침했을까? 그들은 실제로 우리를 위로할 수 있을까, 아니면 그저 조금이나마 마음 편하게 해 주려는 걸까? 죽음에 대한 생각에 긍정적인 것이 숨어 있을까? 왜 죽음은 삶에 집중하도록 생각을 일깨울 수 있을까?

생각을 자극하는 것

나도 언젠가는 **어쩔 수 없이** 죽게 될 것이라는 사실을 처음으로 깨달은 순간, 나는 지금도 그 순간을 생생히 기억하고 있다. 아마 아홉 살이나 열 살 무렵이었을 것이다. 밤에 자려고 잠자리에 누웠다. 같은 방에서 잠든 동생들이 살짝 코를 골고 있었다. 옆방에선 아버지가 밤마다 내가 무서워할까 봐 켜 놓은 라디오 소리가 들려왔다. 나는 불현듯 자리에서 벌떡 일어나 앉았고, 갑자기 이런 생각을 했다. '**나도** 언젠가는 죽을 거야. 운명을 피할 수는 없어. 빠져나갈 방법이 없어. 할머니와 할아버지와 부모님의 죽음만 참고 견뎌야 하는 게 아니라 나 자신도 언젠가는 죽게 될 거야.' 이 얼마나 지독히도 낯설고 무시무시하며 위험하고 이해할 수 없는, 무엇보다도 **개인적인** 확신이란 말인가!

열 살이면 현실적인 문제는 모두 어른들에게 맡겨 버릴 수 있다고 믿을 나이다. 그런데 갑자기 나 스스로 처리해야 할 생애 최초의 심각하고도 중대한 ─실로 중대한─ 문제를 발견하게 된 것이다. 물론 내가 죽는 것은 훗날, 아주 훗날의 일일 것이다. 아마도 사랑하는 사람들 ─나보다 오래 살 두 어린 동생을 제외하고─ 이 모두 세상을 떠나고 난 뒤의 일이겠지. 그래도 어쨌든 **나는** 죽을 것이다. 내가 내 자신임에도 불구하고.

이제 죽음은 남의 일이 아니게 되었다. 다른 사람의 일이나, 나중에 내가 어른이 되면 해당될 일반 법칙이 아니었다. 왜냐하면 죽음이 들이닥치면 나는 나 자신이기를 중지할 것이며, 그 먼 시점에도 나는 지금처럼 나 자신일 것이라는 깨달음을 얻었기 때문이다. 나는 실제 죽음의 주인공일 것이며, 타인의 죽음은 가장 진실하고 중요한 죽음의 고통스러운 전령 그 이상이 아닐 것이라고 말이다. 나의 죽음, 자신의 자아의 죽음! 내가 지독히 사랑하는 '너'의 죽음이 아니라, 내가 개인적으로 잘 아는 유일한 '나'의 죽음! 물론 그 죽음은 아주 먼 훗날 찾아올 것이다. 하지만 어떤 의미에선 이미 지금 찾아오지 않았는가? 죽을 수밖에 없다는 사실을 알게 되었다는 것은 이미 죽음의 일부를 발견한 것이 아닌가? 아직 어린아이였지만 이미 다른 누구도 아닌 나 자신의 것이 되어 버린 그렇게 중대한 죽음의 일부를 발견한 것이다.

그 순간 나는 **생각**을 시작하게 되었다고 확신한다. 바로 그 순간, 나는 남의 생각을 습득하고 반복하는 것과 ─자전거처럼 남에게서 빌리지 않은─ 진짜 **자기** 생각의 차이를 깨달았다. 그 생각은 내가 그것을 사로잡은 힘보다 더 강한 힘으로 나를 사로잡았다. 내 마음 대로 잡았다 놓아 버릴 수 없는 생각. 어찌 할 바를 몰랐지만 무시해 버릴 수가 없었기에 무언가를 하지 않을 수 없게 만드는 생각. 신앙 교육을 통해 습득한 종교적 관념을 갖고 있었지만 그것마저 한순간 도 죽음의 확실성을 덜어 주지는 못했다.

그보다 1, 2년 전, 예기치 않게 시신을 본 적이 있었다. 우리 가족 이 일요일마다 가는 산세바스티안의 예수회 성당 앞마당에서 관 속 에 누워 있는 사내아이를 보았다. 그 아이는 제단 위에 누워 있는 예 수처럼 하늘색 조각상 같은 인상을 풍겼다. 하지만 차이가 있었다. 예수와 달리 그는 그전에는 살아 있었고 지금은 죽었다는 사실을 내 가 알고 있다는 것이다. "하늘로 올라갔단다." 아들에게 보여 주고 싶지 않은 광경을 목격하여 마음이 언짢아진 어머니가 말씀하셨다.

나는 생각했다. '네, 하늘로 올라갔어요. 하지만 죽어서 여기 누 워 있기도 해요. 그 말은 저 아이가 이제는 살아 있지 않다는 뜻이지 요. 어디에도 살아 있지 않다는 뜻이에요. 어쩌면 살아 있는 것보다 하늘나라에 가는 게 더 좋을지도 몰라요. 그렇지만 그 둘이 같지는 않아요. 살아 있으려면 이 세상에 있어야 하고, 말하고 걸을 수 있는 육체를 가져야 하며, 귀신이 아닌 우리 같은 사람들에게 둘러싸여 있어야 해요. 귀신이 되는 것도 멋진 일일지 몰라요. 하지만 귀신은 죽었어요. 귀신은 낯설고 무서운 죽음을 견뎌야 했고 또 지금도 여 전히 견디고 있다고요.' 그렇게 나는 상상할 수 없는 나의 죽음을 발 견한 뒤 생각을 하기 시작했다.

인간을 살아있는 존재로 만드는 것

철학을 소개하겠다는 책이 죽음에 관한 이야기부터 시작하는 것이 어쩌면 이상하게 보일지 모르겠다. 그런 주제는 좀 섬뜩하지 않은가? 자유나 사랑으로 말문을 여는 편이 더 낫지 않을까? 하지만 앞에서도 말했듯 나는 자신의 경험담에서 출발하여 철학으로 나아가고 싶다. 그리고 나의 경우 스스로 생각하게 된 계기는 다름 아닌 죽음 -**나의** 죽음- 의 확실성에 대한 발견이었다.

물론 죽음에 대한 인식은 우리를 인격적으로 **성숙**하게 한다. 모든 아이들은 -세파에 시달려 눈동자에 어린아이다운 모습이 남아 있지 않은 아이들까지도- 자신을 불멸의 존재로 여긴다. 심지어 자신은 전능하고, 세상이 자신을 중심으로 돈다고 굳게 믿기도 한다. 하지만 죽음에 관한 관념이 자라기 시작하면 우리는 성장한다. 죽음의 확실성은 우리를 진짜 인간으로, '유한한 존재'로 변모시킨다. 그리스 어에서는 '인간적'이라는 말과 '유한한'이라는 말이 같다.

그런 의미에서 본다면 식물과 동물은 유한한 존재가 아니다. 그것들은 자신이 죽을 것이라는 사실, **죽어야 한다**는 사실을 모른다. 물론 그것들도 죽지만, 죽음과의 지극히 개인적인 관계를 알지 못한다. 야생 동물들도 위험을 인지하고, 병이 들거나 늙으면 슬픔에 잠긴다. 하지만 죽음과의 떼려야 뗄 수 없는 관계는 알아차리지 못한다. 유한한 존재는 죽는 자가 아니라 죽을 수밖에 없다는 확신을 가진 자이다.

그런 의미에서 식물과 동물은 우리와 같은 의미에서 살아 있는 것은 아니라고 할 수 있다. 우리는 언젠가 살아 있기를 '중단'할 것이며, 생명이란 바로 그것으로 이루어진다. 따라서 진정한 의미에서 살아 있는 자는 우리 같은 유한한 자들뿐이다. 불멸의 신이 있다고 주장하는 사람도 있고 그에 반박하는 사람도 있지만, 그 누구도 그 신이 **살아 있다고** 주장하지는 않는다.

　그러므로 죽음에 대한 인식에 관해 이야기하는 것으로 철학을 시작하는 것은 변덕이나 억지가 아니다. 죽음이 철학의 유일한, 혹은 가장 중요한 주제라는 뜻도 아니다. 오히려 정반대다. 철학은 삶을 다룬다. 산다는 것이 어떤 의미이며, 어떻게 해야 더 잘 살 수 있는지에 대해 이야기한다. 다만 우리를 유한한 자로, 다시 말해 인간으로 만들고 동시에 살아 있는 존재로 만드는 것은 예정된 죽음이다. 인간은 스스로의 유한성을 인식할 때에야 비로소 삶에 대해 고민하기 시작한다. 플라톤의 《파이돈》에서, 소크라테스는 철학이란 죽음을 준비하는 것이라고 말했다. 그런 죽음의 준비가 우리 인간의 (유한한) 삶에 대한 고민과 무엇이 다른가? **나** 자신의 유일하고 되풀이될 수 없는 삶을 인식하게 만드는 것은 다름 아닌 죽음의 확실성이다.

가장 개인적인 사실

우리가 살면서 하는 모든 노력은 피할 수 없는 죽음에 대한 저항의 형식들이다. 그것은 죽음에 대한 자각이며, 그 자각을 통해 삶은 우리 모두에게 매우 의미 있는 일로, 고민해야 하는 것으로, 무슨 수를 써서라도 싸워 얻어야 하는 신비롭고 전례 없는 것으로, 고귀한 기적으로 변모한다. 만약 죽음이 없다면 볼 것도 많고 그럴 시간도 충분하지만, 할 일은 너무 적어질 것이다. 우리가 하는 거의 모든 일이 죽음을 피하려는 목적이니까 말이다. 그리고 생각할 거리도 없어질 것이다.

죽음에 관한 삼단 논법

예부터 철학은 다음과 같은 삼단 논법(논리적 추론)으로 입문하는 것이 일반적이다.

> 모든 인간은 죽는다.
> 소크라테스는 인간이다.
> 그러므로 소크라테스는 죽는다.

사형을 언도 받은 유명한 철학자를 기억하는 것으로 철학을 시작한다는 것은 흥미로운 일이다. 더구나 우리들 역시 확실히 죽을 운명이라는 논리적 추론으로 시작한다니 더더욱 흥미롭다. 이 삼단 논법은 '소크라테스' 대신 자신의 이름이나 다른 누구의 이름을 넣어도 타당하다. 하지만 그 의미는 단순한 논리적 정확성을 넘어선다. 만일 우리가 이렇게 말한다면 어떻게 될까?

> 모든 A는 B다.
> C는 A다.
> 그러므로 C는 B다.

공식은 옳지만 내용은 눈에 띄게 바뀐다. 내가 A이면 B라는 사실이 나를 불안하게 하지는 않는다. 하지만 내가 죽어야 하는, 죽을 수밖에 없는 인간이라는 사실은 언제나 내 귀에 경보음을 울린다. 먼저 인용한 삼단 논법에서는 말로 표현되어 있지는 않지만 아주 중요한 발전이 이루어졌다. 일반적이고 비인격적인 확언 −모든 인간은 죽는다··과 인간이기 때문에 따르는 개별적 운명 −소크라테스와 나와 너의 운명− 사이에 중요한 진보가 이루어진 것이다. 처음엔 중요하기는 하되 결과가 나쁘지 않은 일처럼 보였으나, 이내 개인의 사형선고로 바뀌었다. 소크라테스는 사형이 이미 집행되었지만, 우리의 경우 아직 집행일이 다가오지 않았을 뿐이다. 모든 **사람**에게 끔찍한 일이 일어날 것이라는 지식과, **나**에게도 그 일이 반드시 일어날 것이라는 지식 사이에는 어떤 미미한 차이가 있단 말인가! 일반적인 확언과 나의 이름을 주어로 하는 확언 사이에서 나의 불안은 가중된다. 그 안에서 나는 내 개성의 유일함을, 환원될 수 없음을 발견한다. 그것은 나를 창조하는 놀라움이다.

> 다른 이들도 죽었지만 그것은 (누가 그것을 모르겠는가?) 죽음을 재촉하는 계절인
> 과거에 일어난 일이었다.
> 장미와 아리스토텔레스가 죽어야 했듯
> 야쿠브 알만수르의 신하인 내가 죽으리라는 것이 가능한 일인가?

다른 많은 사람들이 죽었다. 모두 죽었고 앞으로 죽을 것이다. 하지만 나는? 나도 죽어야 하는가? 앞서 인용한 삼단 논법에서도, 보르헤스Jorge Luis Borges(1899~1986)의 멋진 시구에서도 표현된 '협박'은 탁월한 위인들 −소크라테스, 중세의 무어 인, 알만수르의 신하, 아리스토텔레스Aristoteles(B.C. 384~B.C. 322)− 조차 **이미** 죽었다는

사실에 바탕을 두고 있다. 그들은 각자의 시대에 오늘날의 우리와 마찬가지로 피할 수 없는 운명과 맞서야 했다. 하지만 맞섰다고 해서 죽음을 피해 갈 수 있었던 것은 아니다.

죽음은 피할 수 없을뿐더러 우리 삶을 지탱하는 필연성의 원형 자체이다. 삼단 논법이 '모든 인간은 먹는다. 소크라테스는 인간이다. 등등'으로 시작한다 하더라도 생리학적 시각에서 보면 그 역시 옳을 것이다. 하지만 결코 동일한 설득력을 지니지는 못했을 것이다. 그런데 이처럼 죽음을 필연성의 원형으로 삼을 만큼 피할 수 없는 것으로 인식한다는 사실을 제외하면, 과연 우리는 죽음에 대해 무엇을 더 알고 있을까?

● 호르헤 루이스 보르헤스

아르헨티나의 작가. 서정 시인이자 수필가였던 그는 역사적, 문학적, 철학적 주제들을 주로 다루었다. 철학적이고 형이상학적인 사색이 넘치는 그의 소설들은 현실의 개념을 뒤흔들었다.

● 아리스토텔레스

고대 그리스의 철학자. 플라톤의 제자이자 훗날 알렉산드로스 대왕의 스승이었다. 플라톤과 나란히 그리스 철학의 최고봉으로 손꼽힌다. 아리스토텔레스는 각 학문의 기반을 닦는 과학적 철학의 창시자이다. 논리학 역시 아리스토텔레스의 작품이다.

의심의 여지없이 아는 것이 지극히 적다. 우리가 아는 것은 죽음은 절대적으로 개인적이며 양도할 수 없다는 사실이다. 이는 누군가가 자신의 희생을 통해 과거나 미래에 닥칠 타인의 죽음을 막아 줄 수 없다는 뜻이다. 프란체스코 수도회의 사제 막시밀리안 콜베는 가스실로 끌려가던 유대인 대신 자신이 아우슈비츠로 향함으로써 그 유대인의 목숨을 구했지만, 그를 죽음 그 자체로부터 구하지는 못했다. 그의 영웅적인 희생이 유대인의 생명을 연장시킬 수는 있었지만 그에게 불멸을 선사할 수는 없었으니 말이다.

에우리피데스Euripides(B.C. 484?~B.C. 406?)의 《알케스티스》에서도 이러한 사실을 확인할 수 있다. 알케스티스는 겁 많고 이기적인 남편 아드메토스를 대신해 죽을 운명을 받아들이고 자신이 하계下界로 갈 것을 청한다. 그러나 그녀의 희생도 아드메토스를 영원히 죽음의 운명에서 구할 수는 없다. 그저 잠시 삶의 시간을 연장하고 죽음을 유예할 뿐이다.

식사나 육체적인 사랑 같은 다른 생물학적 기능들은 죽음처럼 결코 양도할 수 없는 것으로 보이지는 않는다. 가령 뷔페에서 내가 먹기 위해 줄을 서서 기다리던 음식을 누군가가 가로채 먹어 치울 수 있다. 내가 사랑할 수 있었고 사랑하고 싶었던 사람을 다른 사람이 사랑하는 경우도 있다. 심지어는 인위적으로 영양분을 공급하거나, 누군가에게 영원히 섹스를 하지 못하도록 강요할 수도 있다. 하지만 죽음은 영원히 한 사람의 이름표를 달고 있고, 그 이름은 누구와도 바꿀 수 없다.

따라서 죽음은 가장 개인적인 일일 뿐 아니라, 우리를 가장 동일하게 만든다. 이 위급한 순간에는 그 누구도 자신 이외의 다른 사람이 될 수 없다. 죽을 때는 **각자가** 최종적으로 다름 아닌 자신일 뿐이다. 우리가 태어날 때 이 세상에 전혀 없던 존재가 세상에 나온 것처럼, 죽을 때도 마찬가지로 두 번 다시 이 세상에 있지 않을 존재를 우리는 가져간다.

죽음에 대해 우리가 알고 있는 또 하나의 사실이 있다. 죽음은 확실할 뿐 아니라 항상 **위협적일 만큼 코앞에 다가와 있다**는 사실이다. 죽음은 노인이나 불치병에 걸린 환자만의 문제가 아니다. 삶을 시작한

첫 순간부터 우리는 죽음을 향해 달려가는 것이나 다름없다. 옛말에 "누구도 죽지 않을 만큼 젊지 않고, 하루 더 살지 못할 만큼 늙지 않았다"라는 말이 있다. 제아무리 건강해도 죽음은 늘 우리를 쫓아다니며, 건강을 자랑하던 사람도 사고나 범죄로 갑자기 죽을 수 있다.

몽테뉴의 말처럼, 우리는 아파서 죽는 게 아니라 살아 있기 때문에 죽는다. 사실 우리는 항상 죽음과 **동일한 거리**에 있다. 건강한지 아픈지, 안전한지 위험한지에 따라 그 거리가 달라지는 것이 아니다. 다만 죽었는지 살았는지, 즉 존재하는지 그렇지 않은지로 구분될 뿐이다. 그 중간은 없다. 누구도 실제로 '반만 죽었다'고 느낄 수는 없다. 그것은 그저 비유적인 표현에 불과하다. 우리가 살아 있는 한 모든 것은 해결할 수 있기 때문이다. 하지만 죽음은 절대 철회할 수 없다. 한마디로 죽음의 특성은 우리가 결코 죽음 앞에서 안전하지 못하다는 것이다. 지금 당장 죽을 것 같지 않아도 죽음은 늘 우리 가까이에 있다.

죽을 가능성이 없는 곳에서 사는 것

늘 우리를 위협하는 죽음은 결코 피할 수 없는 운명이며, 결코 남에게 양도할 수 없다. 이처럼 우리가 죽음에 대해 알고 있는 사실은 매우 분명하다. 그 덕분에 우리는 몇 가지 **가장 확실한** 깨달음을 얻게 되었다. 하지만 그렇더라도 죽음이 친숙해지거나 이해할 수 있는 것으로 변하지는 않는다. 결국 죽음은 우리에게 가장 미지의 것으로 남는다. 누군가가 언제 죽었는지는 알지만, 죽음이 '안에서 보면' 어떤 모습인지는 결코 알지 못한다. 죽음이 어떤 의미일지는 적으나마 안다고 생각하지만, 자신이 죽는다는 것의 의미는 알지 못한다. 톨스토이의 소설 《이반 일리치의 죽음》이나 에우제네 이오네스코 Eugéne Ionesco(1912~1994)의 희곡 《왕은 죽어 가다》 같은 위대한 문학 작품들이 죽음에 대한 이해를 도와줄 수는 있겠지만, 이들 역시 근본적인 질문에는 대답해 주지 못한다.

수백, 수천 년, 아니 그보다 훨씬 오랫동안 죽음을 둘러싼 수많은 신화와 약속, 협박과 수다가 이어져 왔다. 아주 오래된 이야기들 - 어쩌면 인류, 즉 죽음에 대해 묻기 시작하면서 인간으로 변신한 그 동물 자체만큼이나 오래된 이야기들- 도 있는데, 이것들이 종교의 보편적인 기초를 형성한다. 이 이야기들을 자세히 살펴보면, 인간의 모든 신은 죽음의 신이다. 죽음의 의미에 골몰하고, 상과 벌을 내리고 환생을 판단하는 신이다. 신들은 유한한 자들을 위해 영생의 열쇠를 쥐고 있다. 무엇보다 신들은 불멸하며, 죽은 것처럼 보이더라도 이후에 다시 태어나거나 변신을 거쳐 다른 존재로 변모한다. 종교는 언제 어느 때나 죽음에 의미를 부여하는 역할을 해 왔다. 죽음이 없다면 신도 없을 것이다. 더 정확히 말해 우리는 유한한 인간이 아니라 신일 것이며, **신처럼** 무신론자로 살게 될 것이다.

오래된 신화들은 죽음을 위로하려 하지 않는다. 그저 죽음의 불가피성을 설명하려 애쓴다. 역사상 최초의 대서사시인 《길가메시》는 기원전 2700년경에 탄생한 수메르의 전설이다. 길가메시와 그의 친구 엔키두는 용맹스러운 전사이자 사냥꾼이다. 그런데 엔키두가 하늘의 황소를 죽인 벌로 여신에게 죽임을 당하자 길가메시는 친구를 살리기 위해 영원히 젊음을 붙잡아 둘 수 있는 마법의 약초, 죽음을 막는 생명의 식물을 찾아 길을 떠난다. 마침내 그 식물을 구하지만 곧바로 잃어버리게 되는데, 그 직후 그의 앞에 엔키두의 귀신이 나타난다. 엔키두는 친구에게 죽음의 왕국에 깃든 어두운 비밀을 털어놓고, 길가메시는 때가 되면 그곳으로 가겠노라 결심한다. 이 죽음의 왕국은 우리가 아는 삶의 어두운 거울상과 다르지 않다. 가슴 저리도록 슬픈 장소이다.

고대 그리스 신화 속 하데스 역시 죽음을 위로하지 않는다. 고대 그리스의 시인 호메로스의 《오디세이아》에서는 오디세우스가 죽은 자들의 영혼을 외쳐 부른다. 그들 중에는 옛 친구 아킬레우스도 있는데, 죽은 자들 사이에 선 그의 그림자는 살았을 때와 별반 다르지 않게 당당하고 위엄이 넘친다. 그럼에도 그는 죽음의 물가에서 왕이 되느니 이승의 마지막 돼지치기가 되겠노라고 고백한다. 산 자들은 죽은 자들을 부러워할 일말의 이유가 없다고 말이다.

반면 기독교를 비롯해 나중에 등장한 종교들은 신의 계명을 충실히 따르면 현세의 삶보다 더 행복하고 찬란한 실존이 가능하지만, 그렇지 않을 경우 영원한 고통을 받는다고 협박하였다. 내가 여기서 '실존'이라는 표현을 쓴 것은 그런 약속이 실제 '삶'이라는 명칭에 걸맞지 않기 때문이다. 우리가 아는 유일한 의미에서의 삶은 의외의 변화들, 더 나은 것과 더 못한 것 사이의 방황으로 이루어진다.

영원한 행복과 끝나지 않는 저주는 똑같이 무한한 마비의 형태일 뿐, 삶의 존재 방식이 아니다. 따라서 종교는 제아무리 좋은 담보물을 내세워도 '영생'을 보장하지 못한다. 그저 영원한 실존을 약속할 뿐이며, 그것은 인간의 삶, 우리의 삶과 같은 것이 아니다. 죽을 가능성이 없는 곳에서 어떻게 진정으로 '살' 수 있겠는가? 인간 종種으로서는 유한하다는 사실을 알지만 개인으로서는 죽고 싶지 않다는 욕망, 바로 이것이 ─에스파냐 출신의 작가이자 철학자 미겔 데 우나무노Miguel de Unamuno(1864~1936)가 힘주어 강조했듯─ 우리 각자에게 개성을 선사한다. 우나무노는 ─특히 그의 대표작 《생의 비극적 감정》에서─ 죽음에 저항했지만, 이 세상에서도 ─만일 존재한다면─ 다음 세상에서도 똑같이 열정적으로 자신의 인격을 고수하려 하였다. 그러니까 아무렇게나 계속 존재하는 데 만족하지 않고 다름 아닌 '돈 미겔 데 우나무노 이 후고'로 존재하고자 했던 것이다.

여기서 심각한 이론적 문제가 제기된다. 우리의 개성적인 인격이 죽음에 대한 인식과 저항에 바탕을 두고 있다면, 만약 우나무노가 불멸인 경우, 다시 말해 그가 두려워하고 거부하는 죽음이 없다면 어떻게 우나무노는 계속 그 자신으로 머물 수 있을 것인가? 우리의 개성적인 인격과 화합할 수 있는 유일한 영생은, 죽음이 현존하기는 하지만 끝없이 연기되는 삶, 즉 죽음이 항상 두려운 것으로 존재하지만 결코 실제로 우리를 덮치지는 않는 삶일 것이다. 그런 상황을 초월적 희망이 아니라 실제로 상상하는 일은 쉽지 않다. 이것이 우나무노가 '생의 비극적 감정'이라 불렀던 정신 상태의 근거이다. 솔직히 누가 알겠는가……

행복을 누리든 고통을 받든 어떤 방식으로든 죽은 뒤에도 계속 산다는 관념은 불안을 조장할뿐더러 모순된다. 이것은 죽음을 진지하게 받아들이지 않으려는, 죽음을 단순한 현상으로 바라보려는 노력이다. 심지어 우리의 유한성, 즉 우리의 인간성 자체를 일정 정도 부인하거나 은폐하려는 노력이기도 하다.

종교적인 확신을 가진 사람들을 보통 '신자'라고 부르는 것은 역설적인 일이다. 그들의 특징은 그들이 믿는 것 –신비스럽고 모호한 아주 다양한 것들– 에 있는 것이 아니라, 그들이 믿지 **않**는 것 –가장 명확하고 불가피하며 가장 보편적인 것, 즉 죽음– 에 있기 때문이다. 소위 '신자들'이란 실제로는 죽음의 현실성을 부인하는 '비신자들'인 것이다.

어쩌면 이런 불안에 맞서는 –인간이 죽는다는 사실은 알지만 그것을 실제로 **상상**할 수는 없는– 가장 확실한 방법은 셰익스피어의 희곡 《햄릿》에서 햄릿이 내뱉은 다음과 같은 대사에 담겨 있는지도 모른다. "죽는 것은 잠드는 것이고 잠이 들면 꿈을 꾸게 되나니!" 실제로 우리 조상들은 깊이 잠든 사람과 죽은 사람의 유사성을 통해 죽음 후의 삶을 가정했을 것이다. 잠을 자면서 꿈을 꾸지 않는다면 누구도 사후의 삶이 있다는 황당한 생각을 하지 못했을 것이다. 그러나 눈을 감고 깊은 잠에 빠져 있을 때, 우리는 우리가 지금 여행을 하고 말을 하고 웃고 사랑을 나누는 것은 꿈속이라는 사실을 안다. 왜 죽은 사람들도 똑같아야 한단 말인가? 아마도 기분 좋은 꿈은 파라다이스에 대한 관념의 원천이 되었을 것이며, 악몽은 지옥의 경고로 해석되었을 것이다. 그러므로 로페 데 베가와 나란히 에스파냐 황금기의 가장 유명한 극작가였던 칼데론 데라바르카Pedro Calderón de la Barca(1600~1681)의 작품 제목처럼 '인생은 꿈'이지만, 소위 다른 삶 -그러니까 죽은 후의 삶- 의 관념 역시 우리의 꿈꾸는 능력에 자극을 받았다고 보는 편이 더 타당할 것이다.

무엇을 잃고 무엇을 얻을 것인가

타인의 죽음을 생각하면 가슴이 아프다. 하지만 죽음과 관련하여 가장 중요한 것은 자신의 죽음을 생각할 때 밀어닥치는 공포이다. 어떤 사람들은 죽은 다음에 무서운 일이, 무서운 벌이나 알지 못할 위험이 닥칠 것을 두려워하지만, 죽은 뒤에는 아무것도 없고 그 무無가 가장 무섭다고 믿는 사람들도 있다. 죽은 뒤에 무엇이 —혹은 누군가가— 있어 불쾌하거나 고통스러운 일이 일어난다 해도, 사실은 무無가 그 모든 것들보다 훨씬 더 위협적으로 느껴진다. 왜 그럴까?

고대 그리스의 철학자 에피쿠로스Epicouros (B.C. 341~B.C. 270)는 〈메노이케우스에게 보

> **● 에피쿠로스**
>
> 고대 그리스의 철학자. 기원전 306년에 자신의 철학 학파를 만들었다. 그의 자연론은 실생활에 기여한다. 인식은 인간을 미신의 두려움과 죽음에 대한 공포로부터 해방해야 하기 때문이다. 그가 추구한 목표는 쾌락에 바탕을 둔 지복至福이다. 따라서 그는 무절제한 쾌락을 추구한 것으로 흔히 알려져 있지만, 사실은 정반대다. 그가 말하는 쾌락은 기분의 안정, 무無 열정, 만족, 은둔으로부터 생겨난다.

내는 편지〉에서 죽음을 걱정하는 사람에게 다음과 같은 사실을 설득하려 하였다. 누구도 인간에게 죽음의 공포를 안길 수 없다는 점을 말이다. 지옥의 고통은 불손한 사람들에게 겁을 주기 위해 만든 우화와 다름 아니기에 현명한 사람은 불안에 떨 필요가 없다. 죽음 그 자체도 두려워할 것이 전혀 없는데, 왜냐하면 우리는 결코 죽음과 공존하지 않기 때문이다. 우리가 있을 땐 죽음이 없고, 죽음이 오면 우리는 우리 자신이기를 그친다.

그러므로 에피쿠로스에 따르면, 우리는 의심의 여지 없이 죽지만 죽은 뒤에는 결코 **존재하지** 않는다는 점이 중요하다. 죽은 자로서 죽음을 의식하고, 나아가 우리가 이미 완전히 사라졌다는 사실을 알면서도 어떤 방식으로든 존재하는 것이 오히려 두려운 일이다. 하지만 그것은 명백히 부조리하고 모순된다. 이렇듯 에피쿠로스의 논리는 반박할 수 없지만 그럼에도 우리의 불안을 완전히 잠재우지는 못한다. 우리 대부분이 그가 바라는 만큼 합리적이지 않기 때문일 것이다.

존재하지 않는 것이 정말 그렇게 무서운가? 따지고 보면 우리는 오랜 시간 존재하지 않았고, 그렇다고 해서 괴롭거나 고통을 받지도 않았다. 죽고 나면 우리는 태어나기 전에 있었던 장소나 혹은 그때와 동일한 부재不在로 되돌아갈 —여기서 동사 '되돌아가다'가 아직 의미가 있고 우리가 예전에 그곳에 있었다면— 것이다. 그리스 인 에피쿠로스를 열렬히 추종한 로마의 시인이자 철학자 루크레티우스 Titus Lucretius Carus(?~?)는 이 비유를 인상적인 시구로 표현하였다.

"태어나기 전에 지나간 영원의 시간이 얼마나 의미 없었는지 되새겨 보아라. 자연은 우리에게 죽은 뒤에 닥쳐올 시간의 거울로 그것을 비추어 준다. 그 안에 무서운 것이 보이는가? 잠보다 더 걱정에서 자유로운 상태가 아닌가?"

📎 **루크레티우스**
고대 로마의 철학자로 에피쿠로스의 이론을 추종하였고, 교훈 시 《만물의 본성에 대하여》를 통해 로마인들에게 에피쿠로스의 이론을 전파하려 노력하였다.

더 이상 산 자들과 함께 머무르지 않을 몇 년, 몇백 년 때문에 불안에 떠는 것은 우리가 **아직** 이 세상에 존재하지 **않았던** 몇 년, 몇백 년을 걱정하는 것과 마찬가지로 터무니없는 일이다. 과거 우리의 궁극적 부재가 가슴을 아프게 하지 않았는데, 앞으로 그것이 우리의 마음을 아프게 할 것이라고 가정하는 것은 합리적이지 못하다. 죽음이 우리에게 상처를 줄 것이라는 생각 ―"다들 행복한데, 다들 햇살을 쬐며 사랑을 즐기는데 나만 그럴 수 없다니, 나만 두 번 다시, 두 번 다시 그럴 수 없다니!"― 은 바로 지금, 아직 살아 있는 우리의 상상 속에서 일어나는 일일 뿐이다.

우리는 이미 한 번 부활하지 않았는가

어쩌면 우리는 우리의 탄생에 대해 조금 더 고민해야 하는지도 모르겠다. 탄생은 죽음이라는 당혹스러운 사실 못지않게 놀랍고도 충격적이다. 죽음이 비존재와 동일한 의미라면, 우리는 이미 한 번 그것을 무찌른 적이 있다. 태어나던 그날 말이다. 루크레티우스는 철학 시에서 '**영원한 죽음**mors aeterna'에 대해, 즉 결코 존재한 적 없고 결코 존재하지 않을 것의 영원한 죽음에 대해 말했다. 그렇게 우리는 유한하지만, 이미 영원한 죽음으로부터 벗어났다. 막강한 죽음에게서 일정한 시간을 탈취하였다. 우리가 살았던 날과 달과 해와, 앞으로 우리가 살아갈 매 순간을……. 그리고 이 시간들은 무슨 일이 일어나건 항상 우리의 것이다. 죽음의 시간이 아니라, 비록 언젠가는 어쩔 수 없이 죽겠지만 그렇게 승리를 거두며 태어난 우리의 시간인 것이다.

게오르크 크리스토프 리히텐베르크

독일의 물리학자이자 독일 계몽주의의 대표자로, 《아포리즘》에서 천재 숭배, 철학, 교육학 같은 당대의 문화적 주제들을 다루었다.

인류 역사상 가장 명철한 지성 중 한 사람인 리히텐베르크Georg Christoph Lichtenberg(1742~1799)는 유명한 격언을 통해 루크레티우스의 팔을 들어 주었다. "우리는 이미 한 번 부활하지 않았는가? 현재의 우리가 미래에 대해 알 수 있는 것보다 더 현재에 대해 알지 못했던 상태에서……. 우리의 이전 상태와 지금 상태의 관계는 우리의 지금 상태와 미래 상태의 관계와 같다." 그러나 루크레티우스와 리히텐베르크의 이러한 주장에 이의를 제기하는 목소리도 없지 않았다. 내가 아직 존재하지 않았을 때는 어찌 되었건 기존의 '나'는 아직 없었다. 내가 아직 존재하지 않았을 때는 부족한 것이 하나도 없었다. 무언가 잃어버렸다거나 아무것도 없다는 의식이 없었기 때문이다. 하지만 지금 나는 삶을 누렸고 삶이 무엇인지 알고 있으며, 죽으면 무엇을 잃게 될지 예상할 수 있다. 따라서 죽음은 내 마음을 어지럽히고 미리 골머리를 앓게 하며, 내가 가진 것을 잃게 될 것이라는 공포로 나를 괴롭히는 것이다.

더구나 미래에 일어날 나쁜 일은 과거의 그것보다 더 나쁘다는 주장도 있다. 미래의 일은 아직 일어나지 않은 지금부터 나를 괴롭히기 시작하기 때문이다. 2년 전에 신장 수술을 받았는데 3년 뒤 비슷한 수술을 또 받아야 한다고 가정해 보자. 과거의 수술은 더 이상 통증을 주지 않고 미래의 수술도 아직 통증을 유발하지 않지만, 분명그 둘이 동일한 인상을 주는 것은 아니다. 다가올 수술이 훨씬 더 큰두려움을 안겨 준다. 과거의 것은 지나갔지만 미래의 것은 나를 향해 다가오고 있기 때문이다. 객관적으로는 같지만, 불쾌한 일에 대한 '기억'은 '위협'만큼 불안을 조장하지 않기에 주관적으로 보면동일하지 않다. 이 경우 과거의 거울은 미래의 해악을 대칭적으로비추지 않는다. 이것은 죽음에도 마찬가지로 해당된다.

죽음은 우리를 생각에 잠기게 하고, 어쩔 수 없이 생각하는 존재로변신시킨다. 그럼에도 우리는 여전히 죽음에 대해 무엇을 생각해야할지 모른다. 《잠언과 성찰》로 유명한 프랑스 작가 라로슈푸코François de La Rochefoucauld(1613~1680)는 태양도 죽음도 얼굴을 볼 수 없다고말했다. 방금 언급한 '생각에의 소명'도 죽음에 부딪히면 산산이 부서지고 만다. 죽음을 어떻게 이해해야 할지 모르기 때문이다. 현대 사상가 블라디미르 얀케레비치는 죽음과 마주쳐 어찌 해야 할 바를 모르는 우리를 질책하였다. 어찌 할 바를 모르기 때문에 '최면과 공포'사이를 왔다 갔다 헤맨다고 말이다. 죽음 앞에서 우리는 -비참할 정도로- 최면에 빠져들도록 애쓰거나 두려움에 벌벌 떤다.

최면은 공포가 유일한 대안일 경우의 미약한 탈출법이다. 하지만 보지 않으려는 '최면'과 보려 하지만 아무것도 볼 수 없는 '공포' 사이를 쉬지 않고 오간다면 최면과 공포 사이에 다른 선택은 없다. 괴로운 딜레마가 아닐 수 없다.

그러나 이러한 진퇴양난의 상황도 우리의 용기를 꺾지 못한다고 장담하는 철학자가 있다. "자유로운 인간은 죽음을 전혀 생각하지 않으며, 그의 지혜는 죽음을 관찰하는 것이 아니라 삶을 관찰하는 데 있다." 그 철학자의 이름은 스피노자Baruch Spinoza(1632~1677)로, 내가 바르게 해석했다면 그의 말은 죽음과 관련해서는 생각할 긍정적인 면이 없다는 뜻이다. 죽음이 두려움을 주는 것은 항상 부정적인 상황을 동반하기 때문이다. 죽음이 자신에게 닥치면 인생의 기쁨을 잃게 되고, 타인에게 닥치면 사랑하는 사람을 잃기 때문이다. 죽음을 안도하며 받아들이는 경우 −특정 경우 죽음을 좋은 것으로 볼 수도 있다− 역시 그 근거는 죽음의 부정적 상황이다. 다시 말해 죽음이 고통과 통증을 덜어 주기 때문이다.

우리가 두려워하든, 혹은 염원하든 죽음은 그 자체가 순수한 부정이며 삶의 반전이다. 따

바뤼흐 스피노자

네덜란드 철학자로, 1632년 암스테르담에서 태어났다. 유대교리를 벗어난 자유주의 사상 때문에 1656년 유대 교회에서 파문당했고 1677년에 사망했다. 사후에야 빛을 본 대표작 《윤리학》에선 범신론의 한 형태인 스피노자의 신관神觀도 찾아볼 수 있다. 그에 따르면, 만물은 신이요 신은 만물이다. 따라서 신은 자연에도 편재한다. 신은 무한히 많은 속성으로 이루어진 실재이다. 인간은 신에게서 자연의 일부로서의 인간 자신이 소유하는 속성, 즉 확장과 사고만 인식할 수 있다. 하지만 그 둘에 대해 많이 파악할수록 자신과 신을 더 많이 파악하게 된다. 그리고 신을 사랑할수록 신도 그와 자신을 더 많이 사랑한다. 스피노자는 데카르트의 영향을 받았고, 특히 18세기 독일 사상에 지대한 영향을 미쳤다.

라서 사진이 잘 나오려면 사진의 음화와 양화가 필요하듯 죽음은 이런저런 방식으로 거듭 삶을 가리킨다. 그래서 죽음은 우리의 고민을 자극하지만 죽음에 대해서가 아니라 삶에 대해 생각하게 만든다. 죽음이 일깨운 생각은 마치 스쿼시 공처럼 죽음이라는 벽에 맞고 튕겨 나갔다가 삶으로 되돌아온다. 눈을 질끈 감아버리거나 두려움에 눈이 머는 두 가지 선택의 저 너머에서 죽음은 우리에게 흥미진진한 대안을 제시한다. 삶을 이해하려는 노력이 바로 그것이다. 그렇지만 어떻게 삶을 이해할 수 있을까? 삶에 대해 고민하려면 어떤 도구를 이용해야 할까?

우리는 어떻게
'무엇을 안다' 고 믿는 것일까?

삶에 대한 무수한 질문 가운데 가장 먼저 해야 할 질문은 무엇일까? 우리는 어떻게 '무엇을 안다'고 믿는 것일까? 이 지식을 어느 정도 확신할 수 있을까? 우리는 무엇을 이성이라고 부를까? 이성과 진리는 무슨 관련이 있을까? 이성은 얼마나 주관적이며, 혹은 얼마나 객관적일까? 이성과 진리를 타인과, 모두와 공유할 수 있을까? 회의론자들의 논리는 무엇일까? 그 논리는 어떻게 반박할 수 있을까? 상대주의 입장의 특징은 무엇일까? 모든 것이 상대적이라면 상대주의 역시 그렇지 않을까? 이성을 이용하지 않더라도 신앙이나 직관을 통해, 혹은 갑작스러운 계시를 통해 진리에 도달할 수 있을까? 왜 과묵한 이성은 존재할 수 없을까? 대화는 합리적 논증과 어떤 관계가 있을까? 진리를 발견하는 이성적인 방법이 정치에도 영향을 미칠 수 있을까? 이성을 올바로 사용하려면 이성적이기만 하면 될까, 합리적이기까지 해야 할까? 타인에 맞서 이성적으로 논증할 수 있지만, 타인에 맞서 '합리적'일 수도 있을까? 민주주의는 자신의 의견을 공식적으로 변론하는 권리일까, 아니면 모두에게 동일한 가치를 부여해야 하는 의무일까? 이성적 논증에 설득되는 건 비이성적인 일일까, 모욕적인 일일까?

모든 것은 수정의 대상이 될 수 있다

죽음은 삶에 대해 무언가 경험하고픈 욕망을 일깨웠다. 그리하여 나는 수천 가지 질문에 대답을 찾고 싶다. 나 자신과 타인에 대해, 수많은 생물과 다른 생명체에 대해, 우리를 에워싼 세상에 대해, 그리고 어떻게 하면 더 잘 살 수 있는지에 대해……. 나는 나를 둘러싼 이 무질서 —불가피하게 **유한한** 무질서— 가 무엇을 의미하는지, 그 속에서 어떻게 해야 올바른 길을 찾을 수 있을지 자문한다.

이 모든 질문들은 연신 나를 압박한다. 나는 질문들을 훌훌 털어버리려고, 질문을 조롱하려고, 혹은 나를 마비시켜 아무 생각도 하지 않으려고 애써 보지만 그것은 집요하게 금방 되돌아온다. 사실 그것은 다행스러운 현상이다. 질문이 되돌아오지 않는다는 것은 곧 내가 죽는다는 뉴스가 아주 잠깐의 충격 이상이 아니었다는 증거일 테니말이다. 어떤 의미에서는 내가 이미 죽었다고 느끼면서, 나의 확실한 죽음을 활용하지 못하고 외면하며 이불을 뒤집어쓸 수밖에 없다는 의미일 테니 말이다. 무언가를 알려는 시도, 생각하려는 노력은 살고 싶다는 절실한 욕망과 다르지 않다. 마비된 채, 마취된 채 죽음을 기다리는 것이 아니라, 죽음을 똑바로 쳐다보며 사는 것이다.

삶에 대한 수많은 질문

그러므로 이제 삶에 대해 질문을 던져 보자. 삶에 관한 질문은 수없이 많지만, 다른 모든 것에 앞서는 기본적인 질문이 하나 있다. 어떻게 하면 −최소한 일부나마− 삶이 나에게 물어오는 질문들에 대답할 수 있을까? 설득력 있는 대답을 할 수 없다면 최소한 어떻게 해야 그 질문을 좀 더 잘 **이해**할 수 있을까? 가끔은 질문에 대한 더 나은 이해가 이미 거의 대답에 가까운 결과를 돌려주기도 한다.

나는 내가 모르는 것에 대해, 아직 알지 못하고 어쩌면 결코 알지 못할 것에 대해 질문을 던진다. 때로는 내가 무엇을 묻고 있는지조차 정확히 알지 못할 때가 있다. 우리가 대답해야 하는 여러 질문들 중 최초의 질문은 바로 이런 것이다. 내가 아직 모르는 것을 어떻게 경험하는가? 내가 경험한 것이 내가 알려고 하는 것이기도 하다는 사실을 어떻게 알 수 있는가? 타당한 대답을 어디서 얻을 수 있는가?

우선, 질문은 완전한 무지無知 상태에서는 생겨날 수 없다. 아무것도 모르거나 적어도 모른다고 믿는다면 질문을 던질 수도 없을 것이다. 나는 내가 알거나 안다고 믿는 것을 바탕으로 질문을 던진다. 나의 지식이 불충분하거나 의심스럽기 때문이다. 침대 밑에 상자가 하나 놓여 있는데, 그 안에 멋진 물건들이 들어 있다는 사실을 나는 까마득히 모른다고 가정해 보자. 나는 그 상자를 알지 못하므로 그 안에 얼마나 많은 물건이 들어 있는지, 그 물건들은 무엇이며 왜 그렇게 멋진지 물을 수 없다.

여기에 비해 내 침대 위에 놓여 있는 이불의 소재가 무엇인지, 베개가 몇 개인지, 침대 회사의 이름이 무엇인지, 어디서 샀는지, 침대의 어느 부분이 가장 편한지는 스스로에게 질문할 수 있다. 질문을 던질 수 있는 이유는 적어도 내가 이불과 베개가 있는 침대에 누워본 적이 있다는 기본 사실에서 출발할 수 있기 때문이다.

심지어 나는 내가 정말로 침대에 누웠는지, 아니면 점심 식사로 나를 집어삼킨 거대한 악어의 배 속에 들어와 있는지 의심에 빠질 수도 있다. 하지만 내가 정말 침대에 누웠는지, 침대의 성질은 어떠한지에 대한 이 모든 의심조차도 적어도 내가 대략이나마 침대가 무엇인지를 안다고 믿기에 가능하다. 침대 밑에 감춰진 상자처럼 절대적으로 모르는 것에 대해서는 의심을 할 수도, 질문을 통해 밝히려 애쓸 수도 없다.

그러므로 이미 내가 지니고 있다고 믿는 지식을 조사하는 것부터 시작해야 한다. 그 지식에 대해서는 적어도 세 가지 질문을 제기할 수 있다.

첫째, 나의 지식은 어디서 왔으며 나는 그것을 어떻게 경험했는가?

둘째, 나는 그 지식을 얼마나 확신할 수 있는가?

셋째, 어떻게 해야 그 지식을 확대하고 개선할 수 있으며, 경우에 따라서는 믿을 만한 지식으로 대체할 수 있는가?

이성의 사용

내가 아는 지식 중에는 다른 사람에게 들어서 알게 된 것들이 있다. 예를 들어 부모님은 밥을 먹기 전에는 손을 씻는 것이 좋으며, 내 침대 네 귀퉁이에는 수호천사가 서서 나를 지켜 준다고 늘 말씀하셨다. 유리구슬이 점토로 만든 구슬보다 비싸다는 사실은 학교 운동장에서 반 친구에게 들어서 알게 되었다. 또 여학생에게 인기가 많았던 한 친구는 여학생 두 명이 걸어올 때는 못생긴 여학생에게 먼저 말을 걸어야 예쁜 여학생의 주목을 끌 수 있다고 가르쳐 주었다. 여행광인 한 친구는 뉴욕의 전설적인 레스토랑 이름이 '포시즌'이라고 알려 주었다. 그리고 오늘 나는 신문에서 러시아 전 대통령 옐친이 보드카를 아주 좋아했다는 기사를 읽었다. 내 지식의 대부분은 이처럼 다양한 소식통으로부터 얻은 것들이다.

학교에서 배워서 아는 것들도 있다. 희미한 기억을 헤집어 보면, 지리 시간에 온두라스의 수도는 '테구시갈파'라는 요상한 이름의 도시라고 배웠다. 또 수학 시간에는 두 점을 잇는 최단 거리는 직선이며, 평행선은 무한히 연장해도 서로 만나지 않는다는 사실을 배웠다. 화학 시간에는 물의 분자식이 H_2O라고 배웠다. 프랑스 어 시간엔 내가 만일 파리 사람을 만나 친척 아주머니의 정원에서 만년필을 잃어버렸다고 말해야 할 경우, "J'ai perdu ma plume dans le jardin de ma tante"라고 해야 한다고 —절대로 그런 일은 일어나지 않겠지만— 배웠다.

내가 직접 경험하여 알게 된 것들도 있다. 예를 들어 나는 불에는 델 수 있으며 물에는 젖을 수 있다는 사실을 경험을 통해 습득했다. 무지개의 여러 색깔을 구분할 수 있기에 누군가가 '파랑'이라고 말하면 나는 하늘이나 바다에서 자주 보던 특정한 색깔을 상상할 수 있다. 또 나는 여러 번 신장 결석으로 인한 통증을 경험했기 때문에 통증이 무엇인지 안다. 아버지가 돌아가시는 광경을 목격했기에 가슴이 아프다는 것이 어떤 것인지도 안다. 그리고 한 소녀에게서 키스를 받았을 때는 행복이 무엇인지 경험하기도 했다. 더위와 추위, 배고픔과 목마름을 알고, 말로 표현할 수 없는 다양한 감정들을 안다. 또 아이에서 어른으로 변하면서 내게 일어났던 변화들을 기억한다. 잠을 자면 꿈을 꾼다는 것, 그 꿈의 영상들이 깨어 있을 때 본 영상과 놀랄 정도로 유사하다는 사실도 경험으로 알고 있다.

그런데 내가 아는 것들에 대해 나는 어디까지 확신할 수 있을까? 물론 모든 것들을 똑같은 정도로 확신하지는 않으며, 모두가 똑같은 정도로 신빙성 있게 보이지도 않는다. 정확히 관찰하면 모든 것은 의심을 일깨울 수 있다. 타인이 이야기해 주었기 때문에 무언가를 믿는다는 것은 너무나 현명하지 못한 짓이다. 그들이 잘못 알았거나 나를 속이려고 거짓말을 했을지도 모를 일이다. 부모님조차 나를 너무 사랑하는 마음에 거짓말을 하셨을 수 있다. 어쩌면 여행을 좋아하는 그 친구는 미식가가 아니어서 훌륭한 음식점을 잘 모를 수도 있고, 여학생에게 인기 있던 친구 역시 사실은 여자의 심리를 잘 몰랐을 수 있다.

오늘 신문에서 읽은 뉴스는 더 말할 것도 없다. 한 신문의 기사를 다른 신문과 비교만 해 봐도 모든 것은 극도로 의심스러워진다. 학교에서 배운 지식 역시 절대적인 것은 아니다. 내가 어릴 때 배운 많은 지식이 지금은 다른 방식으로 설명되고 있으며, 나라의 수도 역시 바뀔 수도 —지금도 온두라스의 수도가 테구시갈파인가?— 있다. 오늘날의 지식은 앞선 수 세기의 수많은 이론을 폐기하고 지금의 자리를 차지했다. 그렇다면 지금 확실하다고 믿는 것이 내일 폐기되지 않을 것이라 누가 장담하겠는가?

내가 직접 경험한 것도 확실한 지식의 원천은 아니다. 막대기를 물에 담그면 물 아래쪽 부분이 부러진 것 같아 보이지만, 실제로 만져 보면 그 시각적 인상이 잘못되었다는 사실을 알 수 있다. 하늘에 뜬 태양은 축구공보다 크지 않아, 땅바닥에 누워 다리를 들면 발로 가릴 수 있을 정도로 작다. 하지만 천문학은 우리에게 전혀 다른 정보를 제공한다. 더구나 많이 피곤하거나 술에 취하면 환각을 보기도 하고 착각을 일으키기도 한다.

그렇다면 타인이 말해 준 것, 학교에서 배운 지식, 직접 경험한 일을 **결코** 믿어서는 **안** 되는가? 물론 그렇지는 않다. 다만 때때로 내가 알고 있다고 믿는 것을 비판적으로 검증하고 타인과의 토론을 통해 좀 더 잘 이해하려고 노력해야 한다. 한마디로, 논거를 받아들이거나 거부하기 위해서는 논거를 찾는 작업이 필수적이다. 이처럼 안다고 믿는 것을 받아들이기 전에 논거를 찾고 고민하는 일을 '이성의 사용'이라고 부른다.

이성은 우리 내부에서 현실을 밝히는 등대 같은 단순한 것이 아니다. 오히려 일부는 경험의 지시를 받고 일부는 논리의 규칙에 근거를 둔, '사고 습관과 평가, 예방 조치들의 모음집'과 유사하다. 이 모든 것들의 결합 덕분에 ―적어도 일부나마― 관계를 확정하거나 파악할 수 있는 능력, 사물들이 서로에게 의존하며 다른 형식이 아닌 바로 그 특정 형식으로 구성되도록 보살피는 능력(18세기 철학자 라이프니츠Gottfried Wilhelm von Leibniz(1646~1716)의 정의를 살짝 바꾸었다.)을 갖게 된 것이다.

많은 경우 나는 몇 가지 이성적인 확신에 도달할 수 있고, 이 확신을 기준으로 삼아 나의 지식을 심화할 수 있다. 예를 들면, 제3의 것과 같은 두 물건은 서로 동일하다. 어떤 것은 동일한 관점에서 동시에 다른 것이 아니며 다른 것일 수 없다. 가령 어떤 자동차가 흰색이나 검은색, 회색일 수는 있지만 흰색이면서 동시에 검은색일 수는 없다.

가장 개연성이 높거나 믿을 만한 사실을 이성적으로 확인하는 수준에서 만족해야 하는 경우도 많다. 일치하는 수많은 증거를 보면서

📎 **고트프리트 빌헬름 폰 라이프니츠**

수학자, 철학자, 물리학자, 역사학자, 외교관 등으로 활동한 만능 학자였다. 1946년 라이프치히에서 태어나서 파리와 런던 등지에서 살다가 1716년 하노버에서 사망하였다. 신의 창조를 '가능한 모든 세상 중 최고의 세상'으로 본 이론이 유명하다.

나는 오스트레일리아에는 캥거루가 산다고 가정할 수 있다. 피자를 데울 때 쓰는 기구가 전자레인지이지 외계인의 우주선이 아니라는 가정도 타당한 것 같다. 나아가 오늘 우리 집에 온 집배원은 어제와 똑같은 얼굴이며 똑같이 말하고 인사한다는 사실, 즉 내가 오늘 본 사람은 어제 본 사람과 같다는 사실에 어느 정도의 믿음을 선사할 수 있다. 나는 논리나 수학적 원칙에 대한 나의 이성적 믿음을 뒤흔드는 사건이 일어나지 않기를 바라지만, 다른 한편으로는 -역시나 이성적인 신중함에서- 개연성이 있거나 아직 믿을 만하게 보이는 것도 다른 분야에서는 수정의 대상이 될 수 있다는 사실 또한 인정해야 한다.

너의 그 진리, 잘 지켜라

이성은 다른 사람들이 들려주는 이야기가 아니다. 학습이나 경험의 결과도 아니다. 이성은 비판적이고 지성적인 과정이다. 나는 이성을 이용해 특정한 것은 받아들이고 −더 뛰어난 논리를 기대하면서 적어도 일시적으로는− 다른 것은 받아들이지 않음으로써 내가 들은 뉴스와 연구하는 것과 체험한 경험을 체계화한다. 이 과정에서 나는 항상 여러 견해들을 일치시키려고 노력한다. 이처럼 이성의 첫 번째 노력은 나의 순수하게 개인적이고 주관적인 관점을 객관적이거나 간주관적인 (다양한 사람들 사이에서 인정된) 관점 −모든 이성적 존재가 현실을 관찰할 수 있는 관점− 과 조화시키려는 시도이다.

나의 확신 중 하나가 이성적 논리에 근거를 둔다면, 이것이 **나에게만** 이성적인 것이 될 수는 없다. 이성의 특징은 그것이 오로지 **나의** 이성이기만 한 것은 아니라는 점이다. 플라톤과 데카르트René

르네 데카르트

프랑스의 철학자, 수학자, 자연 과학자. '근대 철학의 아버지' 데카르트는 현대 합리론의 창시자이다. 인식론적 확실성을 찾던 그는 의심할 수 없는 모든 인식의 중심과 기초는 오로지 '사고'라는 결론에 도달하였다. 그리고 그 사고는 경험 사실은 물론이고 '타고난 관념'을 바탕으로 판단을 한다. 데카르트는 정신res cogitans을 확장된 것res extensa인 신체와 엄격하게 구분하였다.

Descartes(1596~1650) 같은 위대한 철학자들이 늘 주장해 온 이성의 본질적인 **보편성**은 바로 여기에서 연유한다. 이 보편성은 첫째, 모든 사람들이 ―이성을 잘 사용하지 못하는 사람들도― 소유하고 있다는 의미이다. 따라서 몇 가지 문제에 있어서만큼은 우리 모두가 신중하고 끈기 있게 동일한 논리에 합의할 수 있어야 한다. 둘째, 이성의 보편성이란 그것의 논거가 모든 사람에게 설득력을 갖는다는 뜻이다. 그러자면 먼저 이성적인 방법에 따라야 한다는 결정이 필요하다. 그래야 이성이 판관의 자격으로 사람들 사이에서 일어나는 많은 쟁점을 조정할 수 있기 때문이다.

우리가 이성이라고 부르는 능력 ―혹은 능력의 집합?― 은 정확히 모든 인간에게 공통된 것이다. 우리가 공유하는 공동의 인간 실존은 이성에 기반을 두고 있다. 소크라테스가 그의 제자 파이돈에게 "다른 사람들이 인간의 적이 되듯" 연설의 적이 되지 말라고 경고한 것도 같은 맥락에서 이해할 수 있다. 연설, 즉 합리적 논증을 증오하는 것보다 더 화나는 일은 있을 수 없기 때문이다. 이성을 경멸하는 것은 인간성을, 자신은 물론 남의 인간성마저 경시하는 것이며, 그 안에는 자살과 다를 바 없는 인간에 대한 적의敵意가 담겨 있다.

이성적 방법의 목표는 **진리를** 확인하는 것이다. 다시 말해 우리가 믿는 것과 현실에서 실제로 일어나는 일 사이에서 최대한 일치점을 확인하는 것이다. '진리'와 '이성'은 동일한 보편적 소명을 공유하며, 나는 물론이고 다른 모든 사람에게 타당한 동일한 목표를 갖는다. 20세기를 대표하는 에스파냐 시인 중 한 사람인 안토니오 마차도Antonio Machado(1875~1939)는 이를 간결한 시구에 담았다.

> 너의 진리, 아니 진리.
> 나와 같이 그 진리를 찾으러 가자.
> 너의 그 진리, 잘 지켜라.

우리는 현실에 더 접근하려 노력하면서 지식을 이성적으로 검증함으로써 진리를 찾는다. 이성적으로 참이라는 것은 분명 최대한 **현실주의자**가 되려는 노력과 같은 의미일 것이다. 하지만 현실은 다양한 차원을 포괄하기에 모든 진리가 같은 종류인 것은 아니다. 예를 들어 내가 친구에게 "난 너의 뮤즈야"라고 말하고, 카페에서 만난 소개팅 상대에게 "저는 도로 건설 기사입니다"라고 말한다면 이 말은 둘 다 참일 수 있다. (물론 엔지니어가 된 뮤즈의 숫자는 분명 극소수이지만 말이다.)

여러 가지 진리의 장

중세 유럽 도시의 성벽 바깥에는 대개 광장이 있었다. 흔히 '**진리의 장**場'으로 불렸는데, 주로 모욕과 분쟁을 해결하는 결투가 벌어졌다. 사람들은 결투의 결과를 신의 판결이라 생각했기 때문에 승자는 진리가 자신의 것이라 착각할 수 있었다. 이성의 임무 가운데 하나는 우리가 속한 현실을 세분하는 여러 진리의 장을 구획 짓고 정리하는 것이다.

태양을 예로 들어 보자. 우리는 태양에 대해 중간 크기의 별이라고 주장할 수 있고, 혹은 신이나 창공의 여왕이라 주장할 수도 있다. 이들 주장 각각은 다른 진리의 장에 해당한다. 첫 번째 경우는 천문학의, 두 번째는 신화의, 세 번째는 시문학의 장이다. 태양에 관한 세 가지 주장 모두 각 진리의 장에서는 진실이다. 하지만 각 장들이 서로 뒤섞일 때, 다시 말해 한 장의 대답이 다른 장으로 전용될 때, 더욱이 각각의 장을 구분하지 않거나 모든 진리가 단 하나의 장에만 해당한다고 확신하는 경우 착각이나 망상이 일어난다.

얼마 전, 한 물리학 교수가 기자들에게 우주의 기원을 다루는 난해한 빅뱅 이론을 최대한 쉽게 설명해 주려고 땀을 흘리고 있었다. 그때 한 기자가 갑자기 교수의 말을 자르며 물었다. "네, 잘 알겠습니다. 그런데 그렇다면 창조자가 있다는 말씀입니까, 없다는 말씀입니까?" 이것이야말로 두 가지 다른 진리의 장을 혼동한 대표적인 사례이다. 신은 물리학의 원리가 아니다.

우리가 활동하는 진리의 장에 따라 기대할 수 있는 진리의 정도도 달라진다. 수학의 경우, 계산을 할 때 **정확성**이 필수이다. 그에 비해 아리스토텔레스가 《니코마코스 윤리학》의 첫 부분에서 정확하게 언급했듯, 윤리학과 정치학에서 우리가 기대할 수 있는 것은 **논**

리적 엄격성이 전부다. 시의 경우 정서적 표현이 중요하며, 특정한 역사적 사건을 이해하기 위해서는 확실한 근거가 있는 개연성이 필수 조건이 된다. 단순히 관습적인 종류의 진리도 있다. 가령 우리말로는 불을 '불'이라고 하지만 영어로는 '파이어fire', 독일어로는 '포이어feuer'라고 부르는 것이 관습이다. 우리의 감각 인상에서 비롯되는 진리도 있다. 예를 들어, 불은 –어떤 언어로 표현하든– 탄다. 많은 관습적 진리는 국가에 따라 달라지지만, 그렇지 않은 경우도 있다. 또 한 진리의 장에서는 필요하고 충분한 신뢰를 얻지만, 다른 진리의 장에서는 같은 신뢰를 얻지 못하는 경우도 적지 않다. 이렇듯 우리의 인생은 매우 다양한 현실의 형태를 포괄하므로, 이성은 우리가 한 형태에서 다른 형태로 불편 없이 갈아타는 데 도움이 되어야 한다.

철학의 시작에는 놀라움이 있다

에스파냐 철학자 오르테가 이 가세트는 **관념**과 **확신**을 구분한다. 관념은 식물의 종자가 지닌 기능에 관한 지식이나 상대성 이론 같은 지성적 구조이다. 그에 비해 확신은 더 고민하지 않아도 될 정도로 확실하다고 인정하는 확실성이다. 예를 들어, 우리는 집을 나서면 달나라가 아니라 우리가 잘 아는 길로 접어들 것이라고 확신한다. 또 버스의 앞만 보인다고 하더라도 뒷부분엔 앞부분과 같이 두 개의 바퀴가 달려 있을 것이라고 확신한다. 우리는 이런저런 관념을 **소유하지만** 우리는 우리의 확신 안에서 **살고** 있다.

어쩌면 그런 확신에 의문을 제기하는 것, −그래서 철학적 질문들이 자주 불쾌감을 유발하는 것이다!− 그리고 그것을 논증에 근거한 관념으로 대체하는 것이 철학의 별난 임무일지도 모른다. 그래서 아리스토텔레스는 철학의 시작에는 **놀라움**이 있다고 말했다. 주변 사람들이 모두 명백하고 확실하다고 생각하는 것을 의아하게 생각하는 능력 말이다. 그럼에도 제아무리 끈질긴 철학자라도 살기 위해서는 매일 건강한 인간 이성의 유익한 확신에 기대야 한다. 그 역시도 확신을 계속 의심하지 않고 살아간다. 그 확신이 반박할 수 없는 진리가 아닌데도 말이다.

따라서 이성은 소위 지식이란 것을 조사하여 그중에서 진실한 부분을 골라내며, 그것을 기반으로 새로운 진리를 탐색하는 데 기여한다. 이런 방법으로 우리는 거의 인식하지 못한 전통적 확신에서 이성의 점검을 거친 다른 진리로 넘어간다. 하지만 그렇다면 이성 그 자체에 대한 믿음은 어떻게 되는가? 그리고 진리에 대한 믿음은? 그것이 혹시라도 믿을 수 없는, 또 다른 해로운 착각을 낳는 착각일 수도 있지 않을까?

많은 철학자들이 이런 질문을 제기하였다. 그들 모두가 확신에 찬 합리주의자, 다시 말해 이성의 능력을 믿었던 것은 아니다. 이성과 그들이 도달하고자 하는 진리 개념 자체에 대해 진지하게 의문을 제기하는 철학자들도 아주 많다. 그들 중 다수는 **회의론자**들이다. 즉 설득력 있는 진리에 도달할 수 있는 이성의 능력을 의심하거나 아예 부인하는 사람들이다. **상대주의자**들도 있다. 그들은 절대적 진리란 존재하지 않으며 −도덕관, 성별, 사회적 지위, 개인의 관심에 따른− 상대적 진리만이 존재한다고 믿는다. 그들의 주장대로라면 보편적인, 모두에게 타당한 이성은 존재할 수 없다. 또 이성은 고단하게 앞서 나가느라 실수와 예측 불가능한 일을 많이 겪어야 하기 때문에 이성을 낮게 평가하는 사람들도 있다. 이들은 '좀 더 숭고한' 인식 형식, 즉 **계시**나 **비전**의 모습을 띠는 더 직관적이고 직접적인 형식을 옹호한다. 잠시 이런 이론들에 대해 살펴보자.

회의론자의 모순

먼저 회의론은 모든 인간의 지식을 의심하고, 나아가 인식이라는 이름에 걸맞은 일체의 인식에 도달할 수 있는 인간의 능력을 부인한다. 왜 이성은 현실을 설명할 수 없고 현실에 대한 확신에 도달할 수 없는가? 베토벤의 교향곡을 들으며 종이와 연필로 그 화음을 그림으로 **그리려** 한다고 가정해 보자. 우리는 여러 가지 선을 그릴 것이다. 음악이 강렬해지면 선이 위를 향할 것이고, 잔잔해지면 아래를 향할 것이다. 음악이 기분 좋게 우리를 감싸면 원을, 거칠게 몸을 뒤흔들 때는 톱니를, 서정적인 음색일 때는 꽃을, 트럼펫 소리에는 군화를 그릴 것이다. 그리고 흐뭇한 마음으로 이 종이야말로 교향곡의 '진리'를 대변한다고 믿을 것이다.

하지만 이 긁적거린 그림만 보고 교향곡을 진정으로 이해할 수 있는 사람이 있을까? 현실을 포착하고 재현하려는 인간 이성의 노력도 이와 마찬가지로 실패로 끝날 것이다. 그림이 음악과 거리가 멀듯, 인간의 이성도 현실과 거리가 멀다. 일체의 인간 인식이란 적어도 이 정도로는 의심스러운 것이며, 결국 우리가 경험하려고 하는 것에 관하여 별로, 혹은 아무것도 말하지 못하는 것이다. 따라서 그들은 끝까지 파헤쳐 보면 확실한 지식이란 없으며, 믿을 만한 지식조차 없다고 생각한다.

　이러한 회의론자들에게 해 줄 수 있는 첫 번째 대답은 뻔하다. 회의론자들은 적어도 그들의 회의론적 확신은 확실하다고, 믿을 수 있다고 생각할까? "나는 내가 아무것도 모른다는 사실을 안다"고 말하는 사람은 그가 적어도 하나의 진리, 즉 아무것도 모른다는 진리를 안다는 사실을 인정한 것이 아닌가? 만약 아무것도 진리가 아니라면, 적어도 아무것도 진리가 아니라는 사실은 진리가 아닐까? 한마디로 회의론은 자기모순에 빠졌다는 비난을 받을 수 있다. 우리가 진리를 모른다는 것이 진리라면, 우리는 적어도 그 진리를 안다. 그러므로 우리가 진리를 모른다는 것은 진리가 아니다. 이런 반박에 대해 회의론자들은 자신들은 진리를 의심하는 것이 아니라고 대답할 것이다. 그저 진리와 비非진리를 항상 명확하게 구분할 수 있다는 주장을 의심하는 것뿐이라고 말이다.

　또 하나, 회의론자들이 빠질 수 있는 모순이 있다. 그들은 이성적 인식의 개연성을 반박할 훌륭한 논거를 제시할 수 있지만, 그러자면 자신의 논리적 이성을 이용해야 한다. 이성을 통해 얻은 인식의 가망 없음을 설명하기 위해 이성적인 논거를 들어야만 하는 것이다. 이성을 이용하지 않으면 이성을 배척할 수도 없는 법이다.

　회의론에 대한 세 번째 반박은, 우리는 우리의 모든 구체적 확신이 틀릴 수도 있다고 주장할 수 있다는 점이다. 과거에는 지구가 평평하다고 믿었지만, 오늘날에는 둥글다고 믿는다. 내일은 또 어떻게 될는지 누가 알겠는가? 설사 우리가 착각을 했다 해도, 우리가 옳을 수도 있다는 것은 분명하다. 이런 가능성, 다시 말해 난생 처음이라 해도 어떤 것을 실제로 인식할 가능성이 없다면 착각을 할 가능성도 없기 때문이다. 회의론의 최대 약점은 진실을 확인하지 못하도록 방해하는 데 있지 않다. 틀린 것을 말하는 것도 못하게 하는 데 있다.

네 번째는 가장 조잡스러운 반박이다. 확신의 진실성을 믿지 못하는 사람은, 고속 열차가 들어오기 직전에 선로에 내려가거나 8층에서 뛰어내리는 일이 큰 문제가 아니라고 생각하는 사람이다. 그런 행동에 대한 두려움이 단순한 오해에 기인했을 확률이 아주 높기 때문이다. 하지만 이런 논리는 비겁한 반칙이다. 나도 인정한다.

회의론은 불안을 조장하는 여러 질문을 제기한다. 우리는 현실에 대해 그것이 많은지 적은지 어떻게 알 수 있는가? 어설픈 감각 기관과 불완전한 지성적 수단을 지닌 인간이, 실제로 현실이 어떤 것인지 어떻게 알 수 있는가? 인간 같은 하등 포유류가 우주를 이해하는 열쇠를 갖고 있다니, 이 얼마나 황당한 주장인가? 그러나 20세기 최고의 물리학자 아인슈타인Albert Einstein(1879~1955)은 언젠가 "자연의 가장 이해할 수 없는 점은 우리가 그 자연을 적어도 일부나마 이해할 수 있다는 사실이다"라고 말했다. 아인슈타인은 우리가 일부에 불과할지라도 자연을 이해하는 데 성공했다는 사실을 의심하지 않았던 것이다.

어떻게 그런 기적이 일어날 수 있는가? 우리 안에 신의 불꽃이라도, 뭔가 신적인 면이 쥐꼬리만큼이라도 있는 것일까? 안타깝지만,

우리가 무언가를 인식할 수 있는 것이 신과의 유사성 덕분일 가능성은 매우 낮다. 우리가 현실을 –적어도 일부나마– 인식할 수 있는 것은 오히려 우리가 그 현실의 일부이고, 스스로 현실에 근접한 원칙을 기초로 삼기 때문이다. 우리의 감각과 정신은 실재이며, 따라서 그 감각과 정신은 –잘하건 못하건– 나머지 현실을 성찰할 수 있다.

이런 인식 문제에 관한 가장 예리한 대답은 18세기의 독일 철학자 칸트의 입에서 나왔다. 그는 《순수 이성 비판》에서 그 대답을 소개하였다. 칸트에 따르면, 우리가 '인식 능력'이라 부르는 것은 직관(감각)을 통해 받아들인 현실의 자료와 이성이 결합하여 만들어진다. 대상 그 자체는 파악할 수 없다. 우리는 다만 우리의 감각과, 감각을 통해 인식한 자료들을 정리하는 이성을 통해 대상을 발견할 뿐이다. 따라서 우리는 현실을 순수하게 인식할 수 없고, 다만 현실이 **우리에게** 무엇인지만을 인식할 뿐이다. 우리의 지식은 실재지만, 인식 능력의 한계 그 너머까지는 미치지 못한다. 우리는 감각을 통해 인식의 기초 자료를 얻으므로, 감각을 통해 충분한 정보를 얻지 못하는 것에 대해서는 아무것도 **알** 수 없다. 따라서 (보편적 의미에서, 절대적 총체성으로서의) 신이나 영혼, 세계 같은 단순 관념의 존재를 주장한다면 이성은 대책 없는 모순에 휘말리고 말 것이다.

이성 없이 진리에 도달할 수 있을까

사고는 추상적이다. 다시 말해 개념으로 진행된다. 사고는 -예를 들어 감각 인상에서 출발하여- 연속되는 **합**을 기초로 삼아 진척된다. 도시라는 개념을 얻기 위해 우리는 알고 있는 도시들의 특징들을 통합한다. 혹은 경험한 고통으로부터 -그때그때 겪은 다양한 고통의 중요한 특징을 통합하여- '통증'이라는 개념에 이른다.

칸트에 따르면, 사고는 하나의 개념을 그것의 (다시금 개념적) 특징으로 분해하는, 바꾸어 말하자면 분석적인 일이기도 하다. 하지만 현실에 대한 판단을 내리면서 경험 현실과의 접촉을 잃어서는 안 되고, 반대로 이리저리 무질서하게 흩어져 있는 경험적 자료에만 눈길을 돌려서도 안 된다. 아리스토텔레스는 물론이고 영국의 철학자 존 로크John Locke(1632~1704)도 이와 비슷한 설명을 하였다. 물론 칸트의 대답은 여기서 설명한 내용보다 훨씬 복잡하지만, 그의 노력에서 꼭 언급해야 할 점은 그가 회의론의 불신과 – 그가 보기엔 뉴턴Isaac Newton(1642~1727)의 성과로 대표되는 현대 학문이 밝혀낸 것처럼– 우리 인식의 실제 현실을 **동시에** 구원하려고 애썼다는 사실이다.

상대주의 역시 이성을 이용하여 진리에 도달하는 우리의 능력에 의심의 눈초리를 보낸다. 앞서 말했듯이, 이성적 논증에서는 주관적이고 개인적인 관점이 객관적이고 보편적인 관점을 통해 전달되어야 한다. 이때 한 사람의 보편적 관점은 내가 논증을 하는 동안 내 '어깨 너머를 바라보는' 다른 모든 사람들 중 한 사람의 관점이다. 그런데 상대주의자들은 이것이 불가능하며, 나의 주관적 한계는 항상 보편적 관점에 대한 일체의 요구를 좌절시킨다고 말한다. 누군가가 이성적으로 논증한다면 그것은 자신의 도덕관, 성별, 사회적 계급, 경제 및 정치적 관심, 나아가 성격에 따른 것이라고 말이다.

그들의 주장대로라면 모든 문화에는 각각 다른 논리가 있을 것이고, 모든 개인 역시 결코 양보할 수 없는 나름의 사고방식을 가질 것이다. 따라서 문화와 성, 사회 계급, 관심 –나아가 성격– 만큼이나 많은 숫자의 진리가 있을 것이다. 그러니 진리들이 아니라 그 진리라고 말하는 사람은 비난을 받아 마땅하다. 그런 짓은 자민족 중심주의자, 남성 우월주의자, 자기밖에 모르는 인간들, 다시 말해 자신

● 존 로크

영국의·만능 학자로, 경험주의의 대표 주자이다. 인간 의식의 심리 이론으로 인간 인식력의 한계를 설명하였다. 동시에 개인의 인성을 중시하는 교육 시스템을 창조하였다. 출생할 때 인간의 의식은 백지와 같다고 주장하였고, 따라서 인간의 다양한 발전과 인식을 위해 경험의 중요성을 강조하였다. ("먼저 감각 인상에 없었던 것은 이성에도 없다.") 그의 인식론은 칸트에게 영향을 미쳤고, 그의 국가론 역시 중요하다.

의 입장을 보편적인 이성의 관점이라고 착각하는 사람들, 배려심이라고는 없는 사람들이나 할 짓이기 때문이다.

상대적 진리와 절대적 진리

사고에 미치는 사회 문화적 혹은 심리학적 영향력의 중요성을 부인하는 것은 불가능하고 또 바람직하지도 않다. 하지만 그렇다고 해서 이런 영향력을 바탕으로 보편적인 진리에 도달하는 것이 가능할까? 혹은 이런 영향력에도 불구하고 진리에 도달하는 것은 어떤가. 남편과 함께 노벨 물리학상을 수상한 마리 퀴리의 발견이 남성은 빼고 여성에게만 타당한 진리인가? 뉴턴이라는 이름의 가발 쓴 17세기의 영국인이 발견했다는 이유로 21세기의 한국인들은 중력의 법칙을 불신해야 하는가? 르네상스 시대의 유럽인들이 문화적 정체성의 일부였던 로마 숫자를 훨씬 실용적인 아라비아 숫자로 대체했을 때, 그들은 큰 착각에 빠졌던 걸까? 유럽인들보다 수백 년 앞서서 키닌kinin의 해열 효과를 발견한 페루의 원주민들은 우리와 근본적으로 다른 논리를 적용하고 다른 방식으로 자연을 관찰했을까?

카를 마르크스Karl Marx(1818~1883)가 소시민 계급 출신이라고 해서 그의 이론이 갖는 의미가 줄어들까? 시민권은 백인인 미국 헌법의 아버지들이 확정한 권리이므로 마틴 루서 킹Martin Luther King(1929~1968) 같은 흑인은 요구할 수 없는 것일까? 그리고 마지막으로, 보편적이고 이성적인 진리가 존재하지 않거나 인간이 그 진리에 도달할 수 없다는 보편적이고 객관적인 진리가 있는가?

우리가 관찰하는 '진리의 장'에 따라 주관적 특징의 비중이 심하게 요동치는 것은 분명하다. 신화 이야기를 할 때, 음식이나 서정적인 표현에 대해 이야기할 때는 자연 과학이나 인간 공생의 원칙이 주제일 때보다 훨씬 더 문화적, 개인적 특성의 영향력이 크다. 하지만 우리의 인식이 어느 정도까지 주관적으로 채색되는지를 확인하고 싶을 때 우리는 비교의 근거가 되는 객관적인 관점에 의존한다. 그리고 이것은 일정 정도 자신과 관련된 자기 현실의 저 너머에 있는 현실에서 출발할 때만 가능하다. 결국 보편적 이성을 판단하는 기준이나, 보편적인 진리를 의심할 때조차 판단 기준으로 사용할 수 있는 이성과 진리 같은 것이 필요하다.

그럼에도 상대주의는 진짜 인식의 마지막 원천, 절대적 원천을 찾는 것이 불가능하다는 깨달음을 주었다는 점에서 기여한 바가 적지 않다. 인식의 원천을 찾는 일이 불가능한 이유는 우리의 지혜가 워낙 모자라 과학의 발달을 통해서도 해결할 수 없기 때문이 아니라, 인식 능력의 본성 자체 때문이다. 아마 그런 연유로 20세기 최고의 철학자 카를 R. 포퍼Karl Raimund Popper(1902~

● 카를 마르크스

철학자이자 사회학자로, 그의 작품들은 프리드리히 엥겔스와의 긴밀한 협조 하에 탄생하였다. 헤겔이 주장한 역사 과정의 변증법적 3단계를 받아들였지만, 그것을 뒤집어엎어 세계사를 조종하는 것은 세계정신이 아니라 인간 삶의 물질적 기초라고 보았다(유물론). 그에 따르면 자본주의의 뒤를 이어 프롤레타리아트Proletariat 독재가 올 것이고, 마지막으로 무계급 사회가 도래할 것이다. 이런 과정의 실현을 위해 중요한 것은 실천, 즉 사회 상황을 조성하는 인간의 능력이다. 마르크스주의의 혁명적 잠재력은 바로 여기에 있다. 마르크스와 엥겔스는 이 잠재력을 '공산주의자 동맹'으로 조직화하려 하였다. 《자본론》에서는 자본주의의 정치 경제학을 포괄적으로 다루었다.

카를 R. 포퍼

영국의 철학자이자 과학 이론가로, '비판적 합리주의'의 대표자이다. 포퍼는 정치 철학자이기도 하다.

조지 산타야나

미국의 철학자이자 작가로, 하버드 대학의 윌리엄 제임스 밑에서 공부하였다. 그 뒤 그곳에서 철학 교수가 되었으며, 5년 후인 1912년 교수 자리에서 물러났다. 그 후 유럽에서 작가와 개인 교사로 생활하였다. 미학 분야에서 두각을 나타냈다. 인간의 실존 및 인간의 사상에서 완벽하게 독립하여 세계가 실존하며, 심지어 사상의 내용이 유지된다고 가정하는 독특한 현실주의가 특징적이다.

1994)는 진리에 도달하였는지를 인식할 판단 기준이 없고, 미래에도 궁극적인 진리를 판단할 기준은 없을 것이라고 했을 것이다. 포퍼에 따르면, 우리가 할 수 있는 유일한 일은 확실한 오류를 거듭 발견하여 지워 나가는 것뿐이다. 이성은 ―모든 진리의 산실인 궁극적 권위를 제공하는― 긍정적 과제보다 ―우리의 지식에 숨은 수많은 오류와 모순을 발견하는― 부정적 과제를 훨씬 더 많이 떠안고 있다.

우리는 완전하지 않다. 우리가 무언가를 '진실'이라고 말할 때, 그것은 같은 주제에 대해 경쟁하는 다른 주장보다는 '더 진실'하다는 의미일 뿐이다. 예를 들어 바이킹은 콜럼버스Christopher Columbus(1451~1506)보다 먼저 아메리카 대륙에 발을 내디뎠지만, 아메리카를 발견한 사람은 콜럼버스이다. 바이킹의 발견은 콜럼버스의 그것만큼 널리 알려지지 않았을 뿐 아니라, 그들은 그 땅을 식민지로 만들려고도 하지 않았다. 포도주가 비소보다 건강에 좋다는 것은 '진실'이다. 하지만 포도주도 지나치게 마시면 치명적일 수 있고, 독성을 지닌 비소 역시 의약품 제조에 사용되기도 한다.

20세기 미국의 철학자 조지 산타야나George Santayana(1863~1952)는 절대적인 진리가 개개인의 이성 저 너머에 있는 것은 우연이 아니라고 말했다. 그 이유로 그는 절대적 진리는 개별 상황이나 이해 관계, 혹은 특수한 인식의 관점을 모두 무시하기에 현실과 화합할 수 없다는 점을 들었다. 우리가 절대적 진리를 발견할 수 없는 이유는 무엇보다 그것이 관점이 아니기 때문이다. 하지만 이성적으로 도달하는 모든 진리의 가치를 떨어뜨리기는 커녕 '인간적' 진리로 만드는 것은 무엇인가. 오직 그것이 특정한 관점과 부합한다는 사실이다.

이성 -더 정확히 말해 이성적 논증- 을 비판하는 마지막 집단은 앞서 살핀 두 집단처럼 진리에 반대하지 않는다. 오히려 진리를 믿는다. 심지어 찬란히 빛나는 '영원한 진리'를 믿는다. 하지만 이런 의심할 수 없는 절대적 진리는 우리가 밝혀낸 성과가 아니다. 고되고 불완전한 이성적 방법을 통해서는 절대적 진리에 도달할 수 없다. 절대적 진리는 특별한 계시를 내리는 신이나 조상 같은 초인간적인 존재를 통해 계시된다. 그것이 환각을 통해 나타나거나 비이성적인 직관, 느낌, 열정을 통해서만 도달할 수 있는 것이기 때문이다.

절대 진리로 향하는 초월적 지름길의 추종자들이 합리주의자들의 '자부심'을 비난하는 것은 이상한 일이다. 합리주의자들은 조심스러운 탐사, 힘겨운 고민, 소박한 불신을 통한 입증과 반증 등 스스로가 합리성을 특징으로 하는 사람들이다. 그들은 합리주의자들이 '이성의 전능'을 믿는다고 조롱한다. 건강한 판단력을 갖춘 합리주의자라면 절대 '이성의 전능' 같은 비합리적인 믿음을 품을 리 없는데도 말이다. 물론 그들이 주장하는 계시된 진리 -환각적 진리- 는 반박이 불가능한 것이다. 그것을 의심하려는 모든 시도는 믿음의 결핍, 깨달음의 부족이라는 한마디 말로 깨끗하게 처리될 테니까. 그들의 관점에서 보면 깨달음이 부족한 이유 역시 위대한 존재를 경외하지 않거나 계시를 받을 능력이 없거나, 혹은 정서적으로 무디기 때문이다.

그런데 바로 이런 비난이야말로 거꾸로 환각적 진리의 대표자들을 반박할 수 있는 가장 중요한 근거가 된다. 그 진리에 접근하는 그들의 방식은 초월적인 존재에게 복종하거나 비슷한 계시를 기다리면서 간접적으로만 참여할 수 있는 소수의 **특권** 같은 것이기 때문이다. 하지만 말로 표현할 수 없는 인식, 갑작스럽게 찾아온 인식은 결코 모방하여 체험할 수 없다. 그런 방식으로 얻은 진리는 그냥 완전한 진리로 받아들여야 할 뿐, 배후를 캐거나 이성을 이용하여 의혹과 이의를 제기해서는 안 되는 것이다.

이성은 근본적으로 대화이다

이성적 방법은 근본적으로 다르다. 우선 모두에게 열려 있고 사람을 차별하지 않는다. 플라톤의 대화편 중 《메논》에서 소크라테스는, 교육이라고는 한 번도 받은 적 없는 젊은 노예조차도 나름의 추리를 통해 기하학을 발전시킬 수 있다고 말했다. 이처럼 이성은 교육을 받거나 남다른 특성을 지녀야만 사용할 수 있는 것이 아니다. 신앙이나 영적인 준비, 영혼과 감정의 순수함을 갖추어야 할 필요도, 특정 집단 출신이나 소속이어야 할 필요도 없다. 이성은 그저 **이용**하기만 하면 된다.

　계시는 선택 받은 소수의 전유물이다. 하지만 이성은 누구나 선택할 수 있다. 모든 인간에게 돌아가는 인간 실존의 공동 소유이다. 초월적인 현현이나 계시는 가짜를 진짜인 양 속일 수 있지만, 이성적 논증은 누구나 우리와 함께 혹은 우리와 같은 입장에서 체험할 수 있기 때문에 그럴 수 없다. 다른 사람 —이성적 논증을 원하는 모든 다른 사람— 이 적어도 우리의 사고 과정을 따라가고 그것을 공유하거나 오류를 지적할 수 없다면 이성적 합일은 있을 수 없다. 속도가 엄청 빠르다고 주장하면서 주차장에 덩그러니 세워 놓기만 하는 자가용과 달리, 이성은 정신의 대중 교통수단이다. **옴니버스**, 만인을 위한 버스이다.

이런 의미에서 이성은 인식의 수단일 뿐 아니라 엄청난 **정치적** 결과를 낳기도 한다. 이성적 사고의 과정 —논거와 실제 사실의 제출, 의혹 제기, 입증과 반증, 유도 심문, 반박— 은 관심 있는 주제를 두고 주변 사람들과 토론을 할 때 이용하는 방법과 동일하다. 다시 말해 모든 이성적 논증은 **사회적**이다. 우리가 토론할 때 사용하는 질문 및 대답의 방법을 반복하기 때문이다.

이탈리아 철학자 조르조 콜리Giorgio Colli(1917~1979)에 따르면 바로 이것이 이성의 기원이다. "그리스의 변증가들이 여러 세대에 걸쳐 활기차고 구체적이며 순수한 구술적 현상인 로고스의 체계, 이성의 체계를 만들었다. 토론이 구술로 진행된다는 사실은 이성의 본질적 특징을 보여 준다. 플라톤의 경우처럼 저서로 번역된 서면 토론은 직접성 —토론 상대의 실재, 목소리, 시선의 언어— 을 결여하고, 그저 한 사람의 머리에서만 만들어져 살과 피를 가진 두 개인의 구술 논쟁 과정에서만 발생할 수 있는 우연성, 참신성, 예측 불가능성이 결핍된 논쟁을 묘사하기 때문에 원래 현상의 빛바랜 대용품에 불과하다."

민주 사회에서 이성의 임무는 무엇인가

이성적 논증은 혼자서 고독하게 배우는 것이 아니다. 사람들과 소통하고 만나면서 발전하는 것이다. 모든 이성은 근본적으로 **대화**이다. 그런데 현대의 철학자들은 이런 철학의 중요한 측면을 가끔씩 잊어버리는 것 같다.

서로 '대화'를 나눈다는 것은 설교를 듣거나 명령을 따르는 것과는 다르다. 실제 대화 -무엇보다 실제 토론- 는 동등한 사람들 사이에서만 이루어진다. 그 때문에 그리스에서는 이성적 논증의 철학적 관습이 민주적 정치 제도와 함께 탄생하였다. 네로 황제나 히틀러 같은 사람과는 토론을 할 수 없다. 고정된 계급이 있는 사회에서는 다른 계급과 터놓고 대화를 나눌 수 없다. 물론 고대 그리스도 완벽하게 동등한 사회는 아니었다. 여자와 노예는 남성 자유 시민과 동등한 시민권을 갖지 못했다. 하지만 플라톤의 《향연》을 보면 전설상의 무녀巫女인 디오티마가 대화 상대로 등장하고, 《메논》에선 소크라테스가 노예의 이성적 논증을 도와준다.

철저한 이성적 대화는 인간 이성의 보편성을 요구한다. 다시 말해 누구도 대화에서 배제되어서는 안 된다. 그렇기에 고대 그리스 사람들은 -우리가 알고 있는 모든 불평등한 사회 시스템 속에서도- 이성의 사용을 사회 체제보다 중요하게 여겼고, 모든 생각하는 존재의 공동체를 추구하였다. 따지고 보면 철학적 입장이란 다른 모든 사람을 -그들에게 이성적 근거를 제시하고, 그들의 논거에 귀를 기울이며 두 사람의 만남을 시작으로 더듬더듬 진리를 모색하면서— **그들 역시 철학자인 양** 대우하자는 결정에 기초한다.

그런데 요즘 사람들은 논증 능력과 민주적 평등의 관계를 잘못 이해하는 경우가 많다. 모두가 자기 의견을 표명할 권리는 주장하면서, 공동의 진리를 찾으려는 노력은 교조적인 요구로, 나아가 전체주의적 요구로 치부해 버리는 것이다. 이런 생각보다 반민주적인 관념은 없다.

민주주의는 남에게 명령할 권리를 타고나는 사람은 없고, 복종의 의무를 짊어지고 태어나는 사람도 없다는 가정에 기초를 둔다. 모두가 똑같은 사고력을 갖고 태어나기에 인간은 누구나 공적인 사안에 참여할 정치적 권리를 갖는다. 하지만 모든 시민이 정치적으로 평등하려면 거꾸로 모든 의견이 동등해서는 안 된다. 적절한 의견은 강화하고 잘못되거나 해로운 것은 물리치면서 평등 사회의 이념을 결정할 수단이 있어야 한다. 한마디로 진리를 추구할 수단이 있어야 하는 것이다.

바로 이것이 우리가 사용하는 이성의 임무이다. (과거에는 사회의 진리가 신에 의해, 전통에 의해, 절대적인 지배자 등에 의해 정해졌지만) 민주 사회에서 각자의 의견은 자기주장을 위해 칩거할 수 있는 요새나 성곽이 아니다. 우리는 의견을 아무도 **뺏지 못할** 소유물처럼 소유하지 않는다. 우리가 다른 사람들에게 의견을 제시하면 그들은 논쟁을 벌여 그것을 받아들이거나 거부한다. 물론 모든 의견이 똑같이 타당하지는 않다. 더 나은 논거를 가진 사람의, 토론이라는 시험과 반박을 가장 잘 통과한 사람의 의견이 더 가치 있다.

신이나 특권 계층이 사회적 권위를 독점하는 것을 원치 않는다면, 다시 말해 어떤 진리가 공동체에 가장 유익한지 독단적으로 결정하는 것을 원치 않는다면, 이성의 권위에 복종하여 진리에 다가가는 길 말고는 다른 대안이 없다. 하지만 이성은 분쟁을 조정하는 판관처럼 우리 위에 군림하지 않는다. 우리 **안에서**, 우리 **사이에서** 활동한다. 우리는 이성을 논증에 이용할 능력을 갖추어야 할 뿐 아니라, 더 나은 근거를 들어 스스로를 설득할 수 있는 -매우 중요하고 어쩌면 가장 어려운- 능력을 개발해야 한다.

이성의 민주적 권위를 자신의 확신에 유리하도록 교묘하게 조작할 뿐, 반대 견해에 설득되는 것을 모욕이라고 느끼는 사람은 이성의 권위를 충분히 존중하지 않는 사람이다. **이성적인** 것으로는, 다시 말해 우리의 이성이 옳다고 인식한 이성적 논거를 제시하는 것만으로는 충분하지 않다. 논쟁 중에 경청할 만한 다른 주관적 입장의 논리를 받아들이는 것은 물론, 한 걸음 더 나아간 의미에서 **합리적일** 필요도 있다.

합리주의자의 관점에서 보면, 자신이 추구하는 진리는 항상 출발점이 아니라 결과이다. 그리고 진리를 추구하는 방법에는 동등한 사람들끼리의 대화, 공격, 논쟁, 토론 등이 포함된다. 이러한 방법들은 자기 주관성에 대한 단순한 주장이 아니라, 수많은 주관적 입장들을 거쳐 하나의 객관적 진리에 도달하기 위한 길이다. 합리적으로 논증할 수는 있지만 스스로 납득할 수 없다면, 그것은 무엇이 진리인지를 결정할 우리의 권리를 앗아 가는 보스가, 신이, 위대한 전문가가 없다는 증거이다. 합리와 이성에 관해서는 뒤에서 다시 한 번 이야기하기로 하자.

지금은 이 정도로 충분할 듯하다. 죽음으로 내몰린 우리는 삶에 대해 고민해야 한다. 삶을 더 잘 이해하고, 삶이 무엇을 준비했는지, 어떤 의미인지 파악해야 한다. 우리에게는 다양한 인식의 원천이 있지만, 그 모두는 지식을 검증하고 정비하고 −일시적이기는 하지만 − 연관성을 부여하려 노력하는 이성의 비판적 체를 통과해야 한다. 인생은 의문으로 가득하다. 그 의문에 어떤 방법으로 대답해야 할지를 물었다면, 이제 어디서 시작해야 하는가? 가장 먼저 던져야 할 질문은 이것이 아닐까? 나는 누구인가? 나는 무엇인가?

'나' 옆에 다른 '나' 가
존재하는가?

나는 나의 인식들을 정말로 확신할 수 있을까? 쉬지 않고 계속 꾸는 꿈에 붙들려 있는 것은 아닐까? 어쩌면 힘세고 나쁜 존재에게 속고 있는 것은 아닐까? 왜 데카르트는 이런 가설을 제기했고, 그것을 방법론적 회의의 일부로 보았을까? 그는 가장 위대한 회의론자일까, 합리적 확신을 추구한 최초의 현대 철학자일까? '내'가 존재한다는 것은 의심의 여지가 없는 사실일까? 의심의 여지가 없는 것은 비인격적이고 파편적으로밖에 존재할 수 없는 '어떤 것'의 존재일 뿐일까? 데카르트에게 '나'는 무엇이었을까? 그는 '레스 코기탄스res cogitans'를 어떻게 해석했을까? '나'는 불변하는 인격적 실체일까? 단순히 언어의 위치 입력기 혹은 지시적 표현에 불과한 것은 아닐까? 나 자신을 들여다보면 데카르트가 믿었던 '나'를 만날 수 있을까, 아니면 흄의 주장대로 인식밖에는 보지 못할까? 의식과 자의식은 같은 것일까? 나의 신체는 순수한 정신일까, 아니면 내가 인식한 객체들의 세계 가운데 일부일까? 외부에서 관찰했을 때 '나'의 경계는 어디일까? 왜 나는 '나'의 신체라고 부를까? '나'는 나의 신체일까, 아니면 '내'가 신체를 가지는 것일까? 신체에는 영혼이 없지만 영혼이 신체를 갖는다면, 영혼은 신체 어디쯤에 있을까? 영혼이 신체 속으로 들어갔다면 영혼은 어디서 왔을까? 영혼이나 정신이 뇌에 자리 잡고 있다면, 영혼이 뇌 이상의 어떤 특별한 것이라고 말할 수 있을까? 뇌가 없으면 의식을 지닐 수 없지만, 그렇다고 뇌가 의식과 동일한 특성을 가질까? 이 세상에 나와 비슷한 다른 정신들이 있다고 어떻게 확인할 수 있을까? 유아론은 무엇일까? 우리 모두는 유아론자일 수 있을까? 내 안에 있는 언어는 내가 만들었을까? 나는 나와 비슷한 정신들과 관계없이 오직 개인적으로만 사용할 수 있는 독점적 언어를 가질 수 있을까?

방법론적 의심

뭐 좋다. 원하는 만큼 합리적으로 논증해 보자. 우리는 정말로 어떤 것에 대해 **확신**을 할 수 있을까? 회의론자들은 이 문제도 끈질기게 물고 늘어진다. 앞 장에서 우리는 어떻게 하면 특정 확신을 이성적으로 뒷받침할 수 있는지 살펴보았는데, ―어쩌면 우리 안에 숨어 있을지도 모르는― 급진적인 회의론자는 투덜거리며 나름의 반론을 제기한다.

그는 이렇게 말할 것이다. 좋아, 당신 말이 맞아. 당신은 당신이 믿는 것을 왜 믿는지 아는 것으로 만족하지. 하지만 믿지 않는 것을 왜 믿지 않는지도 설명할 수 있어? 우리가 만약, 화성에 살고 있는 외계 과학자들이 실험을 위해 영양소 용액 속에 담가 놓은 뇌 덩어리라면? 이 외계인들이 그들이 만들어 낸 거짓 세상을 보여 주면서 가짜 인과 관계, 가짜 풍경, 가짜 합법칙성으로 우리를 속이고 있는 것이라면? 우리가 (영화 〈블레이드 러너〉에 나오는 복제 인간처럼) 있지도 않은 전생에 대한 가짜 기억을 안고서 불과 5분 전에 외계인의 실험실에서 태어난 존재라면?

황당무계하게 들리겠지만 적어도 **생각은 해 볼 수 있는** 가설이고, 만일 그 가설이 진실이라면 우리가 보고 듣고 만지고 기억한다고 믿는 모든 것 역시 그 가설로 설명할 수 있다. 이렇듯 우리의 세상이 완벽하게 위조되었다는 가설을 배제할 수 없는데, 과연 우리는 무엇에 대해 확신을 가질 수 있을까?

17세기의 위대한 사상가 르네 데카르트를 현대 철학의 창시자로 보는 건 어느 정도 옳다. 그가 최초로 이런 차원의 의혹을 제기했고, 또 그 의혹을 극복한 방법론을 제시했기 때문이다. 다만 데카르트의 가설에는 ―당시에는 외계인이 인기가 없었으니까― 외계인이 등장하지 않는다. 영양소 용액에 담긴 뇌 덩어리도 없다.

그 대신 그는 우리가 실제라고 생각하는 모든 것이 꿈일 수 있다는 가설을 제기하였다. 데카르트는 앞에서 말한, 《인생은 꿈》이라는 작품을 쓴 에스파냐 극작가 칼데론 데라바르카와 동시대 사람이다. 데카르트의 주장에 따르면, 우리의 인식과 실제로 일어났다고 생각하는 사건들은 꿈에 등장한 것들일 뿐이다. 우리가 자는 것도 깨어나는 것도 모두 꿈인, 총체적이고 부단한 꿈! 그렇다면 우리가 깨어 있다고 생각하며 지난밤 꿈에 대해 이야기하면서 웃는 것도 사실은 꿈에서 일어난 일이 아닐까? 꿈은 꿈에 등장하는 사람들과 풍경들로 가득할 것이고, 너무나 생생하지만 처음부터 끝까지 꿈일 뿐 그 이상이 아닐 것이다.

그러나 이런 무서운 경고에도 만족하지 못한 데카르트는 더 음울한 가설을 제기하였다. 어쩌면 우리는 악령의, 신처럼 힘이 세고 악마처럼 사악한 존재의 제물일지 모른다는 가설이다. 우리에게 존재하지 않는 것을 보여 주고 만지게 하고 냄새 맡게 하면서 쉬지 않고 우리를 속이고, 그렇게 속아 넘어가는 우리를 보며 기뻐하는 것이 유일한 즐거움인 악령 말이다. 부단한 꿈이라는 처음의 가설에서는 우리가 스스로를 속이지만, 두 번째 악령의 가설에서는 외계인과 흡사한 막강한 존재가 우리를 의도적으로 속인다. 두 경우 모두 우리는 속을 수밖에 없고 부단히 그릇된 것을 진실이라 볼 수밖에 없다.

정상인이라면 이런 엄청난 스케일의 의심이 마뜩잖을지 모른다. 데카르트가 살짝 돌았던 게 아닐까? 꿈이라는 관념은 깨어 있는 순간의 반대 그 이상의 의미가 없는데, 어떻게 항상 꿈을 꿀 수 있는가? 더구나 우리는 잘 아는 사물, 잘 아는 인물과 상황, 다시 말해 꿈꾸지 않는 현실, 실재만을 꿈꾼다. 그러므로 우리가 항상 꿈을 꾼다면 그것은 우리가 결코 꿈을 꾸지 않는 것과 같을 것이다.

게다가 데카르트는 그 악령을 어디서 불러왔을까? 우리를 속이는 것이 유일한 즐거움인 신이나 악마가 존재한다면, 그가 만든 거짓을 '현실'이라 부르고 그것으로 모든 고민을 끝내면 되지 않을까? 그가 우리를 항상 속인다면, 그의 속임수와 진실의 차이는 어디에 있단 말인가? 수많은 것이 존재하는 실제의 현실을 아는 것과, 놀이에 심취하긴 했어도 실재하는 악마가 우리에게 가짜로 보여 주는 수많은 것을 아는 것은 어떤 차이가 있는가?

나는 있다, 나는 존재한다

물론 데카르트는 미친 것도 아니었고, 지나친 상상에 빠져 헛소리를 한 것도 아니었다. 훌륭한 철학자들처럼 그 역시 한 가지 목적을 가지고 그런 충격적인 질문을 제기하였다. 그 목적이란 우리가 명백하다고 생각하는 것들이 실제로도 우리의 믿음처럼 명백한지 확인하기 위해 조사하는 것이다. 산에 오르기 전에 우리의 몸을 지탱해 줄 자일을 여러 번 잡아당기며 확인하는 것과 같은 이치이다. 자일이 안전해 보여 모두가 우리에게 믿어도 좋다고 말한다. 하지만 목숨이 걸린 문제이니만큼 철학자는 산에 오르기 전에 최대한 안전을 확인하고 싶은 것이다.

그러니 이 철학자는 미친 것도, 엉뚱한 것도 아니다. 그저 다른 사람들보다 불신이 깊을 뿐이다. 그래서 자신이 무엇을 알고 있는지 밝히고, 그것을 스스로 검증하려 하였다. 데카르트는 그의 의심 형식을 '방법론적'이라고 불렀다. 그는 믿을 수 있는 현실 인식을 발전시키기 위해 방법론을 찾으려 했다. 그의 회의는 모든 연구 및 인식 방법에 대한 거부가 아니라 연구의 시작이라고 말이다.

그렇다면 내가 믿는 모든 것이 꿈이나, 나를 속이려는 악령의 속임수일 뿐이라는 데카르트의 주장이 옳다고 가정해 보자. 나는 계속 속고 있을 테지만, 그럼에도 내가 붙들 수 있는 확실성은 남아 있지 않을까? 중단되지 않는 꿈이나, 강력한 악령조차도 가짜로 만들어 낼 수 없을 만큼 확실한 그 무언가가 있는 것은 아닐까?

이 세상에는 나무도 바다도 별도 없고, 나와 비슷한 다른 인간 존재도 없을 수 있다. 내가 있다고 믿어 왔던 나의 신체도, 물리적 현상도 없을 수 있다. 하지만 한 가지만은 확실하게 알고 있다. 나는 있다는 것, 나는 존재한다는 것, 내가 잘못 생각하든 올바르게 생각하든 적어도 내가 존재한다는 사실만은 확실하다. 내가 의심을 하거나 꿈을 꾼다면, 의심하거나 꿈꾸는 내가 확실히 존재해야 할 테니 말이다. 나를 완전히 착각에 빠뜨릴 수는 있지만, 그러려면 내가 **존재**해야 한다. 데카르트는 《성찰》에서 이렇게 주장했다. "그리하여 나는 모든 것을 충분히 고민한 후 결국, '나는 있다. 그리고 나는 존재한다'는 이 문장에 도달하는다. 내가 말하고 생각할 때마다 필연적으로 이 말이 진리라는 확신이 든다."

나는 10년 전의 나와 같은 사람인가

코기토, 에르고 줌 Cogito, ergo sum. 나는 생각한다, 고로 나는 존재한다. 데카르트가 이야기한 '나는 생각한다'는 말에는 이성적으로 생각하는 능력뿐 아니라, 의심하고 착각하고 꿈을 꾸며 무언가를 인식하는 능력도 포함된다. 모든 것은 환각일 수도 있지만, 환각이든 아니든 내가 존재한다는 사실만은 예외이다. "눈앞에 나무가 보인다"라고 말할 때, 나는 꿈을 꾸는 것일 수도 있고 외계인에게 속아 넘어간 것일 수도 있다. 하지만 "눈앞에 나무가 보인다고 믿고, 그러므로 나는 존재한다"고 말할 때는 내가 확실히 존재**해야 한다**. 그에 대해서는 신도, 꿈도 나를 속일 수 없다. 자, 이제 자일이 튼튼하다는 것을 확인했으니 등산을 시작할 수 있겠다.

나, 존재에 대한 의심이 불가능한 이 '나'는 누구 혹은 무엇인가? 데카르트에게 '나'는 '레스 코기탄스res cogitans', 즉 '생각하는 존재'이다. 이때 '생각한다'는 말은 앞서 언급한 넓은 의미를 갖는다. 어쩌면 '존재'는 라틴 어 '레스res'의 좋은 번역이 아닐지 모른다. '무언가', 심지어 일반적인 의미의 '것'이 더 바람직할 수 있다. '레스 푸블리카res publica'가 공적인 문제 혹은 공적 관심사로 번역되는 것처럼 말이다. 그렇게 본다면 '나'는 생각하는 무언가, 혹은 정신적인 어떤 것이다.

하지만 어떻게 번역하든 그 개념은 결과적으로 데카르트에게 심각한 반론을 제기한다. 왜 이 '생각하는 사물'이 **나**인가? 왜 인적 주체인가? '비가 온다'나 '날이 밝는다'처럼 비인칭 용법으로 표현할 수는 없을까? 왜 생각하고 존재하는 것은 하나의 것, 지속적이고 안정적인 어떤 것이어야 하는가? 왜 연속되는 일련의 순간적 인상이 아닌가? 생각이 있고 존재가 있다 해도, 왜 데카르트는 이런 생각과 존재를 담보하는 소위 주체를 '나'라고 부르는가? 나는 나무를 보고 감각 인상을 얻고, 이성적으로 판단하고 생각하며, 소망을 품거나 두려움을 느끼기도 한다. 하지만 결코 내가 '나'라고 부를 수 있는 것을 인지하지는 않는다.

● 데이비드 흄

스코틀랜드의 외교관이자 역사학자, 철학자로 영국 계몽주의의 대표자였으며, 종교와 도덕을 주로 다루었다. 그에 따르면 경험은 인간 지식의 유일하게 확실한 기초이다.

데카르트의 주장이 나온 지 10년 뒤, 영국의 철학자 데이비드 흄David Hume(1711~1776)은 《인간 본성에 관한 논고》에서 이렇게 말했다. "내가 나 자신이라고 부르는 것을 가장 내적으로 추적해 가면, 항상 개별적인 이런저런 지각들, 즉 더위나 추위, 빛이나 그림자, 사랑이나 미움, 고통이나 쾌락 등과 같은 지각과 만날 뿐이다. 나는 지각을 통하지 않고서는 **나**를 만날 수 없으며, 지각 이외에 다른 것은 관찰할 수 없다."

흄에 따르면, 속임수를 피하려는 데카르트의 노력에도 불구하고 이 경우 역시 자기기만自己欺瞞이 문제가 된다. 물에 넣은 막대기가 빛의 굴절로 인해 부러진 것처럼 보이듯, 나는 연속하는 다양한 감각 인상들 뒤편에서도 중단되지 않는 안정된 실체를 '느낀다'고 믿으며 그것을 '나'라고 부른다. 항상 무언가를 인식하기 때문에, 나는 항상 무언가를 느끼고 깨닫는 어떤 것이 내 안에 있다고 믿는다. 하지만 '나'는 데카르트가 의심 없이 전제했던 이 인적 주체를 인식하지 않는다. 따라서 '나'라고 생각하는 존재는 환각에 다름 아니다.

어쩌면 그것은 환각이 아니라, 우리가 사용하는 언어의 필요조건일지 모른다. '나'라는 단어는 −생각하거나 생각하지 않는− 어떤 것의 이름이 아니라, '여기'와 '지금' 같은 단어 −그러니까 상황에서 의미를 획득하는 공간 혹은 시간의 '지시적' 표현− 처럼 일종의 언어 **위치 입력기**일 수도 있다. '여기'라고 부를 수 있는 확정되고 고정된 장소가 있을까? 혹은 '지금'이라 부르는 −모든 순간들 중에서 이번만 확인할 수 있는− 특수한 순간이 있을까? "나는 생각한다, 나는 인식한다, 나는 존재한다"고 말하는 것은 "사람들이 생각하고, 사람들이 인식하고, 사람들이 여기 지금 존재한다"고 사람들이 보증하는 것과 같다.

'나'라고 생각하는 존재

칸트에 따르면, '나는 생각한다'는 공식은 나의 모든 정신적 관념을 동반해야 한다. '여기'와 '지금'에 대해서도 같은 말을 할 수 있을 것이다. 나는 다른 방식으로 자신을 표현할 수 없고, 내가 그렇게 말한다면 의심의 여지없이 무언가를 표현하는 것이다. 그러나 그 단어들이 어떤 것, 혹은 어떤 확고하고 안정되며 지속적인 인물을 드러낸다고 가정하는 것은 잘못이다. 다른 많은 경우와 마찬가지로 이 경우에도 철학은 언어를 통해 생겨난 혼란을 제거한다. 예를 들어, 이 세상 모든 단어가 어떤 명사와 짝이 되어야 한다는 가정은 착각이다. 현실에서는 많은 단어들이 관점이나 관계, 추상적 원칙 이상을 제시하지 않기 때문이다.

또 다른 언어의 혼란은 모든 동사를 **행위**를 나타내는 것으로 보고, 늘 그 행동을 한 주체를 찾는 데서 비롯된다. 예를 들어, 내가 "나는 존재한다"고 말하면, 동사 '존재한다'는 나의 관념에서 "나는 산책한다" 혹은 "나는 먹는다"라고 말할 때와 마찬가지로 어떤 식의 행동을 알리는 것으로 기능한다. 하지만 '존재한다'가 행위와의 유사성이 전혀 없고, 따라서 그것을 행할 구체적인 주체를 필요로 하지 않는다면 어떻게 될까? '존재한다'라는 동사가 "날이 밝는다", "비가 온다" 같은 표현처럼 **일어나는** 일, 아무도 **하지** 않는 일을 가리킨다면?

'나'를 단순한 언어적 오류로 치부해 버릴 수 있을까? 우리 각자는 어느 정도 자신만의 정체성을 지니고 있다고 확신한다. 지속하는 무언가, 감각과 소망과 생각의 소용돌이를 지나 지속하는 무언가를 소유하고 있다고 말이다. 가장 먼저는 나 자신에게, 그리고 다른 사람들에게도 나는 '**나**'라고 확신한다. 시간이 흘러도 내가 유지되기에, 내가 다른 사람들과 구분되기에 나는 '**나**'이다. 나는 어제와 같은 사람이며, 40년 전의 나와도 동일인이라고 믿는다. 나아가 사는 동안 나는 나 자신으로 남는다고 믿으며, 죽음에 대해 불안해 하는 것은 죽음이 나의 종말을 의미하기 때문이다.

그렇다면 내가 15년 또는 10년 전의 나, 지금의 나와는 신체적, 정신적으로 현격하게 차이가 나는 그 꼬마와 동일인이라는 것을 어떻게 확신할 수 있을까? 그런 연속성을 설명해 주는 것은 기억이 아닐까? 사실 나는 지나간 과거의 감정과 사건들을 대부분 잊어버렸다. 누군가가 나에게 옛날 사진을 보여 준다고 가정해 보자. 어린이날 찍은 사진인데, 전혀 기억이 나지 않는다. 그럼에도 나는 그 사진을 쳐다보며 흡족한 표정으로 말한다. "그래, 나야." 전혀 기억이 나지 않아도 나는 그 당시의 내가 지금처럼 **느꼈다**고 여기며, 이 느낌이 한 번도 멈춘 적이 없었다고 확신한다.

밤에 잘 때도 무슨 일이 일어났는지, 어떤 꿈을 꾸었는지조차 잘 기억하지 못하지만, 그래도 여전히 나 자신이었다고 믿는다. 병원에서 마취를 하는 통에 의식을 완전히 잃었을 때도 마찬가지로 생각한다. 심지어 사고를 당해 기억을 완전히 상실하는 바람에 지난 세월을 하나도 기억하지 못한다 해도, 어제 일어난 일조차 떠올리지 못한다 해도 아마 나는 여전히 지금의 나와 동일한 '나'라고 생각할 것이다. 의심이 슬금슬금 밀려올 때조차 나는 그렇다고 가정할 것이다. 물론 전혀 기억이 나지 않을 테지만 말이다.

신경 정신과 의사이자 작가인 올리버 색스Oliver Sacks(1933~)는 대표작 《아내를 모자로 착각한 남자》에서 자기 환자의 사례를 언급했다. 톰슨이라는 사람은 심각한 기억력 장애의 하나인 코르사코프 증후군 때문에 기억을 잃었는데, 계속해서 새로운 과거를 지어내는 것으로 소일하였다. 그것이 세월이 흘러도 계속해서 자신을 '그 자신'으로 바라볼 수 있도록 만드는 그만의 방식이었다. 해가 가고 날이 가면서 일어나는 명백한 변화에도 불구하고 '그 사람 자신'이, 자기 안의 무언가는 변하지 않는다고 생각하기 위한 방법이었다. 무언가가 변할 때 반드시 그 일부는 이전과 같은 상태로 남아 있어야 한다. 그렇지 않다면 그것은 변화가 아니라 완벽한 대체이다.

무언가가 변했음에도 과거와 동일한 것이라고 계속 말할 수 있으려면 어느 정도 바뀌어야 할까? 칼의 날이 부러져서 날을 교체한 경우, 그 칼은 이전과 동일한 칼이라고 할 수 있다. 그에 비해 날과 손잡이를 모두 교체한다면, 내가 아무리 내 칼이라고 불러도 그것이 과연 동일한 칼일까? 내가 내일도, 내년에도 −일어날 온갖 변화를 무시한 채, 혹은 과거는 물론이고 내 이름과 아이들의 이름조차 기억하지 못하는 병에 걸린다 해도− 계속 '나'일 것이라고 확신할 수 있을까? 그렇다면 왜 나는 어쩔 수 없이 나와 별로 비슷하지 않게 변할 미래의 나를 그렇게 걱정하는 것일까?

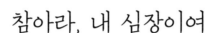

참아라, 내 심장이여

데카르트의 주장대로 '나'를 변호하면 흄에게 특정한 반론을 제시할 수 있다. 흄은 자신의 '나'를 찾기 위해 –**자신을 찾기 위해?**– 자기 내부를 들여다보아도 만날 수 있는 것은 다양한 종류의 인식과 감각뿐이라고 말하였다. 그가 찾은 건 의식의 내용들이지, 결코 의식 그 자체가 아니라고 말이다. 이 흥미진진한 주장을 누가, 혹은 무엇이 반박할 수 있을까? 분명 인식이나 감각은 의식 그 자체가 아니다. 예를 들어 추위를 감지하는 것과 춥다는 사실을 **의식하**는 것, 다시 말해 이 불쾌한 감각을 자기 자신과 연관하여 평가하고 그것의 부정적 영향력을 상상하여 신속한 조치를 고민하는 것은 별개의 문제이다.

그런데 내 안에는 물론 추위에 대한 감각도 있지만, 그것을 의식하는 무언가도 존재한다. 내가 그렇게 –다르지 않게– 감각하고 그것을 기억하고, 나아가 내가 바라거나 두려워하는 모든 것, 즉 내 인생 전체와 연관 짓는 무언가가 말이다. 그러므로 정확히 이 순간에 내가 느끼거나 인식하는 것은 나의 다른 기억 및 기대와 연관될 수밖에 없다. 오히려 내가 느끼거나 인식하는 것이 많건 적건 정돈되어 곧바로 기억과 기대에 끼어들어 간다. 감각과 인식에서 **내 것**이라고 부를 수 있는 것은 바로 그것이다. 내가 그 기억 및 인식과 연결되는 특수한 방식, 그 기억 및 인식을 동일한 방식으로 내 것인 다른 기억 및 인식과 결부시키면서 그것들을 고려해야 하는 필연성인 것이다.

예를 들어, 어금니가 아프면 나는 모르는 척할 수 없다. "아, 여기 어금니가 아픈 것 같네. 내 어금니가 아니면 좋겠어"라고 말하면서 그 영향력을 무시할 수 없는 것이다. 이런저런 방식으로 나는 그 아픔을 느낄 뿐 아니라 그 아픔을 생각해 보아야 한다. 이러한 감각과 인식에 대한 고려는 많은 경우 단순한 반사가 아니라 성찰이다. 성찰은 무엇이 일어났는지를 파악하여 받아들이고, 그것을 나머지 내 경험과 연결시키는 관찰이다. 한마디로 나는 −다른 동물들처럼− 의식을 지니고 있을 뿐 아니라 **자의식**, 즉 내 의식의 의식도 가지고 있다. 나는 내 의식의 내용들을 객관화하고 그것들을 서로 연관 지을 능력이 있다. 또 감각과 인식을 지니고 있을 뿐 아니라, 내가 무엇을 느끼고 인식하는지 자문할 수 있다. 내가 무언가를 느끼거나 인식할 때, 그것이 무엇을 의미하는지 조사할 수 있는 것처럼……

서구의 전통에서 이런 성찰을 입증하는 최초의 문학적 증거는 《오디세이아〉의 끝부분, 즉 오디세우스가 긴 방황을 끝내고 마침내 이타케Ithake의 궁전에 도착한 부분일 것이다. 뻔뻔한 구혼자들이 아내를 괴롭히면서 자신의 재산을 축내고 있는 광경을 목격한 오디세우스는 복수를 꿈꾸지만, 생각 없이 당장 그들에게 달려들지 않고 한 걸음 물러서서 자신에게 이렇게 말한다. "참아라, 내 심장이여tetlathi de kradie!" 터질 듯한 분노를 확인함과 동시에 그것을 가라앉히면서 영웅이 자신에게 던진 이 짧은 충고는 어쩌면 서양 심리학 전체의 시작일지 모른다. 자클린 드 로밀리가 오디세우스의 이 말을 제목으로 삼은 책에서 언급했듯이 이 말은 자의식의 첫 문화적 증거라 할 만하다.

나를 res cogitans, 즉 '생각하는 존재'로, 혹은 '나는 존재한다. 나는 생각한다'는 공식으로 요약될 수 있는 '생각된 것들'의 모음이라고 말했을 때 데카르트도 그 비슷한 '자의식에 대한' 생각을 한 것이 아닐까?

신체에서 시작되고 신체에서 끝난다

한편 나의 '나'는 이러한 자의식적 내부 들여다보기로만 이루어진 것이 아니다. 내면적 혹은 내밀한 차원의 나와 나란히 '외화外化된' 나도 있다. 그것은 인식하는 것의 영역 바깥, 인식된 것의 세계, 즉 **신체**에 자리한다. 의식에 기억의 빈틈과 중단이 있음에도 내가 나의 의식을 관찰하는 것과 마찬가지로, 나는 나의 신체를 —비록 상태가 변해서 머리카락, 손톱, 이빨 등이 빠지고 심지어 장기를 적출하고 사지를 절단한다 하더라도— 나의 것으로 생각한다. 어릴 적 조그맣던 내 몸과, 어른이 되어 성숙해지거나 늙은 신체는 나와 부인할 수 없는 연관 관계를 유지한다. 그 연관 관계를 쉽게 설명할 수는 없지만, 전형적인 철학적 생각 실험이 아니라면 나는 그것을 의심하지 않는다. 그렇다면 나의 신체란 무엇인가?

외계인이 지구에 와서 —이번에는 나쁜 의도 없이— 당신이나 나를 연구하기 시작했다고 가정해 보자. 외계인은 자기 눈앞에 있는 것이 살아 있는 존재이고, 나아가 지성적이라고 —우리 좀 낙관적으로 생각하자!— 생각할지 모른다. 하지만 그는 맨 처음으로 이런 질문을 던질 것이다. 이 동물은 어디서 시작하여 어디서 끝나는가? 이 질문은 전혀 황당하지 않다. 자기 집에 숨은 소라게를 보고 그것이 게인지 아닌지를 모르는 사람은 수없이 많다. 또 번데기가 된 곤충이 남긴 고치는 그 곤충의 분비물로 만들어진 것이므로 곤충의 일부라고 할 수 있을까 하는 질문에 쉽게 답하지 못하는 사람도 많다.

마찬가지로 외계인도 내가 나의 집과 동일하고, 우리 집 대문에서 끝난다고 믿을 수 있다. 혹은 내가 아끼는 의자와 목욕 가운도 나의 일부이며, 내가 피는 담배는 나의 돌기이고 내뿜는 담배 연기는 악취 나는 숨결이라고 생각할 수 있다. 당신이 자동차 안에서 하루를 보낸다면, 외계인은 지구인의 아래쪽엔 네 개의 바퀴가 달려 있다고 생각할 것이다.

하지만 만약 그들이 우리와 소통을 할 수 있다면, 우리는 그 생각은 틀렸고 우리의 세포 조직이 신체의 경계선이며 -우리가 아무리 소유물과 집을 사랑한다 해도- 우리의 살아 있는 자아는 피부가 끝나는 지점에서 끝난다고, 다시 말해 우리의 신체에 국한된다고 설명할 것이다. 외계인이 그 말에 어떻게 대답할까? "알았어. 그런데 넌 그걸 어떻게 알아냈어?"

이 질문에 적절한 대답을 들려주는 것은 생각처럼 쉬운 일이 아니다. 나는 그에게, 내가 내 신체를 언급할 때는 나의 다른 소유물과 달리 **항상** 내 곁에 있는 것을 의미한다고 말할 수 없다. 내 머리카락, 손톱, 발톱, 이빨, 침, 오줌, 맹장 역시 내 신체의 일부이고 완전히 내 것이기 때문이다. 물론 일시적이긴 하다. 내가 나이기를 중단하지 않아도 이것들은 뱀이 허물을 벗듯 조만간 나이기를 중단하니까 말이다.

또 호기심 많은 외계인에게 우리는 신체의 중요한 일부를 포기하면 생명을 계속 보존할 수 없다고 확실하게 못 박지도 못한다. 장기 이식 수술을 한 사람들도 있고, 신장 대신 혈액을 맑게 걸러 주는 투석기에 의존하는 환자들도 많기 때문이다. 위나 폐처럼 없으면 안 되지만 우리의 일부는 아닌 호흡기와 인공 영양식에 의존하는 환자는 말할 것도 없다.

외계인의 탐구 대상이 임신한 여성일 경우 문제는 더 복잡해진다. 태아가 임신부 신체의 일부인지 아닌지를 쉽게 결정할 수 없기 때문이다. 정말 복잡하기 이를 데 없다. 18세기 말의 독일 사상가 리히텐베르크는 그의 아포리즘에서, 신체는 자신의 생각이 바꿀 수 있는 세계의 일부라고 말했다. 실제로 현실을 변화시키기 위해서는 대부분의 경우 나의 신체를 사용해야 하기에 −흔들의자를 움직이고 자동차를 출발시키고 옷을 갈아입는 등− 아주 현명한 말이라 할 수 있다. 소망이나 생각은 입을 열거나 팔을 치켜드는 것만으로도 실현할 수 있다.

그럼에도 숨을 쉬고 음식을 소화하는 것은 내 생각에 따른 것이 아니며, 나의 의지만으로는 빠진 머리카락이나 이빨을 되돌려 놓을 수 없다. 그러니 피부색의 변화나 성 전환은 더 말해 무엇 하겠는가. 마이클 잭슨이나 트랜스젠더들은 변화를 위해 외과 수술을 필요로 했다. 이렇듯 외계인의 호기심을 만족시켜 주고 싶은 소망은 우리를 복잡한 상황으로 몰아넣을 수 있는데……

이러한 이론적 혼란에도 불구하고 '나'는 나의 신체에서 시작되고 신체로 끝난다는 것이 나의 깊은 확신이다. 외계인은 나의 신경질적인 반응을 보고 나를 더 혼란에 빠트리지 않기 위해 이 점을 인정해 줄 것이다. 하지만 그러고 나서 그는 다시 수백만 개의 질문을 던질지 모른다. "그래, 네 말이 맞다고 쳐. 너는 신체로 시작되고 신체로 끝나. 하지만 네가 신체를 **가진** 거야, 아니면 네가 신체**인** 거야?"

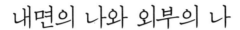

내면의 나와 외부의 나

영혼은 정신이고 신체는 일종의 기계라고 주장한 데카르트라면 외계인에게 그가 —정신이— 신체를 **가지며** 그 신체와 사이좋게 지낸다고 대답했을 것이다. 데카르트에 따르면, 동물은 영혼이 없기 때문에 통증도 기쁨도 느낄 수 없는 단순한 기계와 다를 바 없다.

일반적인 견해에서 보면 우리는 신체 **안에** 정령처럼 자리하고 있다. 로봇 안에 들어가 그것을 지휘하고 움직이는 조종사처럼……. 심지어 신체는 감옥처럼 나쁜 것이어서 그것이 없다면 훨씬 더 가볍게 움직일 것이라고 믿는 신비주의자들도 있다. 고대 그리스의 오르페우스 교도들 —오래된 신비주의적 비교秘敎 신자들— 은 '**소마**(신체)=**세마**(묘비)' 라는 음울한 말장난을 만들어 냈다. 영혼은 좀비, 즉 살아 있는 시체 안에 붙들려 있다고 말이다. 따라서 신체가 최종적으로 죽으면 영혼은 자유롭게 날 수 있어 —그리스 어로 영혼을 뜻하는 프시케

psyche는 나비라는 뜻이기도 하다– 진정한 해방을 맞이한다고 믿었다.

플라톤의 《파이돈》에 기록된 소크라테스의 마지막 유언도 이런 의미를 담고 있다. 그는 제자들에게 "우리는 아스클레피오스에게 수탉 한 마리를 빚졌네"라고 말했다. 그리스에선 병이 낫고 나면 치료의 신 아스클레피오스에게 짐승 한 마리를 제물로 바치는 관습이 있었다. 소크라테스는 치명적인 독이 신체적 고통을 유발하는 모든 질병으로부터 자신을 해방시켜 줄 것이라 생각했던 것이다. 물론 소크라테스처럼 유머가 풍부한 사람의 경우 그렇게만 해석할 수도 없을 테지만.

어쨌거나 우리는 정말로 신체에 탑승하여 자동차 운전자처럼 핸들을 붙들고 있는 걸까? 그게 사실이라면 신체의 어느 부위에 자리 잡고 있는 것일까? 데카르트는 뇌의 송과선에 있다고 말했지만, 대부분의 사람들은 그것이 어디에 있는지조차 모른다. '나'라고 말할 때 우리는 흔히 가슴을, 심장 높이쯤을 가리킨다. 물론 살짝 고민하다가 우리가 머리에, 코와 귀 사이의 조준선에 자리 잡고 있다는 결론에 도달할 수도 있다. 내 친구인 작가 라파엘 산체스 페를로시오는 치통, 중이염, 두통이 얼마나 괴로운지 이야기하다가 정확히 이런 결론을 내렸다. "정말 괴로워. 그것들은 너무 **가까이** 있거든."

자신은 자기 왼쪽 엄지발가락에 산다고 확신하는 사람은 한 번도 본 적이 없다. 자신은 신체를 **갖고** 있고 신체 **안에** 자리 잡고 있다고 말하는 사람들은 대개, 직접적으로 살과 장기, 정맥과 근육으로 가득한 신체 내부에 있지 않은 '내부'를 가리킨다. 다른 내면성, 훨씬 추상적이어서 신체 어디에서나 찾을 수 있지만 아무 곳에서도 찾을 수 없는, 그러나 두뇌 안에 특별한 거주지를 확보할 수 있는 내면성을 말이다. 이처럼 내가 내 신체가 아니라면 그 신체 안으로 들어가기 전의 나는 과연 어디에서 왔을까?

다른 한편에는 우리가 우리의 신체를 **가지는** 것이 아니라 우리 자신이 곧 신체**라고** 생각하는 사람들이 있다. 아리스토텔레스는 영혼은 신체의 형태이며, 이때 '형태'는 외적인 형상이 아니라 우리를 존재하게 하는 삶의 원칙이라 해석하였다. 오늘날의 신경 생물학은 우리 의식의 정신적 현상이 신경 시스템에서 생겨나며, 그 시스템의 실제 중심은 뇌라고 입을 모아 주장한다. 그런 까닭에 '영혼'이나 '정신'에 대해 이야기할 때는 그것이 신체 기능 작용 중 하나를 의미하는 경우가 대부분이다. 전구의 빛에 관해 이야기할 때, 스위치를 내리거나 수명이 다하면 사라지는 전구의 효과를 의미하는 것과 마찬가지이다.

빛이 전구와 분리된 것인 양 전구 안에 있다고 믿는다면 그건 너무 순진한 생각이다. 스위치를 끄면 빛은 어디로 가는가 하는 질문은 그보다 더 순진하다. 하지만 전구의 빛이 전구에 무언가를 추가하며, 전구와는 다른 성질을 갖는다는 사실 또한 명백하다. 전구가 없으면 빛도 없지만, 빛이 전구 혹은 전구를 전선과 연결하는 소켓과 동일한 것은 아니다. 빛이 전구나 빛을 제공하는 발전소 **이상이 아니라고** 말하는 것은 당연히 부당할 것이다. 마찬가지로 생각은 뇌에서 나오지만 뇌와 동일하지는 않다. 그런데 그 무엇인가 —빛, 정신— 가 전구나 뇌와 다르지 않다고 보는 관점을 **환원주의**라고 부른다. 물론 환원주의자들 중에는 정신(빛)을 뇌(전구)의 상태로, 즉 전자를 후자의 존재 '양식'으로 이해하는 사람들도 있다. 하지만 전체적으로 그들은 복잡한 현실을 너무 단순화하는 경향이 있다.

영국 작가 올더스 헉슬리Aldous Huxley(1894~1963)의 한 소설에는 이런 문장이 있다. "진동하는 공기가 에드워드 경의 고막을 흔들었다. 꽉 물린 뼈들, **추골**, **침골**과 등자뼈가 흔들려 타원형 창의 막을 흔들었고 미로의 액체 속에 극미한 폭풍을 일으켰다. 청각 신경의 미세한 말단이 거친 바다의 해초처럼 떨었다. 무수한 숫자의 어두운 기적들이 뇌 안에서 일어났고, 에드워드 경은 황홀경에 빠져 속삭였다. '바흐!'"

에드워드 경이 청각 기관과 뇌 신경 말단의 메커니즘 덕분에 음악을 인식했다는 것은 의심의 여지가 없다. 그가 청각 장애인이었거나 대뇌 피질의 특정 부위를 제거했다면 오케스트라가 제아무리 애를 써도 그를 기쁘게 하지 못했을 것이다.

하지만 그가 귀로 들은 음악 자체를 즐기는 것은, 즉 음악의 진가를 알아차리고 작곡가를 인정하며 그 모든 것이 그에게 갖는 중요한 **의미**를 깨닫는 것은 청각이나 뇌의 메커니즘으로 환원할 수 없다. 물론 그 둘이 없으면 불가능한 일이지만, 그렇다고 그 둘에 국한할 수는 없다. 전구가 만들어 내는 빛이 전구와 동일한 것이 아니듯, 바흐의 음악을 감상하는 것 역시 —물질적 기초가 없다면 들을 수 없었겠지만— 그 음을 받아들이는 신체 시스템과 동일한 것이 아니다. 만들어진 것은 때때로 그것의 원천으로부터 분리될 때 비로소 **등장**하는 다양한 특성을 갖고 있다. 그러므로 고대 로마의 위대한 유물론자인 루크레티우스는 우리가 이런저런 형태의 원자 덩어리라고 확신하면서도, 우리와 달리 원자는 웃거나 생각할 수 없다고 말했다. 우리는 물질적 원자의 집합체이다. 하지만 이 집합체는 원자에게는 없는 특성을 갖고 있다. 우리는 우리의 신체**이며**, 신체가 없으면 웃을 수도 생각할 수도 없지만, 웃음과 생각은 확대된 -영적?- 차원을 갖는다. 그것의 물질적 기초를 다루는 단순 생리학적 설명을 넘어서지 않고는 그 차원을 완벽하게 이해할 수 없다.

나의 존재를 읽는 방식

내부의 나와 외부의 나. 나는 신체들의 세계에 있는 하나의 신체이고, 대상들과 더불어 있는 하나의 대상이며, 움직이고 그들과 충돌하고 그들과 부딪친다. 다른 한편 나는 고통과 즐거움을 느끼고 꿈과 관념과 생각과 지식을 소유하며, 그래서 **항상** 외부 세계와 관련을 갖지만 외부의 사물들에게는 나타나지 않는 내밀한 내적 모험을 감행한다. 책이나 시디롬에 물질적인 것, 현실에서 하나의 장소를 차지하는 모든 것을 기록할 수 있다면 아마 내 신체도 마지막 원자까지 -아마조네스와 커다란 흰 상어, 북극성과 함께- 그 리스트에 오를 테지만, 내가 간밤에 꾼 꿈과 지금 내 머릿속에 떠오른 생각은 기록되지 않을 것이다.

그러므로 나의 인생과 나의 존재를 읽는 방식에는 두 가지가 있다. 한편 −외면− 에서는 **기능**에 따라 내 모든 장기가 제 할 일을 하고 있는지 −청소기가 켜져 있는지를 확인하기 위해 청소기 램프를 들여다보는 것처럼− 판단하고 평가할 수 있다. 이런 관점에서는 내가 어떤 신체적 능력이나 직업 능력을 갖추고 있는지, 혹은 법을 준수하는지 범법 행위를 저지르는지를 확인할 수 있다. 다른 한편 −내면− 에서 나는 나 자신만이 나의 내부를 들여다보면서 −예를 들어 내가 무엇을 얻고 잃었는지 생각하고, 원하는 것과 원하지 않는 것을 비교하면서− 평가할 수 있는 **경험**이다. 물론 기능은 경험에 결정적인 영향을 미치고, 경험 역시 기능에 영향을 미친다. 영혼이 신체로부터 오지 않는다면 어디서 올 수 있을까? 또 영혼이 없다면 과연 '내 몸' 이라고 말할 수 있을까? 영혼과 신체의 관계를 둘러싼 이런 해묵은 논쟁에 관해서는, 잠시 철학의 땅을 떠나 어떤 시인의 목소리에 귀를 기울여 보는 것이 어떨까 싶다.

영혼이 신체로 돌아와,
눈을 향해 가더니
부딪친다. 불을 켜라! 나의 온 존재가
내 안으로 밀고 들어온다. 놀라워라!

이렇게 나는 다시금 나를 발견하고, −분리될 수도 없고 의심할 수도 없이− 영혼의 내적 시선이자 세상의 빛인 내 온 존재가 나를 가득 채운다. 이것이 데카르트가 찾아 헤매던 그 확실성일까?

나 자신의 '나'를 찾고 난 뒤에는 또 다른 의혹이 밀려온다. 저 바깥에는 누가 있을까? 나 혼자인가? 나의 '나' 옆에 다른 '나'가 존재할까? 물론 나는 나와 비슷하게 생긴 존재들이 나를 에워싸고 있다는 사실을 확인한다. 하지만 내가 그들에 대해 아는 것은 몸짓, 외침 등 밖으로 드러나는 그들의 외적 모습들뿐이다. 그들 역시 내면성을 갖고 있는지, 그리고 그로 인해 고통 받는지, 고통과 기쁨과 꿈과 생각과 의미를 아는지 어떻게 알 수 있단 말인가? 이 질문은 너무 제멋대로이고 황당한 것 같다. 그러나 앞에서 이미 보았듯, 많은 철학적인 질문들이 처음에는 아주 이상하게 보인다. 그리고 대답하기가 쉽지 않다.

이 세상에는 자신의 '나' 말고는 다른 '나'가 없다는 결론에 도달한 사람들이 있다. 그들이 내세우는 이유는, 나머지 사람들에 대해서는 태도와 현상만 알 뿐이며 따라서 그들에게 자신과 같은 내면적 삶이 있다는 역추론은 불가능하다는 점이다. 철학사에서는 이들을 **유아론자**唯我論者라고 부른다. 사실 이런 유아론자들은 생각보다 아주 많다. 그러므로 이런 특이한 확신을 무조건 거부하는 것은 이성적인 태도가 아니다. 결국 나의 **정신**이 나 혼자하고만 직접 접촉하는 것이라면, 나 아닌 다른 사람들도 나처럼 정신이 있을 것이라는 사실을 어떻게 내가 알 수 있는지 자문하지 않을 수 없는 것이다. 문제는 까다롭다. 20세기의 유명한 철학자 버트런드 러셀Bertrand Russell(1872~1970)이 하루는 한 유아론자로부터 편지 한 통을 받았

🔖 버트런드 러셀

영국 수학자이자 철학자로, 자연 과학과 수학만이 좀 더 확실한 인식과 의심이 불가능한 진리를 제공할 수 있다고 주장하였다. 현실은 가장 작은 부분까지 인식할 수 있고 이름을 붙일 수 있다. 철학은 자연 과학의 개념과 원칙을 논리적으로 분석하고 해명해야 한다. 러셀은 현실을 정확하게 모사하는 논리적 이상 언어를 개발하기 위해 노력하였다. 분석 철학의 선구자로도 인정받고 있으며, 정치적으로도 활발하게 참여하였다. 특히 평화주의, 반 권위적 교육, 성적 자유, 비정통적 사회주의를 주장하였다. 1950년 노벨문학상을 수상하였고, 1970년에 사망하였다.

🔖 루트비히 비트겐슈타인

오스트리아의 철학자로, 분석 철학(데이비드슨, 러셀 등), 프래그머티즘(제임스), 신실증주의(밀)의 선도적 대표 주자이다. 생전에 출간한 유일한 철학 저서 《논리 철학 논고》에서 세계의 설명과 세계의 경험을 구분하였다. 그에 따르면, 세계의 설명은 자연 과학을 통해 내용을 준비하는 논리적 이상 언어의 틀 안에서 일어나야 한다. 그

다. 그 유아론자는 러셀에게 자기 입장을 이론적으로 설명하면서, 자기 이론이 이렇게 반박할 수 없는 것인데도 이 세상에 더 이상 유아론자가 없다는 사실에 놀라움을 표했다.

내가 보기에 유아론을 반박할 가장 탄탄한 이론은 러셀의 친구이자 제자였던, 오스트리아 태생의 영국 철학자 루트비히 비트겐슈타인Ludwig Wittgenstein(1889~1951)의 이론인 것 같다. 그에 따르면, 사적인 언어는 있을 수 없다. 인간의 언어가 언어가 되기 위해서는 다른 사람들이 이해할 수 있어야 하며, 의미의 세계를 다른 사람들과 공유하겠다는 목표가 있어야 한다. 내가 나 자신에 대해 고민하기 시작하는 순간부터 나는 나의 내부에서 언어를 발견한다. 그 언어가 없다면 생각은 물론이고, 꿈조차 꿀 수 없을 것이다. 이 언어는 나 자신이 만든 것이 아니며, 모든 언어가 그러하듯 반드시 **공적**이어야 한다. 다시 말해 나는 그 언어를, 나와 마찬가지로 의미를 이해하고 단어를 쓸 수 있는 다른 사람들과 공유한다. '나', '실존', '생각하다', '악령' 같은 개념들은 고립된 존재가 즉흥적으로 만들어 낸 것

이 아니라, 역사와 지리에 특정한 기원을 둔 상징적인 창조물이다. 예를 들어, 데카르트가 10년 전 혹은 다른 지역에서 태어났더라면 그런 질문을 제기하지 않았을 것이다.

러므로 세계는 원칙적으로 설명이 가능하지만, 모사하는 언어 뒤편에 자리하는 의미는 경험만 할 수 있는 것이다.

　나의 내면생활에 형태를 부여하는 언어를 기반으로 나는, 나와 마찬가지로 공동의 언어를 통해 내면생활을 누리는 다른 사람의 존재를 수용할 수 있고 또 **그래야** 한다. 내가 나인 것은 '나'의 입장에서 말할 수 있도록 너에게 허용하는 언어로 '너' 앞에서 내가 나를 그렇게 부를 수 있기 때문이다. 우리가 공동으로 사용하는 언어의 의미 영역을 확정한다면, 그것은 곧 인간 실존의 경계를 확정하는 것이다. 내가 무엇인지를 묻는 질문에 더 나은 대답을 찾을 수 있는 곳은 바로 여기, 말하기에 생각할 수 있는 다른 사람과 공유하는 인간 실존이 아닐까?

어떤 행위에 책임을 진다는 것은 무슨 뜻일까?

세상에 '산다'는 건 무슨 의미일까? 단순히 그 안에 포함된다는 의미일까, 아니면 그것의 일부라는 의미일까? '행위를 한다'는 말은 무슨 뜻일까? '무엇을 한다'는 것과 '어떤 행위를 한다'는 말은 같은 뜻일까? 의도적이지 않은 행위가 있을 수 있을까? 의도적으로 하지만 '원하지는 않은' 일이 있을까? 어떤 일을 한다고 말하는 것과 실제로 그 일을 하는 것은 동일할까? 내 팔을 움직이겠다는 의지는 실제로 팔을 움직이는 것과 같을까? 우리는 언제 자유롭게 행위한다고 말할 수 있을까? 내가 자발적으로 어떤 일을 한다면 그것을 '행위'라고 부를 수 있을까? 결정론의 시각은 이에 대해 무엇이라 말할까? 결정론은 특정 종류의 자유와 합치될 수 있을까? 현대 물리학은 고전 물리학과 같은 의미에서 '결정론적'일까? 물리학의 결정론은 인간 자유의 문제와 관련이 있을까? 자유라는 개념에는 어떤 다양한 의미가 있을까? 그중 하나의 의미에서만 자유롭고 다른 의미로는 그렇지 않은 경우도 있을까? 자유는 사회적 삶의 요구들과 어떤 관계가 있을까? 책임이 있다 혹은 어떤 행위에 책임을 진다는 말은 무슨 뜻일까? 보편적으로는 모두가 책임을 지지만, 특수한 경우 아무도 책임지지 않는 행위가 있을까? 그리스 비극과 셰익스피어의 희곡, 인도의 경전 《바가바드기타》에서는 행위의 책임을 어떻게 이해하고 있을까? 우리가 어떤 일을 할지 자유롭게 결정하지 못한다면 자신이 한 일을 후회할 수 있을까? 우리가 본성상 자유롭다면 어떤 행위 때문에 양심의 가책을 느낀다는 것이 부자연스럽지 않을까?

'의도적'이라는 것의 개념

인간은 세상에서 **산다**. '삶'이란 이 세상에 존재하는 생명체의 명부에 이름을 올리는 것이 아니다. 구두가 신발장에 들어 있는 것처럼, 그냥 세상 '속'에 있다는 의미도 아니다. 또한 박쥐나 다른 동물처럼 단순히 생물학적인 생활 공간을 갖는다는 의미와도 다르다. 인간에게 세상은 인과因果의 구조물 그 이상의 것이다. 세상은 의미로 가득한 장소이며, 그 장소에서 우리는 **행위를 한다**.

　세상에 '산다'는 것은 그 안에서 '행위를 한다'는 의미이다. 이 행위는 세상에 있다는 것, 그 안에서 움직이거나 세상의 자극에 반응한다는 의미에 국한되지 않는다. 여러 동물들도 자기 종種의 생존에 유리한 방향으로 진화하는 유전 프로그램에 따라 세상에 **반응한다**. 그에 비해 인간은 자신이 사는 세상에 반응할 뿐 아니라, 유전자의 결정과 다른 식으로 세상을 고안하고 변화시킨다. 따라서 오스트

피코 델라미란돌라

이탈리아의 인문주의자이자 철학자로, 수많은 개별 문장으로 이루어진 보편 진리라는 구상을 통해 당대의 철학적 견해(플라톤주의와 아리스토텔레스주의)를 조화시키려 노력함으로써 유명해졌다. 하지만 가장 영향력 있는 저서 《인간의 존엄성에 대하여》는 사후에야 빛을 보았다. 그에 따르면, 인간은 본성이 행동을 미리 정하지 않는 유일한 존재이다. 따라서 인간에게는 세계에서 자신의 위치를 결정할 자유가 있다.

레일리아 원주민의 행위는 아즈텍이나 바이킹 족의 행위와 같지 않다.

우리 인간 종은 생물학적 강제성에 갇혀 있지 않고 '개방적'이며, 이탈리아의 철학자 피코 델라미란돌라Giovanni Pico della Mirandola(1463~1494)가 말했듯 쉬지 않고 자신을 창조한다. 여기서 '창조한다'라는 단어는 마술사가 마술을 부려 빈 모자에서 토끼를 꺼내는 것처럼 '무에서 유를 창조한다'는 의미가 아니다. 그보다는 세상에서, 세상의 사물에서 출발하지만 어느 정도 세상을 **변화**시키는 '행위'를 뜻한다.

이제 중요한 질문은 행위가 무엇이며, 행위를 한다는 것은 어떤 의미인가 하는 것이다. 행위는 신체적인 동작과는 전혀 다르다. 단순히 '(걸어)가는 것' 혹은 '산책을 하러 집 밖으로 나가는 것'과는 다르다는 말이다. 그렇다면 과연 '행위를 한다'는 것은 어떤 의미일까? 인간의 행위는 무엇이며, 다른 생명체의 동작이나 인간의 몸짓과는 어떻게 다를까? 우리에게 진정한 행위를 할 수 있는 능력이 있다는 믿음도 결국은 망상이요, 선입견에 불과한 것일까? 이 '행위'가 사실은 우리를 둘러싼, 우리에게 영향을 끼치고 우리를 좌우하는 것에 대한 단순한 반응은 아닐까?

내가 차표를 사서 기차를 탔다고 가정해 보자. 기차를 타고 가는 동안 멍하니 이런저런 생각에 빠져 차표를 말았다 폈다 가지고 놀다가, 나도 깨닫지 못하는 사이에 창밖으로 던져 버렸다. 그런데 그때 갑자기 차장이 나타나 차표 검사를 하겠다고 한다. 세상에나! 벌금을 물게 생긴 나는 더듬거리면서 변명을 늘어놓는다. "제가…… 저도 모르게…… 밖으로 던져 버렸어요." 우연히도 철학적인 성향이 짙은 차장은 이렇게 대답한다. "그래요? 밖으로 던진다는 사실을 의식하지 못했다면 그런 짓을 하지 않았다고 말할 수 있지요. 그건 그냥 차표가 손에서 빠져나가 밖으로 떨어진 것과 다름없으니까요."

하지만 나는 이런 관대한 처사를 받아들일 용의가 없다. 그래서 이렇게 말한다. "감사합니다만, 차표가 손에서 빠져나간 것과 비록 부주의 탓이었지만 차표를 집어 던진 건 전혀 별개의 문제입니다." 벌금을 징수하는 것보다 토론이 더 재미있어진 차장은 내 말에 반론을 제기한다. "창밖으로 던진다는 것은 행위입니다. 내가 행위를 한다면, 그것은 행위를 하고자 하기 때문입니다. 손에서 빠져나간 것은 다르지요. 그것은 의도하지 않은 일이며, 우리에게 일어나는 실수들 중 하나에 불과하니까요. 그렇지 않습니까? 결국 당신이 차표를 창밖으로 던지려 한 것은 아니기 때문에, 실제로는 차표가 손에서 빠져나갔다고 말할 수 있는 거지요."

나는 일체의 의지를 배제하는 그런 식의 기계적인 해석에 반대한다. "아니요, 절대 그렇지 않습니다. 예를 들어, 제가 잠이 들었다면 차표가 손에서 빠져나갔다고 말할 수 있을 겁니다. 바람이 불어서 차표가 날아갔다 해도 그렇게 말할 수 있겠지요. 하지만 저는 깨어 있었고 바람도 불지 않는데, 의도하지 않은 채 차표를 창밖으로 던져 버린 일이 일어났습니다." "아하!" 차장이 득의만면한 미소를 띤 채 이렇게 외치며 볼펜으로 기차 시간표를 톡톡 두드린다. "의도하지 않았다면 차표를 바깥으로 던진 사람이 당신이었다는 것을, 그 무엇도 아닌 당신이었다는 사실을 어떻게 압니까? '밖으로 던졌다'라는 말은 무언가를 한다는 의미인데, 의도하지 않으면 어떤 일을 할 수 없는 법이지요." "알았습니다, 알았어요. 그러니까 제가 너무너무 하고 싶어서 그 빌어먹을 놈의 차표를 밖으로 던졌어요." 어디를 가나 성질 급한 놈이 손해를 보는 터, 나는 꼼짝없이 벌금 딱지를 받게 될 것이다.

행동의 차이

실제로 여러 행동에는 차이가 있다. 첫째, 일어나기만 하는 일이 있다. 소금을 집으려다가 실수로 식탁의 꽃병을 넘어뜨린다. 이것은 부주의하게 차표를 창밖으로 던진 것처럼 무의식적으로, 의도하지 않고 저지른 짓이다. 둘째, 무의식적으로 저질렀지만 의도적으로 반복하여 얻은 틀에 따라서 한 일들이 있다. 아침에 일어나자마자 실내화를 신는 행동 같은 것이 여기에 속한다. 마지막으로 내가 의식적으로, 고의로 하는 행동이 있다. 예를 들어, 너무 화가 나서 차장을 창밖으로 던져 버리는 것이다. 이 가운데 '행위'는 당연히 마지막 경우에만 해당한다.

물론 셋 중 어디에도 포함시키기 어려운 행동들도 있다. 가령, 누군가가 내 얼굴에 무언가를 던질 것 같다는 확신이 들 때 눈을 감거나 손으로 얼굴을 가리는 행동이 그것이다. 이런 것들은 행위가 아니다. '행위'란 하고 싶지 않으면 단호하게 하지 않을 수 있는 경우만 가리킨다. 그래서 나는 행위를 '**의지의 행동**'이라 부른다. 그러니 꼬리를 내리고 얼른 도망친 우리의 차장은 얼마나 생각을 잘한 건지…….

그러면 우리는 행위가 의도적으로 일어나는지 아닌지를 어떻게 알 수 있을까? 아마도 행위를 실행하기 전에 다양한 가능성을 고민한 뒤 마침내 그중 하나를 결정하기 때문일지 모른다. 물론 '어떤 행동을 하기로 결심하는 것'과 '그것을 실행하는 것'은 다르다. '결심하다'라는 것은 내가 진정으로 하려는 것에 대한 결정을 내리고 고민을 종결짓는 것이다. 결정을 내리면 그 결정을 실행에 옮길 것인가 하는 문제가 곧이어 등장한다. 결정은 내 행동의 목표나 목적을 확정 짓지만, 행위 그 자체를 확정하지는 않기 때문이다. 예를 들어, 나는 꽃병을 붙잡기로 결정하고 팔을 그쪽으로 뻗는다. 그런데 나는 과연 무슨 결심을 한 것일까? 꽃병을 잡기로? 아니면 팔을 뻗기로? 내 고민이 꽃병을 향해 있었나, 내 팔을 향해 있었나? 무엇이 진정한 행위일까? 꽃병을 잡는 것, 아니면 팔을 뻗는 것? 팔을 뻗다가 꽃병을 넘어뜨린다면 나는 행위를 했다고 할 수 있을까, 그렇지 않을까? 이도 저도 아니면 '절반의' 행위만 한 걸까?

'의도적'이라는 개념 역시 겉보기처럼 명확하지가 않다. 《니코마코스 윤리학》에서 아리스토텔레스는, 화물을 이 항구에서 저 항구로 실어 나르는 배의 선장을 예로 들었다. 어느 날 배가 바다 한가운데서 폭풍을 만났다. 선장은 배와 선원들의 목숨을 구하려면 배의 균형을 맞추기 위해 짐을 바다로 던지는 수밖에 없다는 결론을 내렸다. 그래서 짐을 바다로 던지라고 명령했다. 그렇다면 그는 자신이 원했기 때문에 짐을 바다로 던진 걸까? 분명히 그렇다. 침몰의 위험을 감수한 채 짐을 내던지지 말라고 할 수 있었으니까. 반면에 분명 그렇지 않기도 하다. 그가 원했던 것은 짐을 무사히 목적지 항구에 가져다주는 것이었고, 그랬다면 집에 돌아가 편안하게 쉴 수 있었을 것이다. 따라서 그는 의도적으로 짐을 바다에 던졌지만, 그것을 원하지는 않았다. 그가 의도와 달리, 혹은 의도하지 않은 채 짐을 바다에 던졌다고 말할 수는 없지만, 그것이 그의 의지였다고 주장할 수도 없다. 자신의 의지에 반하여 의도적으로 행동해야 할 때도 적지 않은 법이다.

앞서 언급한 가장 간단한 동작, 팔을 드는 동작으로 다시 돌아가 보자. 나는 팔을 의도적으로 움직인다. 다시 말해 꿈에서 무의식적으로, 혹은 돌이 날아오는 바람에 스스로를 보호하기 위해 반사적으로 움직인 것이 아니다. 심지어 5초 후 팔을 들겠다고 선언하고, 실제로 그렇게 행동할 수도 있다. 팔을 들기 위해 나는 무엇을 했을까? 팔을 들고자 하였고, 팔을 들었다.

그에 대해 당신이 내게 이렇게 말했다고 가정해 보자. "나는 당신이 팔을 들겠다고 말하는 소리를 들었고, 실제로 팔이 위로 올라가 있는 것을 보았습니다. 하지만 그것은 당신이 언제 팔을 들어 올릴지를 확정할 수 있다는 사실만 입증할 뿐, 당신이 의도적으로 팔을 들었다는 사실은 입증하지 못합니다." 물론 나는 팔을 **들려고** 했고 **그 때문에** 팔을 들었다고 주장할 것이다. 그러나 진실은, 조금만 곰곰이 생각해 보면 내가 팔을 들기 위해 무엇을 했는지 알지 못한다는 것이다. 나는 단순히 팔을 들었고, 팔은 이미 들려 있었다. 그래서 나는 팔을 움직 '이려고' 했으며 팔을 움직였고, 그 덕분에 팔을 들려고 하는 것과 팔을 움직이는 것, 그 두 가지 일을 했다는 인상을 주었다고 말한다.

그렇다면 팔을 '움직이려고 하는 것'과 팔을 '움직이는 것'의 차이는 어디 있을까? 내가 팔을 움직이려고 하면서도 –묶여 있거나 마비되지 않았음에도– 팔을 움직이지 **않을** 수 있을까? "나는 온 힘을 다해 팔을 움직이고 싶고 내 팔이 금방 움직일 거라고 기대한다."라고 말하는 것이 과연 의미가 있을까? 한마디로, 팔을 움직이려고 하는 것과 실제로 움직이는 것은 동일하지 않을까? 비트겐슈타인은 《철학적 탐구》에서 이렇게 언급했다. "그리고 문제가 발생한다. 내가 팔을 든다는 사실에서 내 팔이 들린다는 사실을 뺐을 때 남는 것은 무엇인가?" 팔을 들겠다는 나의 의지가 들린 팔에 있지 않다면 어디에 있을까? 그것을 넘어서는 또 다른 것이 있을까?

자유의 세 가지 다른 의미

문제를 조금 더 신중하게 살펴보면, 실제로 다른 점이 있다는 결론에 도달할 수 있다. 내가 원했기에 내 팔이 의도적으로 움직인다고 장담한다면, 그 말을 통해 나는 반대로 내가 팔을 움직이지 않았을 수도 있다는 말을 하는 셈이다. 내가 원할 때 팔을 어떻게 움직이는지 나는 알지 못하며, 움직이려고 하는 것과 실제적인 팔의 움직임 사이에 차이가 있는지도 모른다. 다만 내가 팔을 움직이려 하지 않았다면 팔이 움직이지 않았을 것이라는 사실은 안다. 신경 시스템과 근육의 관계에 정통한 전문가들은 내가 팔을 움직이려고 할 때 실제로 팔을 움직이는 일이 어떻게 일어나는지 설명할 수 있을 것이다. 하지만 나에게 근본적인 의미가 있는 것은 -그리고 이 평범한 몸짓을 실제 **행위**로 바꾸는 것은- 내게 팔을 움직이는 능력은 물론이고 움직이지 않을 능력도 있다는 사실이다.

그러므로 이런저런 일을 의도적으로 했다는 것은 나의 허락 없이
는 이런저런 일이 일어나지 않았을 것이라는 의미이다. 내가 원치 않
았다면 일어나지 않았을 모든 것이 나의 행위이다. 어떤 일을 하거나
하지 않을 이런 가능성, 스스로에게 좌우되는 특정 행동에 대해 '예'
나 '아니오'라고 말할 수 있는 가능성을 우리는 **자유**라고 부른다. 드
디어 우리는 자유라는 개념에 도달했지만, 그렇다고 모든 문제가 해
결된 것은 아니다. 오히려 더 어려운 문제는 이제부터 시작된다.

결정론적 관점

우선 우리는 '자유'가 실제 가능성에 대한 단순한 착각일지도 모
른다고 추측할 수 있다. 사실 일어나는 모든 일에는 자연법칙에 맞
는 특정한 원인이 있게 마련이다. 수도꼭지를 틀면 수도에서 물이
흘러나온다. 수도관 어디에 물방울이 있었는지 알 수 있다면, 그리
고 중력의 법칙과 액체의 운동을 설명하는 법칙, 수도 입구의 위치
등을 안다면 어느 물방울이 먼저 나오고 어느 물방울이 네 번째로
나올지도 확실히 알아맞힐 수 있을 것이다. 우리 주변에서 일어나는
모든 사건, 심지어 우리 몸에서 일어나는 사건의 대부분 -호흡, 혈
액 순환, 내가 미처 보지 못한 돌과의 충돌 등- 도 마찬가지이다. 어
떤 경우에도 나는 일어나는 일을 불가피하게 만드는 이전 상황으로
되돌아갈 수 있다. 다만 A 순간이 정확히 어떤 상태였는지를 몰랐던
나의 무지만이 B 순간에 일어난 일에 대한 나의 놀라움을 변명한다.

이것이 바로 **결정론**의 논리이다.

결정론적 관점은 가장 오래되고 가장 끈질긴 철학적 견해이다. 그에 따르면 이 순간 세상의 모든 조각들이 어떻게 배열되었는지 안다면, 물리학의 법칙에 대해 모르는 것이 없다면 나는 이 세상에서 1분 혹은 10년 후에 어떤 일이 벌어질지 완벽하게 설명할 수 있다. 나 역시 우주의 일부이기에 나는 나머지 만물과 동일한 인과적 결정성에 복종해야 한다. 그렇다면 자유의 '예' 혹은 '아니오'는 어디에 있는가? 자유 행위란 내가 우주의 이전 상황을 완벽하게 안다 하더라도 예상할 수 없는 바로 그런 것이 아닐까? 다시 말해, 자유 행위는 이전 원인에 좌우되지 않고 자신의 원인을 **만들어 내는** 행위가 아닐까?

엄격한 결정론적 시각이 현대 양자 역학의 주장과 일치하는지의 문제는 언급하지 않기로 하자. 하이젠베르크Werner Karl Heisenberg (1901~1976)의 불확정성 원리는 어쨌든 물질적 우주의 인과적 결정성과 관련하여 훨씬 개방적인 비전을 제시하는 것 같다. 노벨 물리학상을 받은 벨기에 과학자 일리야 프리고진Ilya Prigogine(1917~2003)과 프랑스의 위대한 수학자 르네 톰René Thom(1923~2002)은 한때 이 문제를 두고 논쟁을 벌였다. 프리고진은 **어느 정도의** 비결정성을 옹호하였고, 톰은 전통적 견해에 가까운 **어느 정도의** 결정론을 옹호하였다. 물론 내게는 감히 이 토론에 끼어들 만한 전문 지식이 없다. 하지만 적어도 200년 전 프랑스 수학자 라플라스가 옹호했던 '강한' 결정론도, 하이젠베르크나 프리고진의 상대적 비결정론도 인간의 자유에 대한 질문에 대답할 수 없다는 것은 확언할 수 있다.

인간의 행위에 신경 생리학 같은 실험 과학으로 설명할 수 없는 원인이 있다고 주장할 사람은 아무도 없다. 그럼에도 자유의 문제는 물리학적 인과성의 영역이 아니라, 인간 **행위** 그 자체의 영역에서 제기된다. 인간의 행위는 외부 사건의 결과로 볼 수 있을 뿐 아니라, '의지', '의도', '동기', '목적' 같은 다루기 힘든 변종들까지 계산에 넣으면서 **내부에서도** 관찰해야 하는 것이다.

그러므로 단순한 과학의 비결정성을 '자유'와 동일시할 수는 없다. 전자電子의 행동은 예측 불가능할지 모르지만, 문자 그대로 '자유롭다'고는 말할 수 없다. 거꾸로 생각해도 마찬가지이다. 물리학이나 생리학적으로 이미 결정되어 있는 것도 자유 행위를 배제할 필요가 없다. 생명이 무생물의 물질로부터 탄생하였으며, 의식은 의식이 아닌 것에서 출발했다는 사실을 부인할 사람은 없다. 그러니 자유라고 해서 엄격하게 결정된 물질로부터 탄생하지 말란 법이 어디 있겠는가?

하기를 원하는 것, 되기를 원하는것

이제 문제로 돌변한 이 자유라는 개념을 좀 더 자세히 살펴보기로 하자. 현혹이나 충격이 아닌 이해가 목적인 모든 철학적 분석에서 첫걸음은 **항상** 개념의 관찰이다. 우선 자유가 이전의 원인과 관계없이 일어나는 행동을 의미하는 것이 아니라는 점을 거론할 수 있다.

그러니까 자유는 원인과 결과의 사슬이 끊어진 '기적'이 아닌 것이다. 자유의 경우, 나머지 원인들과 함께 고찰해야 하는 다른 방식의 원인이 중시된다. 결국 자유에 대해 말한다는 것은 인과성을 포기하겠다는 것이 아니라, '인과성'이라는 개념을 확대하고 심화한다는 의미인 셈이다.

'행위'는 그 행동을 원하고 선택하고 자신의 계획을 실천할 수 있는, 다시 말해 **의도**나 **목적**을 실행에 옮길 수 있는 주체가 원인이기에 자유롭다. 그런 의미에서 단순히 팔을 들어 올리는 행동은 '행위'로 볼 수 없다. 의도의 틀에서 실천에 옮긴 경우, 예를 들어 회의에서 발언권을 요청하기 **위해**, 벨을 누르기 **위해**, 택시를 잡기 **위해**, 혹은 철학 토론에서 내가 나의 몸짓을 자유롭게 결정할 수 있다는 점을 입증하기 **위해** 팔을 든 것이 아니라면 말이다.

다만 의도적이고 목적 지향적인 행동을 할 수 있는 이 주체의 소원이나 목적에는, 그것이 '충동'이든 '동인動因'이든 '목표 설정'이든 분명 나름의 앞선 원인이 있다. 여기에 대해서는 뒤에서 더 살펴보기로 하자. 지금은 자유가 인과 고리의 단절을 의미하는 것이 아니라는 사실을 확인하는 것으로 충분하다. 자유는 새로운 **실천적** 인과성, 즉 이 인과성을 풍요롭게 하는 행동과 관련된 인과성이다. 내가 자유롭게 행위를 한다고 말한다면, 그것은 '이 행위는 원인 없이 일어났다'는 뜻이 아니라, 오히려 '이 행위의 원인은 주체로서의 나이다'라는 의미이다.

'자유'의 개념은 보통 세 가지 다른 의미로 사용되는데, 혼동될 때가 많다. 따라서 최대한 정확하게 구분하는 작업이 필요하다.

첫째, 자신의 소망과 계획에 따라 행동할 수 있는 능력을 뜻한다. 이것이 가장 자주 사용되는 의미인데, 우리의 의지를 제약할 수 있는 육체적, 심리적, 법적 장애가 없는 상황을 가리킨다. 이 의미대로라면 몸이 묶이지 않았거나 감금되어 있지 않고, 협박이나 고문을 당하거나 마약에 취해 있지 않은 사람은 −움직이고 가고 올− 자유가 있다.

나아가 차별적인 법으로 인해 불이익을 겪거나 배척을 당하지 않는 사람, 끔찍한 재난을 당했거나 교육을 전혀 받지 못한 무지렁이가 아닌 사람은 −공적 생활에 참여하고 공직에 임용될− 자유가 있다. 이 정의에 따르면, 자유는 원하는 것을 추구할 가능성뿐 아니라 그것에 도달할 일정 정도의 기회까지 포함한다. 성공의 가망이 전혀 없다면 자유가 있다고 말하지 못할 것이다. **불가능성** 앞에서는 누구도 실제로 자유롭지 못하기 때문이다.

둘째, 원하는 것을 실제로 이루려는 시도를 아직 하기 전에, 원하는 것을 원할 자유를 의미한다. 이 경우 자유의 의미 차원은 명확하지 않고 더 복잡하다. 온몸이 꽁꽁 묶여 있거나 감금되어 있을지라도, 그 누구도 내가 여행을 **원하지** 못하도록 막을 수는 없다. 막을 수 있는 것은 오로지 실제로 여행에 나서는 일이다. 내가 원치 않는다면 아무도 내가 고문관을 증오하도록 강요할 수 없고, 억지로 어떤 견해를 믿도록 만들 수도 없다. 나의 소망은 현실 상황이 실행 가능성을 가로막는다 해도 자유롭다. 스토아학파는 인간 의지의 이런 신성한 자유를 당당하게 주장하였다.

　세상은 내뜻대로 되지 않는다. 신발에 들어간 작은 돌멩이 하나도 나의 걸음을 중단시킬 수 있다. 하지만 물리학 법칙이나 국가의 법률과는 상관없이 내 의지의 정직성 —혹은 도착성— 은 내 손 안에 있다. 고대 로마의 정치가이자 스토아 철학을 신봉한 카토Marcus Porcius Uticensis Cato(B.C. 95~B.C. 46)는 카이사르에 저항한 공화파의 반란을 지원하였다. 반란이 실패한 뒤 카토는 공화파의 행동이 신들의 마음에는 들지 않았지만, 자신의 마음에는 들었다고 말했다. 신들 —필연성, 역사, 피할 수 없는 것— 이 한 인간의 계획을 망칠 수는 있지만, 그 인간이 다른 계획이 아닌 바로 이 계획을 가슴에 품지 않도록 막을 수는 없는 법이다.

　셋째, 원하지 않는 것을 원하고, 실제로 원하는 것을 원치 않을 자유도 있다. 이것은 자유의 의미 가운데 가장 특이하고, 또 가장 설명하기 어렵다. 이 의미에 다가가기 위해서는 우선 인간은 소망을 가질 뿐 아니라, 소망과 관련된 소망 역시 가슴에 품는다는 사실을 언급해야 한다. 우리는 의도를 갖는 것은 물론이고, 특정한 의도를 — 실제로 그 의도를 갖지는 않지만— 갖고 싶어 한다. 불난 집을 지나치는데 안에서 아기 우는 소리가 들린다고 가정해 보자. 안으로 들어가 아기를 구하고 싶다. 그러나 겁이 난다. 너무 위험한 일이고, 또 그런 일은 소방관들이 해야 할 일이니까……. 한 걸음 물러서지만, 그와 동시에 나는 아기를 구하러 안으로 들어가기를 소망하고 싶어 한다. 위험을 그렇게 심하게 겁내지 않는 나의 모습을 원하기 때문이다. 또 나는 불이 났을 경우 어른들이 아이들을 도와주는 세상에서 살고 싶다. 나는 내가 되고 싶은 것이지만, 동시에 다른 것이고 ―다른 것, 더 나은 것을 원하고― 싶어 한다.

위험이 닥치면 누구나 도망치고 싶어 한다. 하지만 그렇다고 겁쟁이가 되고 싶은 사람은 없다. 때때로 거짓말을 하고 싶은 경우도 있지만, 거짓말쟁이 취급을 받고 싶지는 않다. 술을 마시는 건 좋지만 술꾼이 되고 싶지는 않다. 이처럼 내가 '지금 하기를 원하는' 것과 내가 '**되기**를 원하는' 것은 동일하지 않다. 내가 무엇을 하기를 원하는지 사람들이 묻는다면 나는 직접적인 소원을 표현할 것이다. 그에 비해 내가 무엇이고자 하는지 ―혹은 어떤 사람이고자 하는지― 묻는다면 내가 무엇이고 싶은지, 다시 말해 내가 생각하기에 무엇을 원하는 것이 좋은지를 말할 것이다. 고대 로마의 시인 오비디우스Publius Naso Ovidius(B.C. 43~A.D. 17)는 이런 모순을 시구에 담았다. "나는 더 나은 것을 보고 그것을 좋다고 말하지만, 더 나쁜 것에 빠진다." 한마디로, 나는 내가 원하고 싶지 않은 것을 계속 원한다.

이런 방식의 자유는 쉽사리 헤어날 수 없는 소용돌이에 빠질 수 있다. 나는 내가 원하지 않는 것을 원하기를 원할 수 없기 때문이다. 내가 원하기를 원하지 않는 것을 원하기를 원할 수 있기 때문이다. 내가 실제로 원하거나 원치 않는 것을 원하기를 원하기를 원할 수 있기 때문이다. 그러니 소원의 마지막 경계선, 즉 주체로서의 내 자유 의지의 마지막 경계선을 어디에다 그어야 할 것인가?

다른 현실을 구상하라는 소명

아르투어 쇼펜하우어

독일의 철학자로, 염세적 의지 형이상학으로 중요한 철학적 기여를 하였고 큰 영향력을 얻었다. 의지는 모든 현상의 근거에 있고 그 현상들을 불러내는 사물 그 자체, 세계의 본성이다. 의지가 고통을 유발하기에, 쇼펜하우어는 고통을 가라앉히는 진정제로 예술, 연민, 금욕적 체념을 추천하였다.

의지를 다룬 위대한 사상가 쇼펜하우어Arthur Schopenhauer(1788~1860)는 19세기 초에, 앞에서 설명한 세 번째 의미의 자유를 부인하였다. 그에 따르면, 우리 인간은 −조금 더 높은 차원이나 더 낮은 차원에서 다른 생명체들 역시− 근본적으로 의지로 만들어진다. '원하는 것', 살기를 원하고 먹기를 원하고 소유하기를 원하는 등 '욕망'으로 만들어진다. 우리는 말 그대로 **우리가 원하는 것**이다. 우리가 우리의 소망에 따라 만들어졌다는 의미가 아니라, 마음 가장 깊은 곳에 품고 있는 소망으로 이루어져 있다는 뜻이다.

따라서 우리는 앞에서 설명한 두 번째 의미의 '자유'를 갖는다는 사실을 확신할 수 있다. 그 무엇도 우리가 원하는 것을 '원하지' 못하도록 막을 수 없다. 지금의 나는 내가 정확히 되고 싶은 바로 그것이라는 전제 하에서, 그 무엇도 내가 '지금의 나이기를 원하지' 못하도록 막을 수 없다. 그 말은 내가, 쇼펜하우어가 무한하고 잠재우지 못할 것이라던 나의 모든 소망의 객관적인 결과가 아니라 그 소망 자체의 총계, 그것의 끊임없는 활동이라는 의미이다.

그런데 나는 내가 원하는 것을 원하기를 멈출 수 없다. 바꾸어 말하면, 나는 내가 원하는 것이지만 어쩔 수 없이 나인 것을 원하기도 한다는 것이다. 나는 내 존재를 구성하는 소망들을 원한다. 나는 나의 의지를 기반으로 내가 하고자 하는 것을 선택할 수 있다. 이 경우 의지는 나의 '특성character'으로 이해된다. '나'인 개체, 다른 사람들은 거부하는데 항상 특정한 동인을 선호하는 개체의 모델로 이해되는 것이다. 하지만 나의 의지 자체를 선택하거나 그것을 내 임의대로 바꾸는 것은 불가능하다. 나는 내가 원하도록 나에게 허락된 것이 무엇인지를 **결정**할 수 없다.

따라서 쇼펜하우어에 따르면 가장 극단적인 자유 – '나는 내가 되고자 하는 사람이다' – 는 가장 엄격한 결정론 – '나는 지금의 나와 다른 사람일 수 없다' – 과 일치한다. 무엇이 되고 싶은지 망상을 품을 수 있는 것은 거역할 수 없는 충동이 우리가 실제로 무엇인지, 무엇을 원하는지를 우리에게 입증할 때까지만 가능하다. 쇼펜하우어는 기독교의 〈주기도문〉에서 유혹에 들지 않게 해 달라고 간청하는 이유도 그 때문이라고 말했다. 그 기도는 우리가 자유롭게 하고자

장 폴 사르트르

프랑스의 작가이자 철학자로, 프랑스 실존주의 철학의 대표 주자이며, 키르케고르, 헤겔, 후설, 하이데거의 영향을 받았다. 《존재와 무》에서 인간 실존을 지속적인 삶을 구상할 불안한 자유라고 설명했다. 이 자유는 반성적 의식에서 성장하며, 이 반성적 의식에서 자기 행동에 대한 절대적 책임이 나온다고 한다. 사르트르는 자신의 사상적 결과물이 마르크스주의적 정치 참여의 형태라고 보았다.

게오르크 빌헬름 프리드리히 헤겔

독일의 철학자로, 그가 발전시킨 독자적 철학 체계는 그 범위와 완성도가 압도적이라 할 만하다. 그에 따르면 인류의 역사는 절대자, '세계정신'이 자신에게로 돌아가는 과정에 편입된다고 한다. 이 과정은 변증법적으로, 다시 말해 앞의 단계를 '지양'하는 점점 더 높은 단계에서 진행된다. 헤겔은 세계사의 과정은 모든 것을 포괄하는 세계정신의 절대적 자의식으로 완결된다고 보았다. 역사의 과정은 국가에 이르러 최고의 도덕적 표현을 달성한다는 것이다.

하는 행동의 심연을 알도록 허락하지 말라는 간청이다. 즉 우리가 실제로 누구인지를 알려 주지 말라는 간청인 것이다. 한마디 더 덧붙이자면, 지그문트 프로이트의 무의식 이론은 쇼펜하우어의 영향을 많이 받았다.

반대로 20세기에는 프랑스 철학자 장 폴 사르트르Jean Paul Sartre(1905~1980)가 세 번째 의미에 따른 자유의 급진적인 형이상학, 즉 '실존주의'를 창안하였다. 그에 따르면, 인간의 본질적인 측면은 존재한다는 사실이며, 어떤 본성이나 변치 않는 특성을 통해 미리 결정되어 있지 않고 스스로를 만들어야 한다는 점이다.

사르트르 사상의 정곡을 찌른 모토motto는 – 쇼펜하우어와 같은 시대를 살았던– 독일 철학자 헤겔Georg Wilhelm Friedrich Hegel(1770~1831)의 명언이다. 인간적인 것은 '그것이 아닌' 것이며 '그것인 것이 아니다.' 언뜻 보면 상당히 헷갈리지만, 이 말은 합리적으로 설명할 수 있다. 우리 인간은 미리 정해진 것이 아니며, 사전에 어느 정도 '프로그래밍된 것'도 아니다. 우리는 또한 모두가 자신의 진짜 정체성이라고 우기는 '어떤 것' ―직업, 국적, 종교 등― 도 아니다. 우리는 우리가 아닌 것이다. 우리가 아직 아닌 것, 혹은 되고 싶은 것이다. 우리는 쉼 없이 스스로를 새롭게 만들어 갈 능력을 갖고 있다. 우리의 한계를 넘기 위해, 예전에 우리가 무엇이었다는 **거짓말을 벌하기** 위해.

따라서 사르트르의 관점에 따르면, 인간은 자신이 되고 싶은 것을 선택하고 취소할 수 있는 변치 않는 능력에 **다름 아니다**. 우리 안에서도 우리 밖에서도, 그 무엇도 우리에게 이것저것이라고 정해 주지 않는다. 때로 우리도 자신이 선택한 우리의 존재가 '빠져나올 수 없는 운명'이라는 상상으로 도피를 하지만, 우리는 분명 자신을 변화시키거나 다른 길을 모색할 만큼 **개방적**이라고 말할 수 있다. 우리가 우리를 바꾸지 않는다면 그것은 우리가 선택한 대로, 지금 그대로의 우리 모습으로 선택 '해야 하기' 때문이 아니라 우리가 그렇기를, 지금과 다르지 않기를 **원하기** 때문이다.

'자유롭도록' 저주 받은 인간

하지만 역사적 상황, 사회 계층, 신체 및 정신적 기질로 인한 제약은 어떻게 할 것인가? 현실이 우리 계획에 던지는 장애물들은? 사르트르는 이 모든 것이 자유의 사용을 막지는 못한다고 말한다. 인간은 항상 어떤 상태에 놓여 있고, 그 상태에 대해 자유롭기 때문이다. 나는 사회적 상황에 순응할지, 그에 맞서 상황을 변화시킬지를 선택하는 사람이다. 나는 내 신체의 약점이나 현실의 모순을 발견하고 그것에 저항하려는 목표를 정하는 사람이다. 심지어 내가 자유를 실행하는 데 방해가 되는 걸림돌조차도 자유로워지려는 나의 결심에서 나온다. 그 누구도 내게 강요하지 않은, 이런저런 방식으로 자유로워지려는 나의 결심으로부터 말이다. 고대 그리스의 웅변가 데모스테네스에게 말을 더듬는 습관이 걸림돌이 되었던 것은 오로지 그가 연설가가 되기로 자발적으로 결심했기 때문이다.

사르트르가 주장한 급진적 의미에서의 자유는, 현실에서 우리를 둘러싼 모든 것을 부인하고 자유롭게 택한 우리의 소망과 열정을 바탕으로 다른 현실, 대안적 현실을 구상하라는 소명이다. 물론 실패할 수도 있고, 또 실제로 우리는 늘 실패한다. 우리는 항상 어떤 방식으로든 현실과 충돌하지만, 사르트르에 따르면 인간은 '**헛된 동경**'이다. 그러므로 우리는 시도를 멈출 수 없다. 피할 수 없는 필연성을 핑계로 노력을 포기할 수도 없다. 우리에게 주어지지 **않은** 유일한 선택은 존재냐 자유냐의 선택이다. 사르트르의 이 공식이 역설적으로 들릴지 모르지만, 인간은 자유롭도록 저주를 받았다. 자유는 인간으로서의 우리를 정의하는 것이기 때문이다.

자유의 개념은 다양한 영역의 이론에서 사용된다. 어떤 영역에서는 자유를 흔쾌히 받아들이지만, 다른 영역에서는 거부할 수도 있다. 하지만 어떤 형태든 우리가 '자유롭다'는 사실을 인정하려면 먼저, 인간은 자신의 행위를 일련의 다른 행위들과 결합된 구상이나 '의도'에 맞춘다는 사실을 시인해야 한다. 예를 들어, 나는 내일 기차를 탈 의도가 있다. 이 목적을 위해 나는 오늘 밤 알람을 맞추고 잠자리에 들 것이다. 그리고 내일 아침 일찍 일어나 세수를 하고 옷을 입은 뒤, 엘리베이터를 타고 아래층으로 내려가 택시를 잡고 기사에게 역으로 가자고 말할 것이다. 여기서 내 자유로운 행위의 중점은 어디에 있을까? 기차를 타겠다는 의도일까, 아니면 그 목적을 위해 선택한 여러 행보 하나하나일까? 미국의 분석 철학자 도널드 데이비드슨Donald Davidson(1917~2003)을 비롯한 몇몇 철학자들은, 존재하는 유일한 진짜 행위는 가장 단순하고 원시적인 행위, 다시 말해 의도적인 신체 동작이라고 주장하였다. 하지만 그럴 경우 이 신체 동작들은 다양한 이야기에서 '서술'될 수 있고, 그중 몇 가지는 나의 계획이나 의도 주변을 맴돈다. 다른 이야기들은, 예를 들어 내 의도적 행위의 원치 않았던 결과까지 포함하면서 다른 방식의 서사 모델을 따를 수 있다.

> ● 도널드 데이비드슨
> 미국의 철학자. 언설의 의미와 구조를 다룬 분석 철학의 대표자로, 언어 철학에 큰 공을 남겼다. 형이상학과 인식론에도 관심을 가졌으며, 특히 다음 질문에 가장 큰 의미를 두었다. 즉 '다른 인간(언어)을 이해한다는 것은 무슨 의미인가? 그로부터 우리의 세계관에 영향을 줄 어떤 결과가 나오는가?'

　아무도, 제아무리 극단적인 사르트르 추종자라 할지라도 인간이 본능적인 욕망을 지니며, 많은 경우 그것이 우리에게 행동을 강요한다는 사실을 부인하지는 못할 것이다. 하지만 단순히 본능에 휩쓸리지 않는 경우도 많다. 그뿐 아니라 우리는 우리 자신으로 남아 우리가 주인공이라는 사실을 인식하며, 본능의 충족을 다양한 인생 계획에 맞추어 숭고하고 고상하게 만들고 이용한다. 우리의 목적 중 몇 가지는 자유롭게 선택하는 것이 아니라 불가피한 것이지만, ―음식물 섭취, 성행위, 자기 보존 등— 우리는 그것들을 자유롭게 선택하는 방식으로 충족하려고 노력한다. 여기서부터는 충동을 넘어선 장기적인 '동인'들도 우리 행위의 원인이 된다. 심지어 '이성적 동기'도, 즉 다른 사람들의 공감을 얻으려고 노력하는 고민도 원인으로 부상한다. 앞에서 나는 이성적인 것 즉 목적을 달성할 수 있는 최고의 수단에 대해, 그리고 합리적인 것 즉 우리 자신과 마찬가지로 확실한 의도가 있다고 생각되는 다른 주체들과의 관계에 대해 언급했다.(두 번째 질문: 우리는 어떻게 '무엇을 안다'고 믿는 것일까? 참고.) 이 두 가지 행위의 이성적 동기를 고려하지 않고서는 인간의 행위를 실제로 이해하는 것이 거의 불가능하다.

본능과 여타 다른 자연의 힘은, 인간을 중심으로 하는 사건들은 물론이고 동물의 행동과 식물의 성장, 중력 등도 충분히 **설명**할 수 있다. 하지만 인간의 행동을 완벽하게 이해하기 위해서는 그것을 넘어서 우리가 생각하는 것과 행동하는 것을 연결할 수 있는, 우리의 상징적 우주와 자연 세계로의 활기찬 진입을 결합시킬 수 있는, '행위하는 주체의 내면적 관점'이 필요하다.

우리가 저지른 일에 대한 성찰

열광적으로 당당하게 옹호하든 힘을 다해 거부하든, 자유의 문제가 우리에게 그렇게 중요한 까닭은 무엇일까? 근본적으로 결정론자였던 회의론자 데이비드 흄은, 자유의 이념은 물리적 인과성이 아니라 **사회적** 인과성과 관련되기 때문에 결정론과 결합할 수 있다고 보았다. 그에 따르면, 인간이 일으킨 모든 사건을 책임자인 주체의 탓으로 돌릴 수 있으려면 어느 정도 자유를 믿어야 한다. 그래야만 행위에 따라 그 주체를 칭찬하거나 야단칠 수 있고 −필요하다면− 벌을 내릴 수도 있다. **책임**을 확인하자면 자유를 포기할 수 없는 것이다. 부여할 수 있는 책임이 없다면 어떤 사회 형태를 취하더라도 공생할 수 없다. 이런 자유는 자부심의 대상이기도 하지만 근심, 심지어 두려움의 대상이기도 하다. 자유를 얻으려면 먼저 우리가 행한 일 −나아가 우리가 행하려고 의도한 것 혹은 우리 행동의 원치 않은 결과−

에 대한 책임을 수용해야 하기 때문이다.

자유롭다는 것은 상을 나누어 줄 때 "여기요!" 하고 외치는 것만이 아니라, 범인을 찾을 때 "제가 그랬습니다"라고 시인하는 것도 의미한다. 첫 번째 경우에는 항상 자원자가 넘친다. 예를 들어, 노벨상 수상자는 가혹한 운명에 맞선 자신의 노력과 공로를 당당하게 자랑한다. 반면 두 번째 경우에는 짓누르는 상황에 대한 부담 때문에 대부분 도피를 택한다. 일찍 부모를 잃은 불우한 가정 환경을 핑계 삼기도 하고, 소비 사회의 낭비 풍조나 TV의 악영향을 핑계로 끌어오기도 한다.

자신의 특성을 악행의 목록들로 장식하고픈 사람은 없다. 누군가를 차로 치었다 해도 이런 핑계를 늘어놓는다. "피할 수가 없었습니다. 제 입장이 되어 보신다면 제가 그럴 수밖에 없었다는 걸 아실 겁니다." 우리가 사는 사회나 자본주의 시스템에 죄를 돌리려 애쓰기도

에리히 프롬

독일의 사회학자, 정신 분석학자. 1930년부터 1938년까지 (아도르노의) 사회연구소의 일원이었으며, 그곳에서 정신 분석의 사회주의적 기초를 연구하였다. 인류의 존속은 존재를 위하여 이윤과 권력에 저항하자는 결정에 달려 있다고 주장한 《소유와 존재》로 평화 운동과 대안 운동에 큰 영향을 끼쳤다.

한다. 그러면서 자신이 다른 사람들보다 깨끗하고 중립적이며, 용감하고 더 **나은** 사람일 가능성을 넌지시 암시한다. 전혀, 혹은 충분히 성숙하지 않은 많은 사람들 ―즉 자립성과 자의식이 부족한 사람들― 은 지도자에게 책임을 떠넘기려고 한다. 독일의 정신 분석학자 에리히 프롬Erich Fromm(1900~1980)은 《자유로부터의 도피》에서, 나치나 소련의 전체주의에 대한 대중의 열광을 이런 시각에서 분석한 바 있다.

그런데 책임의 문제는 그보다 훨씬 역사가 깊다. 그리스 비극에서는 책임이, –소포클레스Sophocles(B.C. 496?~B.C. 406)의 《오이디푸스 왕》과 《콜로노이의 오이디푸스》의 주인공 오이디푸스처럼– 예정된 행위를 알지 못한 채 자신이 원치 않은 일을 해야만 하는 인물의 '피할 수 없는 **운명**'으로 변하는 경우가 많다. 하지만 그와 동시에 그들은 자신을 치명적인 톱니바퀴 속으로 끌고 들어가는 자신의 자유로운 행동 성향을 인식하고 있다. 우

◢ 소포클레스

고대 그리스의 비극 시인으로, 123편에 이르는 극작품 중에서 지금까지 남아 있는 것은 7편에 불과하다. 극의 소재는 테베와 트로이의 전설에서 취하였다. 등장인물들의 특징은 신의 질서를 거역하는 오만함이다. 그들의 어쩔 수 없는, 탈출구 없는 상황이 특히 비극적이며, 대개 신이 정해 준 운명에 각 인물들의 협력이 더해져 재앙이 일어난다.

리의 의지는 우리를 피할 수 없는 것으로 이끌지만, 우리는 그 피할 수 없는 일을 우리 의지의 맹점으로 인정해야만 한다. 우리가 죄인이 되어야 한다는 사실을 받아들인다면 우리가 지금 무엇인지를 볼 수 있는 눈이 활짝 떠질 것이고, 우리가 무엇이 될 수 있을지 **알게** 될 것이다.

그리스 사람들은 앞에서 설명한 '자유'의 두 번째, 세 번째 개념을 알지 못했고, '인격화된' 책임(실행된 행동의 객관성이 아니라 행위자의 주관적 의도와 결부된 책임)의 개념도 잘 알지 못했다. 오이디푸스의 경우, 죄의 저주는 자신이 저질렀다는 사실조차 몰랐던 범죄 –아버지를 살해하고 어머니와 동침한 죄– 의 대가였다. 그는 훗날 그 범죄를 자신의 것인 운명 –운명의 것인 그– 의 일부로 받아들여야 했다. 소포클레스에 따르면, 우리에게 책임을 부여하는

● 윌리엄 셰익스피어

영국의 극작가 셰익스피어는 인류 역사상 가장 성공한 극작가로 꼽힌다. 지금도 그의 작품들은 현 시대를 반영하는 정치 교훈극으로 개작되어 무대에 오르고 있고, 정치 이외에도 다양한 주제와 모티프를 담고 있다.

것은 의도나 실제 행동이 아니라 우리가 저지른 일에 대한 성찰과 고민이다.

근대 초기에, 행동의 자유라는 모순되는 함정을 조명한 또 다른 위대한 비극 작가는 윌리엄 셰익스피어William Shakespeare(1564~1616)였다. 그의 주인공들은 냉철하였다. 자신의 행동이 자신에게 이롭기를 바라지만, 그 행동으로 인한 죄 때문에 소용돌이에 휘말려 들어갈 수밖에 없음을 너무나 잘 알고 있었다. 예를 들어, 맥베스는 -탐내던 왕관을 갖기 위해- 던컨 왕을 살해하기 전날 밤, 자신에게 떨어질 피할 수 없는 책임을 생각하며 전율에 휩싸인다.

> 단행해 버리면, 그것으로 일이 끝난다면
>
> 당장에라도 살해해 버리는 것이
>
> 정말 좋을 것이다. 만약 암살이 다음 사태를
>
> 모조리 해결하고 일시에 그의 숨을 거두게
>
> 한다면, 그 뒤엔 깨끗이 정리된다면
>
> 그 일격이 이쯤에서 모든 것을 해결 짓는다면
>
> 그렇다. 저승의 영원한 심판 따위는
>
> 아무래도 좋다.

맥베스는 행위를 하려 -던컨을 죽이려- 하고 그 행위의 대가 -왕관- 를 원하지만, 그 행위에 영원히 **묶이**고 싶어 하지는 않는다. 그에게 해명을 요구하거나 호된 질책을 가하는 사람들 앞에서 그 행위에 대한 **책임**을 지고 싶지도 않다. 만약 단순히 행동을 하기만 하면 된다면, 그것이 전부라면 망설임 없이 행동했을 것이다. 그러나 책임은 자유의 이면이자 필수적인 짝이며, 어쩌면 -흄의 말대로- 자유가 요구하는 기본일지도 모른다. 누군가가 행위에 대한 책임을 질 수 있으려면 그 행위는 반드시 자유로워야 한다. 주체에게는 행위를 실행할 자유가 있지만, 그 결과를 피해 갈 자유는 없다.

책임은 사라지지 않는다

소포클레스와 셰익스피어는 대부분 '잘못으로 인한' 책임을 다루었지만, 그것은 단순히 센세이션을 불러일으키기 위해서가 아니었다. 자유와 책임의 끈은, 자유가 많은 것을 약속하고 책임이 우리를 전율하게 만들 때, 다시 말해 **유혹**이 손짓을 할 때 더 확실히 보이는 법이다. 오늘날에는 책임의 부담에서 해방되려고 애쓰는 이론들이 넘쳐난다. 내 행위의 긍정적인 공로는 내 것인 반면, 죄는 내가 통제할 수 없는 부모나 유전자, 교육, 역사적 상황, 경제 시스템, 온갖 상황의 탓이다. 그렇게 되면 만인은 만인에게 죄를 지었고, 따라서 그 누구도 어떤 행위의 주범이 아닌 셈이다.

윤리학 세미나에서 나는 대개 다음과 같은 실제 사건을 토론의 주제로 삼는다. 어떤 여성이 있다고 가정해 보자. 남편이 출장을 간 사이에 애인을 만난다. 하루하루 즐겁게 보내다 보니 어느덧 남편이 돌아올 때가 되었는데, 남편은 아내에게 역으로 마중 나올 것을 부탁한다. 역까지 가려면 숲을 지나야 하는데, 그곳에는 무서운 강도가 숨어 있다. 아내는 겁에 질려 애인에게 같이 가 달라고 부탁하지만, 애인은 남편을 만나고 싶지 않다는 이유로 청을 거절한다. 아내는 마을에 한 사람뿐인 경찰을 찾아갔지만, 그 역시 다른 주민도 보호해야 하므로 그럴 수 없다고 대답한다. 하는 수 없이 이웃들에게 부탁을 해 보았지만 하나같이 거절의 답변만 돌아왔다. 어떤 사람은 겁이 나서, 또 어떤 사람은 귀찮아서 그랬다. 결국 아내는 혼자서 역으로 향했고, 숲에서 강도에게 살해를 당하고 말았다. 자, 이제 문제다. 그녀의 죽음은 누구의 탓일까?

보통은 온갖 가능한 대답을 다 듣게 된다. 대답을 하는 사람의 개성에 따라 답이 달라진다. 아내의 사정을 고려하지 않은 남편에게 책임이 있다는 사람도 있고, 비겁한 애인이나 직업의식이 부족한 경찰을 탓하는 사람도 있다. 또 국민의 안전을 보장하지 못하는 제도, 이웃들의 연대감 부족은 물론이고, 심지어 피해를 당한 여성에게 책임을 돌리는 경우도 있다. 반면에 가장 명확한 사실에 눈을 돌리는 사람은 의외로 적다. 여성을 죽인 주범이 강도라는 사실 말이다.

물론 책임과 관련된 모든 행위에는 책임을 줄여 줄 수 있는 수많은 상황이 있을 수 있다. 하지만 그렇다 하더라도 죄를 완전히 감면해 줄 수는 없다. 어떤 행위에 관한 모든 상황을 이해하면 그 행위를 용서할 수는 있겠지만, 자유로운 주체의 책임을 완벽하게 없애 줄 수는 없다. 그렇지 않다면 그것은 행위가 아니라 치명적인 사고일 것이다. 그런데 사실 따지고 보면 자유 그 자체가 사회생활의 치명적인 사고가 아닐까?

후회할 줄 아는 본성

행위와 책임의 관계에 대한 가장 신비롭고 흥미진진한 고찰은 《바가바드기타》('지고자至高者:神의 노래')에서 찾을 수 있다. 기원전 3세기에 탄생한, 힌두교의 대 서사시 《마하바라타》에 들어 있는 18장의 시로 이루어진 에피소드이다. 영웅 아르주나는 전차를 타고 적군에게 다가가 최대한 많은 적을 죽이기 위해 활을 겨눈다. 하지만 적의 무리 중에서 여러 친척과 친구들을 보았고, -내전이었다- 그로 인해 괴로운 나머지 전투를 포기하는 게 옳지 않을까 자문하기에 이른다. 그때 전차를 몰던 사람이 자신의 정체를 밝힌다. 그는 다름 아닌 크리슈나 신으로, 아르주나에게 의무를 다하라고 가르친다.

크리슈나의 말에 따르면, 아르주나가 느끼는 양심의 가책은 근거가 없다. 현자는 죽은 자는 물론이고 산 자도 동정하지 않기 때문이다. 우리가 살고 있는 기만적 현상의 세계에서 진정으로 존재하는 것 ―브라만이라 불리는, 창조되지 않았고 유한하지 않은 절대자―
은 화살로도 파괴할 수 없고, 다른 어떤 인간적인 행위로도 손상시
킬 수 없다. 우리 인간은 자신에게 맞게 행동해야 한다. 아르주나는
전사이므로 전장에서 싸워야 한다. 하지만 행위의 결과에 대해서는
신경 쓰지 말아야 한다. "너의 손에 있는 것은 도구일 뿐, 열매는 결
코 네 손에 있지 않다. 열매를 네 행동의 근거로 삼지 말고, 행동하
지 않으려 하지도 마라."

크리슈나는, 우리 모두는 각자 처한 자연적인 상황을 통해 행동의
의무를 부여 받았다고 말한다. "진실로 그 누구도 행동 없이는 한순
간도 존재할 수 없다. 누구든 태어난 구나(역주―공덕功德 또는 덕德을
표현하는 불교 용어. 훌륭한 속성이라는 뜻으로 많이 쓰이지만, 복덕福德의
뜻으로도 쓰인다. 때로는 단순히 '속성'의 뜻으로 쓰이는 경우도 있다.)로
인해 의지가 아니어도 행동을 강요 당하기 때문이다." 비밀은 행동
하지 않는 것처럼 행동하는 데 있다. 다시 말해, 우리의 영혼이 탐
욕, 분노, 두려움이나 희망으로 혼탁해지지 않은 상태에서 적절한
행위를 실천하는 것이다. "그러므로 애착을 버리고 해야 할 일을 하
라. 할 일을 애착 없이 함으로써 인간은 진실로 최고에 도달한다."

양심의 가책을 느끼는 동물

인간에게 아무 일도 아니라는 듯이 살인을 권하는 신이라니, 현대
인의 상식으로는 좀처럼 이해하기가 어렵다. 자연 질서의 일부인 우

리는 우리의 행위에 순응해야 하며, 그것이 무엇을 약속하든 완벽한 무관심으로 그 행위에 귀의해야 한다는 생각부터가 이미 '계획'이나 '의도', '성공'이나 '실패' 같은 단어에 대한 우리의 이해와 상반된다.

피할 수 있는 일을 피할 수 없는 것처럼 행해야 한다는 충격적인 논리 덕분에 행위에 대한 책임의 부담 −이런 감정은 아르주나는 물론이고 맥베스도 느꼈다− 이 가벼워진다. 근본적으로 여기서 말하는 **의식적** 행동이란, 단순한 현상 세계가 우리에게 행위를 부추기지만 우리는 −**존재하기**는 하되 결코 무언가를 '**만들지**'는 않는− 영원한 것과 진실로 하나라는 사실을 이해하는 것과 다르지 않다. 이 동양적 시각과 스토아 철학 혹은 스피노자의 사상 사이에는 유사성이 있다. 하지만 양쪽이 내놓은 실천 규칙은 전혀 다르다.

서구의 사상은, 우리를 포함하는 인과의 그물망을 객관적으로 관찰하면 자신의 행위를 더욱 잘 이해할 수 있다고 가르친다. 행위의 목적과 결과에 대해 아무것도 모르는 척 행동하도록 허용하지 않는 것이다. 힌두교의 지혜에 감탄했던 멕시코의 사상가 옥타비오 파스 Octavio Paz(1914~1998)가 《마하바라타》의 도덕에 대해서는 존경을 담은 비판을 감행한 이유가 바로 그 때문이다. "아르주나의 자기 외화 外化는 내면적인 과정이고 자신과 자기 욕망의 포기이며 일종의 정신적인 영웅 행위이지만, 이웃 사랑을 언급하지는 않는다. 아르주나는 자기 이외에는 아무도 구하지 않는다. …… 적어도 크리슈나가 '박애는 없는 무욕'을 설교한다고 말할 수 있겠다."

자유롭다는 말은 우리의 행위에 당당하다는 의미이다. 인간은 늘 타인 앞에서 희생자로, 증인이나 판관으로서 자신의 정당함을 주장한다. 그럼에도 우리 모두는 자유의 무거운 짐을 덜어 줄 무언가를 찾는 것 같다. 인간의 본성이 자유로운데도, 우리는 이런 '필연적이고' '자연스러운' 자유의 틀 안에서 식물이 자라거나 동물이 성장하듯이 그렇게 순수하게 행위를 한다고 생각할 수는 없는 것일까? 우리가 '본성상' 자유롭다면 그 본성이 우리 자유의 영향권을 정하는 것이 아닐까? 인간 본성의 불변하는 자유는 다른 자연의 생명체가 갖는 단순한 영원불변함과는 무엇이 다를까? 폴란드의 시인 비스와바 심보르스카Wisława Szymborska(1923~)의 대답을 한번 들어 보자.

매는 스스로를 잘 자랐다고 생각한다.
검은 판다는 거리낌이 없다.
피라니아는 행동의 의미를 의심하지 않는다.
방울뱀은 아무 의심 없이 자신을 받아들인다.
자아비판적인 자칼은 없다.
메뚜기, 앨리게이터, 선모충, 기어 다니는 모든 것은
생긴 대로 살며 만족한다.
…… 이곳
세 번째의 태양계 행성에서
순수 양심보다 더 동물적인 것은 없을 것이다.

인간은 분명 자신에게 불만을 품을 수 있는 유일한 동물이다. **후회**는 자유로운 배우의 자의식에 항상 열려 있는 하나의 가능성이다. 하지만 본성상 자유롭다면 본성의 자유를 바탕으로 행한 일을 어떻게 후회할 수 있을까? 본성의 발현이 어떻게 우리를 내적 갈등으로 몰고 갈 수 있을까? 이 질문에 답하기 위해 우리는 인간의 본성은 무엇이며, '자연'이라는 개념은 양심의 가책을 느끼는 동물, 즉 우리에게 어떤 의미가 있는지 밝힐 필요가 있다.

기계가 '비인간적' 인가,
인간이 '비인간적' 인가?

'자연적'이라는 말과 '자연'이라는 개념은 항상 같은 의미로 사용될까? 사물의 '본성'이라고 할 때 그 의미는 무엇일까? 현실에 존재하는 모든 것은 본성이 있을까? '자연'이라는 말은 존재하는 것에만 해당할까, 존재할 수 있는 것에도 해당할까? '자연'이라는 개념은 또 어떤 다른 의미로 사용될까? 인간의 관여 없이 존재하는 모든 것은 '자연적'일까, 인위적이지 않은 것만 그럴까? 인간은 '자연적'일까, '인위적'일까? 아니면 반반씩일까? '자연적', '인위적'이라는 것은 문화적인 개념일까, 자연적인 개념일까? 도덕과 관습은 제2의 천성일까? 왜 본능이 이성적 사고보다 더 '자연스럽다'고 말할까? '자연적' 가치가 존재할까? 자연에 충실하면 무엇이 '좋고' 무엇이 '나쁠'까? 자연을 인간 사회를 평가하는 이상으로 사용할 수 있을까? 자연적인 것과 인위적인 것 중 도덕적으로 더 좋은 것은 무엇일까? 우리의 도덕적 가치는 자연의 명령에 부응할까? 자연은 우리에게 무엇을 원할까? 인위적인 것과 문화적인 것은 적어도 우리 자신과 관련된 자연의 악행을 제거하는 데 도움이 될까? 우리에게는 다른 자연 존재를 존중할 의무가 있을까? 만일 그렇다면 그 이유는 무엇일까? 기술은 무엇이며, 그것은 어떻게 우리를 자연과 결합시킬까? 오스발트 슈펭글러는 기술을 어떻게 보았을까? 마르틴 하이데거가 주장한 기술 사회의 한계는 무엇일까? 기계는 '비인간적'일까? 우리는 -다행스럽게도?- 기계보다 '비인간적'일까? 인간의 기술력이 만든 대작은 무엇일까?

모든 것이 일어나는 방식

우리 인간은 자연의 손에 의해 만들어진 존재일까, 아니면 자연의 일부일까? 우리는 '규범적' 존재일 뿐 아니라 ―규범적 존재임에도― '자연적 생명체'이기도 할까? 이 둘은 화합할 수 없는 모순일까? 이 질문이 우리의 관심을 끄는 이유는, 우리의 자연성이나 자연과의 관계를 알게 되면 우리가 어떻게 행동해야 하며 어떻게 자유를 적절하게 이용할 수 있을지도 알 수 있기 때문이다. 어떤 태도를 용인하거나 변명하려고 할 때, 우리는 그렇게 행동하는 것이 '자연스럽다'고 말하곤 한다. 마찬가지로 '자연스럽지 않다' 혹은 '자연을 거스른다'는 말로 어떤 행동 방식을 탓하기도 한다. 그런 표현을 통해 우리는 과연 어떤 의미를 나타내고 싶은 걸까?

오늘날 사람들은 '자연'을 많이 입에 올린다. 자연 보호주의자들은 기술의 지나친 사용이나 기업의 환경 파괴, 자원 착취, 종의 말

살, 유전자 조작 같은 특정 행위들을 '자연'에 대한 위협으로 간주하고 경고의 목소리를 높인다. 많은 이들은 이런 악행들이 일어나는 것은 우리가 '자연적인 것'에 등을 돌렸기 때문이라고 말한다. 그래서 '자연'으로 돌아가야 한다고, 우리는 자신을 '자연을 지배하는 독재자'가 아니라 '자연의 일부'로 보아야 한다고 충고한다. 자연이 이끄는 대로 가야 하며, '자연의' 에너지원을 활용하고 '자연의' 제품을 사용해야 한다고 말이다.

반면에 다른 이들은 이런 시각이 인류가 걸어온 모든 과학적 진보의 길을 포기하고 원시 시대로 돌아가자는 말밖에는 안 된다고 주장한다. 또 소위 '자연'의 규범이란 것이 사회의 특정 요구 ㅡ예를 들어 페미니스트들이나 동성애자들의 요구ㅡ 를 '비자연적'인 것으로 몰아붙이고 억압하기 위한 수단으로 이용될 것이라는 점도 지적한다. 다시 한 번 물어보자. 여기서 우리는 과연 무엇에 대해 이토록 열을 올려 이야기하는가?

이미 앞에서도 여러 번 말했다시피, 철학의 첫 번째 과제 ㅡ물론 유일한 과제는 아니지만ㅡ 는 논란이 되는 개념의 사용 방식을 최대한 정확하게 규정하는 것이다. 일반적으로 사용하는 평이한 개념은 설명하지 않고, 아무도 이해 못할 공허한 개념을 새로 만들어 철학을 시작하는 짓은 어리석은 철학자들이나 할 일이니까 말이다. 이번 장의 경우 문제의 개념은 '자연'과 '자연적'이다. 물론 우리는 '자연'이라는 말을 한 가지 의미로만 사용하지는 않는다. 중력은 **자연** 법칙이고, 뉴턴은 모성애를 **자연스럽다**고 보았으며, **자연**은 매우 아름답다. 공격을 당한 사람은 **자연스럽게** 대응을 하게 되어 있고, 인간은 **자연적으로** 동등한 존재이며, 6층에서 거리로 곧바로 뛰어내리지 않고 계단이나 엘리베이터를 이용하는 것은 **자연스러운** 행동이다. 이 문장들에서 자연이 의미하는 바는 동일하지 않다.

자연이라는 말을 이해하는 관점

'자연'의 의미 중에서 가장 중요한 것은 무엇일까? 첫 번째 의미는 고대 로마의 시인이자 철학자인 루크레티우스의 유명한 교훈 서사시 〈만물의 본성에 대하여〉에 등장한다. 우주에 존재하는 모든 것은 나름의 자연(본성), 즉 자기만의 본질적 특성이 있다. 19세기가 낳은 가장 혜안이 뛰어나고 성실한 철학자 중 한 사람인 존 스튜어트 밀John Stuart Mill(1806~1873)은 〈자연〉이라는 제목의 작은 논문에서 이런 글로 말문을 열었다. "어떤 대상, 예를 들어 불, 물이나 특정 식물 혹은 동물의 '자연(본성)'이 무엇을 의미하는지 먼저 물어보아야 한다. 전체인지 아니면 그것의 힘이나 특징의 정수인지, 그것이 다른 사물(관찰자의 감각을 포함하여)에 영향을 미치는 방식과 다른 사물에게 영향을 받는 방식인지……." 루크레티우스가 나열한 자연의 목록에 자연 대상의 물질적 구성과 그것의 발전도

> **◆ 존 스튜어트 밀**
> 전통 경험론과 영국 철학을 계승 발전한 영국 철학자이자 심리학자, 사회학자. 공리주의의 중도파로, 주요 작품은 《논리학 체계》이다. 특히 흄의 영향을 많이 받아 현실과 존재하는 것을 지향하는 나름의 학문 방법론을 구상하였다. 하지만 현실은 의식에게 상대적으로 나타나며, 의식 사실을 연구하기 위한 기초는 심리학이라고 보았다.

추가해야 할지 모르겠다. 어떤 것의 자연(본성)은 그것의 본질적 특성, 모든 다른 존재자 전체에서 그것의 변화와 활동이다. 따라서 자연은 모든 사물의 능력이나 특성 전체를 의미한다. 이 전체는 존재하는 것이지만, 존재할 수 있을 것이기도 하다. 밀의 말을 더 들어 보자. "그러므로 '자연'은 이런 가장 단순한 의미에서 실재하거나 가능한 모든 사실을 지칭하는 이름이며, 더 정확하게 말하면 일부는 우리가 알고 일부는 모르는, 모든 것이 일어나는 방식을 가리키는 이름이다."

여기서 '우리'는 실제로 우주에 존재하거나 존재할 수 있는 모든 것을 가리킨다. 생물이든 무생물이든, 이성이 있든 없든 무관하며, 인간이 만든 탁자와 성곽과 비행기와 여타 다른 대상들까지 포함한다. 인간이 만든 모든 사물 역시 꽃이나 강과 마찬가지로 나름의 자연(본성)을 갖는다. 그리고 인간이 만들지 않은 많은 사물과 공유하는 물리적 혹은 화학적 특성을 갖추고 있다.

그런 의미에서 인간이 만들어 낸 것은 그 무엇도 자연에 **위배**되지 않으며, 자연을 파괴하거나 자연에 해를 끼칠 수 없다. 인간의 생산품 역시 자연의 일부이기 때문이다. 자연을 '해치는 것'은 인간의 소관이 아니다. 인간이 할 수 있는 일은 그저 이런저런 규칙에 따라 자연을 이용하는 것뿐이다. 살충제는 맑은 강물보다 더 자연스럽거나 부자연스럽지 않다. 핵폭탄도 일출이나 벌집처럼 자연의 법칙에 순응한다. 고의적인 방화도 그것으로 인해 파괴된 숲만큼이나 '자연스럽다.' 인간은 자연의 대상을 파괴하거나 다른 생명체에 위해를 가할 수 있지만, 그럴 때도 항상 사물 고유의 법칙을 따라야 한다. 이런 첫 번째 의미에서 보면, 현실에 존재하고 현실에서 일어나는 모든 일들은 자연적으로 결합되어 있다.

자연이라는 말을 이해하는 다른 관점도 있다. 인간이 개입하지 않은 모든 것이 자연스럽다고 보는 것이다. 아리스토텔레스는 《물리학》 제10권에서, 자연의 존재는 자신의 목적을 그 자체에 담고 있는 모든 것이라고 정의했다. **자생적인** 방식으로, 즉 직접적이고 자신으로부터 나오며 자기 안에서 나온 방식으로 존재하는 것이다. 반대로 컴퓨터나 침대는 그 기원을 사물을 생산하는 인간의 능력에 두고 있다. 또 이것들은 인간이 정한 목표를 따른다. 따라서 한편에는 창조적 자생성에서 탄생하며 우리가 그 전체를 '자연'이라고 부르는 자연의 사물이 있고, 다른 한편에는 인위적 대상들, 즉 인간의 예술이나 '기술'의 열매가 있다.(기술, 즉 테크닉technic의 어원인 그리스 어 테크네techne는 '예술'이라는 뜻도 지니고 있다.)

그러나 이런 구분은 불안을 조장하는 음지를 만든다. 1826년에 한 실험실에서 최초로 요소尿素를 만들어 냈다. 물론 요소는 자연에서도 자생적으로 생산된다. 그렇다면 그렇게 만들어진 제품을 자연적이라고 보아야 할까, 인위적이라고 보아야 할까? 그도 아니면 인위적-자연적이라 해야 할까? 온갖 종의 개나 돼지, 말은 어떻게 보아야 할까? 개량을 통해 만들어진 다양한 식물은? 식목 사업은 자연적일까 인위적일까? 우리 주변의 풍경은 대부분 —인간이 적극적으로 만든 풍경이든, 개입할 수 있지만 개입하지 않아서 만들어진 풍경이

클로드 레비스트로스

프랑스의 인류학자이자 고고학
자로, 프랑스 구조주의의 창시
자이다. 구조주의는 사회 문화
적 요소들을 한 구조 연관 내
에서의 기능과 관계의 틀 안에
서 관찰한다. 심리학과 사회학
은 물론이고, 언어학과 문예학
에도 큰 영향을 미친 이런 새
로운 연구 방식을 통해 그는
'야만적 사고' 내의 근친상간
터부와 신화 형성을 연구하였
다. 그의 《슬픈 열대》는 '야만
인'의 입장에서 본 문명 비판
으로, 루소를 떠올리게 한다는
점에서 유명하다.

든- 인간의 활동과 긴밀한 관련이 있다. 그렇
다면 우리를 둘러싼 모든 것은 '인위적'일까?

물론 가장 어려운 문제는 인간의 본성과 관
련된 것이다. 신체적으로 낳아 주고 문화적으
로 키워 주는 다른 인간들의 관여가 없다면 인
간의 본성이란 탄생하지 않았을 테니 말이다.
프랑스 인류학자 클로드 레비스트로스Claude
Lévi-Strauss(1908~1991)가 《구조 인류학》에서 이
렇게 말한 것도 그 때문이다. "인간이 가축이
라면 자신을 사육하는 유일한 가축이다." 인
간은 자연적일까 인위적일까? 본성상 인위적
일까?

자연스러운 것과 자연스럽지 않은 것

'자연적'이라는 개념을 인간에게 적용할 때는 '문화적'이라는 말의 반대말로 사용하는 경우가 많다. 자연적인 것은 타고나는 것, 생물학적으로 정해진 것, 우리가 선택하거나 배우지 않은, 어쩔 수 없이 따라온 것이다. 반대로 문화는 **학습한 것**, 좋든 나쁘든 같은 인간 종에게 물려받은 것이다. 또한 인간이 의도적으로 행동하는 한, 선택하거나 모방하는 것이다. 다시 한 번 레비스트로스의 말을 들어 보자. "그러므로 인간에게 보편적인 모든 것은 자연의 질서에 속하고 자생성이 특징이며, 규칙을 따르는 모든 것은 문화에 속하고 상대성과 특수성이 특징이라고 정하기로 하자."

이 말의 첫 부분 −인간에게 보편적인 것은 자연적이다− 과 관련해서, 그 반대는 진실이 아니라는 점을 잊지 말아야 한다. 모든 개별 인간이 타고난 것 또는 개별 인간에게 자연스러운 것은 많은 특수성을 갖기 때문이다. 성별이나 피부색, 눈동자 색, 특정한 기형 등 그 중 몇 가지는 인종에 따른 특징으로 다른 사람들과 공유한다. 그러나 반복 불가능한 유일한 개인의 특징들도 있다. 지문이나 유전자(일란성 쌍둥이를 제외하고) 같은 것들이다.

소아마비의 결과나 일반적인 노화 현상 등 우연의 영향이 없지 않은 몇몇 변화들 역시 일부는 '자연적'이라고 볼 수 있다. 정확히 똑같은 방식으로 늙어 가는 (당연히 똑같은 방식으로 죽는) 두 사람은 없다. 물론 이런 의문이 드는 것은 당연하다. 누군가가 교통사고를 당해 다리를 절게 되었다면, 그것은 '자연적' 결과인가 '문화적' 결과인가? 이런 우스갯소리도 있지 않은가? 한 사람이 다른 사람에게 물었다. "아무개는 왜 죽었어?" "자연사했지." "어떻게 되었는데?" "8층에서 떨어진 피아노에 머리를 맞았거든." "그게 무슨 자연사야?" "8층에서 떨어진 피아노에 머리를 맞고 죽는 것이 자연스럽지 않으면 뭐가 자연스러운 거야?"

문화의 낙인

실제로 우리의 모든 '자연적' 특징들은 항상 문화의 영향을 받는다. 인간의 경우 —동물의 경우도— 먹어야 한다는 필연성보다 더 자연스럽고 보편적인 것은 없을 것이다. 하지만 모든 사람은 음식을 먹을 때 문화적 규범을 따른다. 특정한 식습관을 보이며, 습득한 관습에 따라 음식을 선택하거나 거부한다. 음식을 먹어야 하는 것은 자연적이지만, 우리의 식생활은 항상 문화적으로도 결정된다.

비행기 추락 사고로 안데스 산맥에 떨어져 구조를 기다리는 동안, 굶어 죽느냐 희생자의 시신이라도 먹느냐 하는 두 가지 가능성을 두고 선택의 기로에 놓인 사람들조차 다르지 않다. 한 사람을 희생시켜 배를 채울 수밖에 없는 처지에 놓였다 해도 사람들은 분명 가장 뚱뚱한 사람을 선택하지 않고 제비뽑기를 할 것이다. 가장 뚱뚱한 사람을 뽑는 것이 '자연스러운' 결정일 텐데도 말이다.

성욕 역시 매우 자연스럽지만 근친상간에 대한 금기, 결혼, 낭만적 사랑, 그리고 칠레의 시인 파블로 네루다Pablo Neruda(1904~1973)가 시집《스무 편의 사랑의 시와 한 편의 절망의 노래》에서 들려주는 이야기 등은 그렇지 않다. 또한 **험악한 날씨**로부터 스스로를 보호하는 것은 '자연스럽지'만, 성城이나 집을 짓고 동굴을 벽화로 장식하는 행동은 그렇지 않다.

권력은 또 어떨까? 플라톤의《고르기아스》에서 칼리클레스가 소크라테스에게 환기한 바처럼, 강자가 약자를 지배하는 것은 매우 자연스러운 일일 것이다. 하지만 인간이 권력을 행사할 때는 반드시 복잡한 정치적, 법적 제도를 동반한다. 신체적으로나 태생적으로 강자인 사람들이 노인은 물론이고, 심지어 어린아이에게 복종하는 경우도 적지 않다. 이런 일은 몽테뉴Michel Eyquem de Montaigne(1533~1592)의 친구였던 에티엔 드 라보에티

> *◢* **미셸 에켐 드 몽테뉴**
> 프랑스의 법학자, 정치학자, 도덕 철학자. 이 회의적인 인문학자이자 도덕주의자는 대표작《수상록》에서 개인적-실존적 경험(예를 들어, 친구 에티엔 드 라보에티의 죽음)과 역사적 경험(종교 개혁으로 인한 종교 전쟁 등)을 인간에 대한 심도 있는 세계 관찰과 자기 관찰로 확대시켰다.

Étienne de La Boétie(1530~1563)가 《자발적 복종》에서 밝힌 대로 문화적 근거에서 비롯된다. 지배의 도구인 '힘'은 결코 단순한 신체적 우세나 수적 우세에서 나오지 않는다. 그 힘은 늘 문화의 상징적 질서를 통해, 다시 말해 '인위적으로' 변화된다.

자연과 문화의 역사를 반대되는 관점에서 서술할 수도 있다. 그러자면 국제 정치 회의 −혹은 결국 우리의 육식 욕망으로밖에는 설명이 되지 않는 유행− 에서 나타나는, 인간 안에 숨은 '자연' 맹수의 발톱과 송곳니로 시선을 고정시켜야 한다. 또한 프랑스의 유명한 작가 마르셀 프루스트Marcel Proust(1871~1922)는 죽음의 순간에 '품위 있는' 죽음에 대한 관습을 버리고 지극히 자연스럽게 어머니를 외쳐 불렀던 처음이자 마지막 인간이 아니었다.

이 모든 것을 어떻게 이해해야 할까? 인간은 양파처럼 여러 겹이라고 말할 수 있을까? 가장 안쪽은 자연스럽지만, 그 위에 교육과 교제, 예술 행위 등 여러 층으로 덮여 있는 존재라고. 정말로 문화는 우리의 처녀지 같은 본성을 뒤덮은 껍질이나 칠에 불과할까?

모리스 메를로퐁티

프랑스 철학자로, 후설의 현상학과 하이데거의 실존 분석에 영향을 받았다. 인간과 동물의 행동, 인식과 의식의 연구에 중점을 두었고, 1945년 사르트르와 함께 잡지 《현대》를 창간하지만 1955년 사르트르와 결별하였다.

그렇지 않다. 그보다는 둘이 서로에게 침투하며 불가분의 관계를 맺고 있는 것 같다. 프랑스 철학자 모리스 메를로퐁티Maurice Merleau-Ponty(1908~1961)가 《지각의 현상학》에서 주장했듯이 말이다. "인간에게서 '자연적'이라 불리는 태도의 첫 층과 그 위를 덮고 있는 만들어진 정신 세계, 혹은 문화 세계의 층을 구분하는 것은 불가능하다.”

인간적인 것의 자연적 핵심은 제아무리 깊이 파헤쳐도 항상, 타고 난 것에다 습득된 것을 각인시키는 문화의 낙인이 발견된다는 점이다. 마찬가지로 동물적인 뿌리를 갖지 않는, 원숭이 비슷한 우리의 성질을 암시하지 않는 문화적 태도나 시각을 분리해 낼 가능성도 없다. 인간에게서 가장 자연스러운 것은 우리가 결코 완벽하게 자연스럽지는 않다는 점이다.

‘자연적’이라는 개념은 인간의 태도에 적용되면 또 다르게 사용되기도 한다. 이 사용 방식을 언급하는 이유는 그것이 지금까지 우리가 확인한 내용들을 더 환하게 비춰 주기 때문이다. 예를 들어, 우리는 통상적이고 익숙한 행동을 ‘자연적’ 행동이라 부른다. 습관이 제2의 천성이라는 말은 옳다. 심지어 습관이 천성을 대체하거나 밀어내는 경우도 적지 않다. 가령, 유럽 사람들은 스프를 음식을 먹기 전에 애피타이저로 먹지만, 한국이나 일본에서는 식사 끝 무렵이나 식사 후에 먹는 것이 ‘자연스럽다’고 여긴다. 이런 의미에서 ‘자연스러운’ 것은 예부터 내려오는 것, 익숙한 것, 항상 이미 타당한 것을 가리킨다. 이것이 바로 많은 사람들이 익숙한 과정을 침해하는 새로운 모든 것을 ‘비자연적’이라고 생각하는 이유이다. 그래서 노예 제도나 사형 제도의 철폐를 외치는 사람들, 남녀의 법적 평등을 옹호하거나 동성애자들에 대한 차별을 반대하는 사람들이 어려움을 겪는 것이다.

의도하지 않은 자생적 행동 역시 보통 ‘자연스럽다’고 말한다. 이런 의미에서 보면, 모욕을 당하면 화를 내고 누군가가 바나나 껍질에 미끄러지는 광경을 보고 웃음을 터트리는 것은 '자연스럽다.' 하지만 그런 소위 자생적인 반응은 개인이 받은 교육 및 사회 경험과 무관한 것일까? 최근에 바나나 껍질에 미끄러져 다리가 부러졌던 사람이라면 다른 사람이 같은 일을 겪는 모습을 보고 결코 웃지 못할 것이다. 오히려 깜짝 놀라 그를 일으켜 세우기 위해 달려갈 것이다. 또 인간이 이성적인 존재라면, 왜 어떤 말을 하거나 행동을 하기 전에 먼저 생각하는 것을 '자연스럽지' 않다고 보는 것일까?

마지막으로 한 인간이 어떤 외부 요인으로 인해 자신의 태도나 행동을 바꾼 경우 —딸이 죽거나 남편이 죽기 전까지는 **'명랑한 천성'** 이었거나, 정말로 화가 나기 전에는 항상 느긋한 **'천성'** 이었는데 달라질 수 있다.— 흔히 '자연스러운' 행동을 포기했다고 말한다. 그러나 상황이 바뀌면 자신도 변하는 것이 더 '자연스럽지' 않을까? 그런 외부의 자극이, 지금까지 보여 주었던 본성보다 더 진짜이거나 덜 진짜인 본성을 튀어나오게 한 것이 아닐까? 유혹에 들지 않게 해 달라는 〈주기도문〉의 근거에 대한 쇼펜하우어의 말을 다시 한 번 상기해 보자.

결국 '자연'이나 '인간 본성' 같은 개념에는 문화적 영향이 강하다는 인상을 받게 된다. 심지어 이들 개념을 **만든** 목적이 문화의 평형추로 삼으려는 —동시에 판단의 기준으로 삼고 길잡이로 이용하려는— 것이었다는 느낌이 들 정도이다. 18세기의 프랑스 사상가 장 자크 루소Jean Jacques Rouseau(1712~1778)는 인간의 원초적 '자연 상태'에 대해 특별한 동경을 품었다고 평가된다. 하지만 그런 그도 《인간 불평등 기원론》의 머리말에서 이렇게 인정했다. "인간의 현 상태에서 무엇이 원초적이고 무엇이 인위적인지를 구분하는 것은, 그리고 더 이상 존재하지 않고 어쩌면 한 번도 존재한 적 없었으며 아마도 결코 존재하지 않을 상태를 제대로 파악한다는 것은 적지 않은 모험이다."

✎ 장 자크 루소

프랑스의 작가이자 문화 비평가, 철학자로, 계몽주의적인 계몽주의 비판으로 큰 반향을 일으켰다. 인류의 역사를 부정적으로 해석했지만, 동시에 인간의 가능성은 긍정적으로 평가하였다. 그의 정치 철학은 공동 의지의 결과물인 사회 계약에 기초한 모든 시민의 동등권을 요구하였다. 그는 종파를 초월한 종교 교육을 요구함으로써 교회의 박해를 받았다.

자연에 충실하면
무엇이 좋고 무엇이 나쁜가

우리는 우리가 몸담은 현재의 사회적, 문화적, 도덕적 상황을 적절하게 **평가하기** 위해 자연적인 것 혹은 자연 상태를 필요로 한다. 그러나 루소는 자연 상태가 한 번도 존재한 적이 없었고, 앞으로도 결코 존재하지 않을 것이라고 솔직하게 인정하였다. 그럼에도 우리는 이 '자연'이라 불리는 이상理想을 항상 우리가 살고 있는 현실과 비교해야 한다. 그래야 우리가 그 상태에서 멀어졌는지 가까이 다가갔는지를 판단할 수 있기 때문이다.

루소와 현실에 대한 척도를 제안하는 사람들 대부분은 현대 사회가 자연의 이상에서 멀어졌다고 생각한다. 물론 루소는 잃어버린 무죄가 안타까워 눈물을 흘릴 것이 아니라, 인간의 평등을 고려하는 새로운 사회 계약을 통해 그것의 몇 가지 장점들을 재생하려 노력해야 한다고 주장했지만 말이다. 오늘날 많은 환경 보호주의자들은 양도할 수 없는 자연의 권리를 요구하고, 그것이 자연을 착취하는 인간의 이해관계보다 우선해야 한다고 주장한다. 그러니 의문이 안 떠오를 수가 없다. 왜 그럴까?

모두가 만족하는 '좋은 것'?

특정한 자연 이상을 인간 현실을 판단하는 척도 또는 모델로 삼는 사람들은 '자연'을, 모든 사물이 −자생적이든 신의 계획에 따라서든− **있어야 할** 상태 그대로 있었던 원초적 상태로 이해하는 것 같다. 인간은 그 이후에 등장했다. 그리고 기하급수적으로 번식하여 숫자를 늘려 갔으며, 무엇보다 '죄악을 저질렀다.' 즉 자연의 계획에 없었던 물건들을 만들어 냈다. 그로 인해 인간은 자연의 자연적 환경을 오염시키는, '자연에 역행하는' 나쁜 생명 형태가 되었다.

그런데 이런 견해의 대표 주자들은 자연이 '그래야 마땅한' 상태의 이상이라는 사실을 어떻게 알았을까? 자연의 개념을 앞에서 설명한 첫 번째 의미로 −모든 존재하는 것들의 특징과 '본질적 특성'의 전체로− 해석한다면, 자연은 사물이 무엇**인지**에 대해서만 말할 뿐 사물이 어떻게 되어야 '마땅한지'에 대해서는 결코 말하지 않는다. 사물들이 항상 지금 그대로의 모습이어야 한다고 우리가 정한 것이 아니라면 말이다. 하지만 그렇게 결정할 경우, 상상할 수 있는 모든 '가치 판단'에 문을 열어 주는 격이 된다. 자연 세계에서는 결코 도달하지 못할 것이 바로 순수한 '가치', 즉 가장 의심할 바 없는 모습의 선과 악이기 때문이다.

기존의 요소에 무엇이 '좋고' 혹은 '나쁜지'는 알아낼 수 있다. 예를 들어, 불에게는 물이 아주 나쁘다. 활활 타는 불을 꺼 버릴 수 있으니까. 반면에 식물에게는 성장에 필요한 물은 매우 '좋은 것'이다. 영양과 얼룩말에게는 사자가 자기들을 잡아먹으니까 '나쁜 것'이다. 그러나 사자 입장에서는 영양과 얼룩말이 나쁘다. 너무 빨리 달아나 버려서 잡지를 못하고, 그렇게 되면 자기가 배를 곯아 결국 죽게 될지도 모르니까 말이다. 인간에게 항생제는 질병을 일으키는 미생물을 죽이기 때문에 '좋지'만, 미생물의 입장에서 보면 '굉장히 나쁘다.'

따라서 이미 스피노자와 다른 지성들이 확인했듯이, 있는 그대로 계속 존재할 수 있게 해 주는 것이 모든 만물에게 '좋은 것'이다. 반대로 '나쁜 것'은 자신의 존재 방식을 방해하거나 파괴하는 것이다. 하지만 자연에는 지극히 많은 −끝없이 많은− 다른 존재들이 있고 각자 나름의 이해관계를 갖고 있기 때문에, 모든 존재에게 타당한 좋고 나쁨은 있을 수 없다. 오히려 현실에 있는 사물의 양만큼 많은 좋고 나쁨이 있다. 이것에게는 좋은 것이 저것에게는 나쁠 수 있고, 그 반대의 경우도 가능한 것이다.

그렇다면 현재와 미래의 인간 행동을 평가하기 위해 '자연'이라는 이상을 요구하는 사람들이 가장 먼저 정해야 할 것은 무엇일까? 오늘날의 인간이 무엇이며 어제 혹은 수백만 년 전의 인간은 무엇이었는가 하는 점이 아니라, 인간이 '본성상' 무엇인가 하는 점이다. 다시 말해, 되어야 마땅한 상태라는 의미에서 자신의 '본질적 특성'

에 부합하는 인간이 과연 무엇인가 하는 것을 정해야 한다. 그러기 위해서는 '자연적인 것'을 '문화적인 것'과 명백히 구분해야 한다. '자연'의 계획을, 인간이 자신을 위해 실천하는 문화 프로젝트와 구분해야 하는 것이다. 루소도 시인했듯이 그것은 결코 쉬운 일이 아니다. 더구나 문화 자체가 인간에게 어울리는 '가장 자연스러운' 발전이 아니라고 어떻게 확신하겠는가? 문화 없는 인간이 없다면, 어떻게 문화가 시대와 장소를 불문하고 우리의 본질적 특성에 맞는 자연스러운 것이 아닐 수 있겠는가?

한 가지 더 짚고 넘어가자. 인위적인 것은 자연적인 것보다 더 낮고, 자연으로부터 우리를 보호해 주므로 유용하다고 말할 수 있다. 약은 인위적인 것이지만, 지극히 자연적인 질병을 치료하는 데 도움을 준다. 인위적인 난방은 자연적인 추위로부터 우리를 보호해 주고, 인위적으로 제조된 피뢰침은 자연적인 번개의 피해를 입지 않도록 막아 준다. 인위적인 것은 이처럼 우리를 보호해 줄 뿐 아니라, 우리에게 더 많은 힘을 준다. 그 덕분에 우리는 달에도 날아갈 수 있고 미생물을 발견할 수도 있다. 더 맛있는 햄을 먹을 수 있고 오케스트라가 옆에 없어도 음악을 들을 수 있으며, 나도 인쇄된 책을 통해 여러분에게 정보를 제공할 수 있다. 물론 여러분은 마지막 항목을 인위적인 것의 장점으로 생각하지 않을 수도 있겠지만……

몇몇 낙관주의자들은 이러한 인위적인 문화가 없었다면 우리의 수명은 더 짧았을 것이라고 말한다. 더 느리게 이동했을 것이고 더 무지했을 것이며, 나무뿌리와 날고기를 먹고 곰과 싸우느라 시간을 허비했을 테니, 셰익스피어도 모차르트도 히치콕도 즐기지 못했을 것이라고 말이다. 염세주의자들은 그와는 반대로 수많은 인위적 생산물이 없었더라면 인간이 만든 물건들로 바다와 숲이 더러워지지 않았을 것이며, 수백만 명이 총과 폭탄에 죽는 일도 일어나지 않았을 것이라는 점을 상기시킨다. 교통사고도 비행기 추락 사고도 없었을 것이며, 지배자들이 컴퓨터를 이용해 정보를 캐내지도 못했을 것이고, TV의 악영향도 없었을 것이라고 말이다.

그런 주장을 듣고 마음씨 착한 존 스튜어트 밀은 마음이 몹시 상해서 이렇게 항변했다. "인위적인 것이 자연적인 것보다 낫지 않다면 인간의 모든 기술이 무슨 소용일까? 땅을 파고 경작하고 옷을 입는, 이 모든 것이 자연을 따르라는 계명을 직접적으로 어긴 것이다."

그러니 자연의 계명을 따랐더라면 지금보다 더 나았을 것이라고 주장할 사람들도 있겠다. 그러나 기본 문제는 여전하다. 자연이 우리에게 어떤 명령을 내리는지 아는가? 자연이 우리에게 바이러스가 침투하면 죽으라고 '명령하고', 안경을 쓰거나 비행기 타는 것을 '금지한다'고 말할 수 있을까? 자연이 우리에게, 혹은 우리 **안에서** 무엇을 원하는지 알 수 있을까?

우리는 자연으로부터 아주 다양한 도덕적 교훈을 얻을 수 있다. 기독교 초기에 스토아학파 철학자들은 자연과 조화를 이루며 살라고 설교했다. 그 말은 본능적인 열정을 억제하고 진실하게, 이기심을 버리고 성실하게 사회적 의무를 다하라는 뜻이었다. 하지만 19세기의 위대한 철학자 니체는 그런 요구를 조롱했다. "그대들은 자연에 따라 살기 원하는가? 오, 그대 고상한 스토아 철학자들이여, 그것은 말의 기만이 아닌가! 자연이란 존재를 생각해 보라. 그것은 한없이 낭비하고, 한없이 냉담하며, 의도와 배려가 없으며, 자비와 공정함도 없고 풍요로운가 하면 황량하고 불확실하다. 무관심 자체를 힘이라고 생각해 보라. 그대들은 어떻게 이 무관심에 따라 살 **수 있을** 것인가? 삶, 그것은 바로 이러한 자연과 다르게 존재하려는 것이 아닌가? 삶이란 평가하는 것, 선택하는 것, 부당한 것, 제한되어 있는 것, 다르게 존재하려는 것이 아닌가? 만약 '자연에 따라 산다' 는 그대들의 정언 명령이 근본적으로 '삶에 따라 산다' 는 것과 같은 의미라면, 어떻게 그대들은 그것을 할 수 **없다는** 말인가? 그대 자신이 그것이며 자신이 그렇게 될 수밖에 없는 것에 무엇 하러 원리를 만든단 말인가? 사실은 전혀 그렇지 않다. 그대들은 매료되어 자연에게서 법칙의 규범을 읽는다는 구실을 대지만, 원하는 바는 정반대가 아닌가? 그대, 기묘한 배우이며 자기기만자여! 그대들의 자부심은 그대들의 도덕을, 그대들의 이상을 정하고 자연에게, 심지어 자연에게도 그것을 제 것으로 삼으라고 강요한다."

'나쁜 다윈주의자' 의 논리

'자연에 맞게' 행동하라고 충고하는 사람들은 자연의 행동 규칙을 찾아내어, 그와 다른 것들은 거부한다. 스토아학파는 열정을 통제하고 이웃을 공경하는 것이 '자연스럽다' 고 보았다. 그와 반대로 마르키 드 사드Marquis de Sade(1740~1814)는 –누가 고통을 받든 말든, 그 상대가 어떤 고통을 참아야 하든 말든– 자신의 욕망에 충실한 것보다 '자연스러운 것'은 없다고 확신하였다. 다른 생명체의 본능을 충족시키는 데 희생되는 수백만의 생명체를 자연이 걱정하고 돌봐주는 광경을 본 적이 있는가?

앞에서 언급한 소크라테스와의 격론에서 칼리클레스는, 자연의 '제1법칙'은 가장 강한 자와 똑똑한 자가 나머지 인간을 지배하고 최고의 부를 소유할 권리가 있다는 것이라고 주장하였다. 따라서 그는 사회 내에서 시민의 평등권을 인정하고 약자를 보호하며, 소크라테스의 그것(폭력을 행하는 것보다는 폭행을 참는 편이 낫다.)과 흡사한 도덕을 대변하는 민주적 법칙들을 거부한다. 그가 보기에 그런 법칙들은 '부자연스럽고' '부당하다.'

오늘날에도 찰스 다윈Charles Darwin(1809~1882)의 진화론을 들먹이며 칼리클레스의 손을 들어 주는 사회학자와 정치가들이 적지 않다. 자연이 '생존 투쟁'을 통해 가장 약한 자나 환경에 적응하지 못한 자를 멸종시키고 가장 능력 있는 개인과 성공한 종을 선별한다면, 인간 사회도 자연을 따라야 하지 않을까? 왜 넘어진 사람을 일으켜 세워 주거나 미숙한 사람을 도와주어야 하는가? 자신의 힘만 보여 주면 되는 것 아닐까? 그렇게 하면 사회는 '가장 자연스러운' 방식으로 작

찰스 다윈

영국의 생물학자, 진화론자. 생명은 정해진 종의 한계 안에서 단순한 형태로부터 복잡한 형태로 발전해 간다고 보았던 진화론을 자연 선택설을 통해 심화, 확대하였다. 자연 선택설은 진화에 대한 훨씬 신빙성 있는 모델을 제공하는 동시에, 종들이 공동의 조상에서 시작되어 점차 변화했다는 가설을 내용으로 한다.

동할 것이고, 인정머리는 없지만 투지가 강한 승자들이 더 많은 번식의 기회를 갖게 될 것이다.

그러나 이런 현대의 칼리클레스들은 다윈의 책을 꼼꼼하게 읽지 않은 사람들이다. 그들이 주장하는 학설은 프랜시스 골턴Francis Galton(1822~1911) 같은 다윈주의의 몇몇 '이단'에게서 나온 것이다. 다윈의 사촌인 골턴은 우생학의 창시자였다. 우생학은 인간 종의 번식도 더 나은 표본을 생산하기 위해서는 가축을 사육하듯이 해야 한다고 주장한다. 훗날 나치가 끔찍한 방식으로 실천에 옮기려 했던 바로 그 이론이다. 또 한 명의 '나쁜 다윈주의자'는 급진적인 개인주의를 주장한 사회 철학자 허버트 스펜서Herbert Spencer(1820~1903)이다. 다윈은 《종의 기원》에 이은 두 번째 위대한 저서 《인간의 유래와 성 선택》에서 전혀 다른, 훨씬 섬세한 이론을 개진하였다.

> **✐ 허버트 스펜서**
> 영국의 철학자로 철학은 보편적으로 타당한 모든 인식의 총합이고 모든 것을 포괄하는 법칙이며, 이를 탄생과 해체의 리듬에 복종하는 우주의 발전에서 보았다. 미국 밖에서는 큰 영향력을 얻지 못했다.

다윈에 따르면, 사회적 본능 특히 '호감'이나 '연민'의 발전을 촉진하는 것은 다름 아닌 '자연 선택'이다. 인간의 문명, 다시 말해 우리 인간 종의 **생물학적** 성공은 이런 사회적 본능에 기반을 두고 있다. 인간의 자연적 진화는 공생의 한 형태를 선발하는 결과를 낳는다. 그리고 그 선발된 형태는 다른 종에게서 흔히 찾아볼 수 있는 '생존 경쟁'과는 반대되는 기능을 하는 듯하다. 실제로 단순한 생물학적 본성보다는 **사회적** 본성에 장점이 더 많다. 칼리클레스와 그의 후계자들이 생각하는 것과 달리 인간 공동체로서의 우리를 '당연히' 더 강하게 만드는 것은, 약자나 상황으로 인해 불이익을 당한 개인을 생물학적 강자들로부터 보호하려는 본능적 성향이다. 결국 사회와 그것의 '인위적' 규칙들이 우리 인간 진화의 진정한 '자연적' 결과인 것이다. 그러니 단순한 생물학적 힘 ―요샛말로 하면 경제적, 정치적 수단을 차지하는 능력― 이 지배하는 잔혹한 순수 생존 투쟁으로 되돌아가는 것이야말로 '부자연스러운' 일이다. 이 문제에 대해서는 다음 장에서 살펴보기로 하자.

어떤 판단 기준을 찾을 것인가

결국 우리는 17세기 초에 한 편지에서, 자연은 인간에게 아무런 의무를 지지 않고 인간과 계약을 맺은 적도 없다고 말한 노년의 갈릴레이Galileo Galilei(1564~1642)의 손을 들어 주어야 한다. 하지만 그 말의 반대 경우도 옳을까? 우리를 옭아매는 유일한 계약은 항상 인간들 사이에서 체결되므로, 인간 역시 자연에게 아무런 의무가 없다고 말할 수 있을까? 많은 사람들은 우리가 다른 생명체에 대해 특별한 의무를 갖는다고 생각한다. 예를 들어, 바다를 오염시키거나 생물종을 감소시켜서는 안 되고 아름다운 풍경을 망쳐서도 안 되며, 고통을 느낄 수 있는 다른 생명체에게 고통을 주어서도 안 된다고 말이다.

앞에서 이미 사용한 구분 방식을 적용해 보면, 우리의 삶을 개선하고 연장하고 흥미롭게 만들기 위해 자연과 생명체를 이용하는 것은 의심할 여지없이 '이성적'이다. 한편 우리가 특별히 소속감을 느끼거나, 그것이 파괴될 경우 대체할 길이 없는 자연의 특정 측면을 존중하고 보존하는 것은 '합리적'인 듯이 보인다. 사실 따지고 보면 인간 존재로서의 우리 삶은 항상 '자연의' 사건들에 좌우된다. 이는 앞에서 설명한 모든 '자연'의 의미에서 ─엄격한 생물학적 이해에서만이 아니라 우리 종에게 특별히 중요한 상징적 가치에서도─ 그러하다.

우리가 자연에 대한 인간의 의무를 외칠 때는(내가 착각한 것이 아니라면) 몇몇 자연의 사물이 가치 있다는 ─그것들이 말 그대로 가치가 있는 것은 아니라 해도─ 생각을 전제로 한다. 그런데 이런 종류의 평가는 순수 문화적 과제이기에, 여기서 다시 문화와 자연이 뒤섞인다. 가치를 평가하는 일은 우리의 본성 중에서 가장 '자연적'이지 않은 차원이다. 자연의 보편적 활동은 엄격한 중립성이나 무관심에 지배되기 때문이다. 자연은 어떤 생명체도 편애하지 않고 완벽한 중립을 지키면서 옛것을 파괴하고 새로운 것을 창조하며, 자신의 활동에 '존경'을 표하지도 않는다. 바다가 연이어 달려오는 파도에 무관심으로 일관하며 그것이 사그라지는 광경을 무심히 바라보듯, 자연 역시 자신의 피조물에 대해 마찬가지 태도를 취한다.

자연이 물고기에게 해를 끼치는 화학 물질보다 물고기에게 더 호감을 갖는다고, 숲을 파괴하는 불보다는 숲을 더 높이 평가한다고, 우리 인간에게 치명적인 에이즈 바이러스보다 우리에게 더 호감을 느낀다고 말할 수는 없다. 공룡을 비롯한 수십만 종의 생명체들이 인간이 지구에 등장하기 전에 이미 '자연스러운 방식으로' 멸종되었다. 우주의 저 먼 곳에서, 초대형 핵폭탄의 폭발도 먼지처럼 보일 만큼 강력한 폭발과 더불어 별들이 소멸하고 새로운 태양들이 탄생하는 것도 마찬가지로 '자연스럽다.'

그러나 사물에 가치를 부여하는 것은 그것들을 구분한다는 의미이다. 이것이 다른 것보다 중요해 보이기 때문에 이것을 저것보다 선호하고 선택한다는 뜻이다. 그런 평가는 인간이 **뛰어나게** 수행하는 과제이자, 모든 인간 문화의 기초이다. 자연에서는 무관심과 공정함이, 이에 비해 문화에서는 구별과 평가가 지배적이다. 따라서 자연에 대한 우리의 소위 '의무'를 정당화하기 위해서는 먼저 어떤 판단 기준을 찾을 수 있을지 물어야 할 것이다. 그리고 그런 기준은 항상 문화적이지, 절대로 '자연적'일 수 없다는 점을 미리 밝혀야 한다.

세 가지 판단 모델

자연을 판단하는 기준은 세 범주로 나눌 수 있을 것이다. 첫째, 많은 사람들은 특정한 ―혹은 모든― 자연의 사물이 내적 가치를 지니고 있다고 인정한다. 둘째, 자연의 사물이 우리에게 주는 유용성을 들 수 있다. 셋째, 미학적인 논거를 들며 자연의 아름다움을 강조할 수 있다. 잠시 이 세 가지 판단 모델을 살펴보기로 하자.

자연이 **내적** 가치를 지닌다는 관점은, 모든 존재는 현명하고 선한 신이 만든 것이기에 신성하다는 종교적 관점을 차용하지 않을 경우

정당화하기가 어려울 듯하다. 설사 종교적 관점을 취한다 해도 이런 관점을 유지하기는 쉽지 않다. 유대교나 기독교를 비롯한 몇몇 종교는, 신이 인간을 위해 자연의 사물을 만들었고 신에게 짐승을 제물로 바치는 의식을 막지 않았다고 믿기 때문이다. 또 사원이나 수도원을 짓기 위해서라면 산을 폭파해도 좋다고 생각한다.

실제로 '신성한 것'은 무언가 신성하거나 신적인 면이 숨어 있기에 다른 나무들과 같지 않은 나무, 다른 샘과 같지 않은 샘 등 다른 유사한 것보다 가치 있고 귀하다고 생각되는 특정 장소나 사물을 말한다. 하지만 이것은 모든 자연의 사물에 내적의 가치가 있다는 가정에 위배된다. 한마디로, 모든 자연의 사물이 '순수하게' 자연적이라면 그중 어떤 것도 다른 것보다 더 큰 가치가 있어서는 안 되는 것이다. 만일 자연의 사물 내면에 '초자연적인 것'이 있다면, 그것의 가치는 신의 첨가물에 있는 것이지 그 자체에 있는 것은 아니다.

단, 한 가지 조건부 예외가 있다. 생명은 우리 모두가 공유하는 것이기에 생명을 존중해야 하는 의무가 바로 그것이다. 모든 생명체는 존중할 의미가 있다고 말할 수 있다. 그들이 우리와 '공생하는 생명체'들이기 때문이다. 하지만 자비가 자신을 가엾게 여기는 데서 시작되듯, 우리 생명에 대한 존중은 어쩔 수 없이 다른 생명을 희생시키도록 강요한다. 우리는 동물과 식물을 먹고 우리에게 병을 일으키는 미생물을 죽이며, 농작물을 해치는 해충들을 박멸한다. 숨을 쉬다가 자기도 모르게 곤충을 빨아들일까 봐 천으로 입을 가리고 다니는 인도의 야니교 신자들조차도 먹기 위해서는 식물을 죽인다.

물론 신경 세포를 갖추고 있어 고통을 느낄 수 있는 동물에게 **불필요한** 고통을 주지 않는 일은 가치가 있다고 말할 수 있을지 모른다. 하지만 이 경우에도 '불필요한'의 정확한 의미를 설명하는 일은 쉽지 않다. 그 판단 기준으로 사용할 수 있는 것이 우리 인간의 척도밖에 없기 때문이다. 물론 즐거움을 위해 동물에게 고통을 주는 것은 '불필요한' 것 같다. 그렇다면 고래를 잡고 투우를 하며 돼지를 죽이는 일, 거위 간 요리를 하기 위해 거위를 기괴한 방식으로 사육하는 일은 필요할까 불필요할까? 이런 의문이 우리를 두 번째 범주로 이끈다.

자연의 특정 사물이 지닌 **유용 가치**를 논거로 제시하는 것은 한결 수월하다. 공기와 숲과 물을 오염시키지 말아야 할 의무는, 그것이 유용하고 매우 중요한 일이라는 사실에서 곧바로 추론할 수 있다. 환경을 더럽히는 일이 나쁜 짓인 이유는 우리 집 —혹은 이웃집— 에 불을 지르는 짓이 나쁜 행동인 것과 같은 이유에서이다. 내일 필요한 것을 무관심이나 탐욕 탓에 오늘 파괴한다면 그것은 자살행위에 다름 아니다. 같은 이유로, 다른 사람의 환경이나 훗날 우리 아이들이 사용할지 모를 것을 파괴하는 것은 범죄 행위와 마찬가지이다. 이런 기준에서 보면, 우리에게 유익하고 중요한, 사라질 경우 대체할 수 없는 자연의 사물은 가치가 있다. 따라서 산업 발전의 이점을 재생 불가능한 에너지원이나 다른 자연 자원의 보호와 조화시킬 수 있는 방법 —지속 가능한 경제 형태— 을 모색하는 일이 필수적이다.

마지막으로 미학적 판단 기준은 설득력은 있지만, 그 근거를 찾기가 매우 어렵다. 자연을 보면 즐겁다. 우리는 자연을 '아름답다'고 생각한다.(미의 보편적 문제에 대해서는 "일곱 번째 질문: 아름다움이 기쁨을 주는 건 유용하기 때문일까, 선하기 때문일까?"에서 언급하기로 한다.) 동물, 식물, 숲, 바다, 별이 총총한 하늘 등은 상상력을 자극하고 만족감과 기쁨을 안겨 준다.

하지만 그런 기분을 모두가 항상 공유하지는 않는다. 어부가 생각하는 바다의 아름다움은, 폭풍과 싸워야 할 필요가 없는 사람과는 전혀 다르다. 양치기는 도시에 사는 환경 보호주의자들과 달리, 늑대를 지켜야 할 필요성을 느끼지 않는다. 프랑스 작가 쥘 르나르Jules Renard(1864~1910)의 아주 똑똑하지만 약간 냉소적인 이야기를 들어보는 것도 도움이 될 듯하다. "물론 자연은 아름답다. 하지만 암소에게 너무 감동을 받을 필요는 없다. 암소는 나머지 세상과 같다." 나아가 우리가 풍경을 보며 느끼는 자연의 미적 가치는 다른 가치들 – 유용성이나 다른 미적 가치– 과 배치될 수도 있다. 풍경을 감상하기 위한 여러 프로젝트들을 두고 논란이 벌어지는 것도 그런 이유들 때문이다. 그런 논란에는 자연의 '자생적' 미학이 먼저냐, 의미를 부여하는 인간의 인위적 미학이 먼저냐 하는 문제가 숨어 있다.

어쩌면 자연과 관련된 우리의 의무는 독일의 생태 철학자 한스 요나스Hans Jonas(1903~1993)가 제안한 소위 **생태학적 정언 명령**의 의

● 한스 요나스

요나스는 철학자 후설과 하이데거, 신학자 불트만을 연구하였다. 한나 아렌트와 평생 친구 사이였다. 초기에는 종교사-철학 연구에 집중하였고 신비적 고대 후기의 철학-종교적 인식론인 그노시스gnosis를 연구하였다. 후기에는 '책임 원칙'을 강조하면서 자연의 보존과 유지를 중심으로 삼는 철학적 윤리학의 대표주자로 유명해졌다.

미로 이해해야 할지 모르겠다. "네 행위의 결과가 지상에 사는 참된 인간 생명의 영속과 일치하도록 행동하라." 이렇게 말이다. 하지만 그것으로도 골치 아픈 의문은 끝나지 않는다. '참된' 인간 생명이 무엇인지를 명확하고 보편타당하게 정하려면 어떻게 해야 할지 의문이 생기기 때문이다.

기술은 어떻게 인간을
자연과 결합시키는가

인간이 자연의 사건과 맺는 관계의 특징은 항상 **기술**에 있다. 상징적 언어와 더불어 기술은 우리 종을 다른 종과 가장 확실하게 구분하는 적극적인 능력이다. 기술이란 무엇인가? 높이 매달린 열매를 따기 위해 막대기로 치는 것처럼 먹을 것을 구하기 위해 도구를 사용하는 것인가? 그 정도는 여러 영장류나 무리 지어 사는 몇몇 곤충들도 할 수 있다. 기술이란 **다른** 도구를 만들기 위해 도구를 사용한다는 의미이다. 예를 들어, 돌을 갈아서 나뭇가지를 잘라내고 가지에 붙은 나뭇잎을 뗀 다음 그것으로 높이 달린 열매를 따는 것이다.

한마디로 기술은 도구의 사용에서 그치지 않는다. 우리가 생각하는 기술은 대상을 도구, 기구, 기계로 변화시키는 취급 방식까지 포함한다. 어떤 일을 잘 수행하기 위해 필요한 모든 방식을 일컫는다. 그런 까닭에 춤에도 자체 기술이 있고, 연설에도 나름의 기술이 있는 것이다. 이런 의미에서 기술은 -제아무리 천재적이더라도- 가끔씩 등장하는 특별한 행동이 아니라, 전달하고 학습하고 반복할 수 있는 행동 양식과 규칙 전체를 가리킨다. 유효한 **전통**인 것이다.

순수하게 관조적(정관적靜觀的)이거나 '중립적'일 수 있는 -물론 결코 완벽하게 그럴 수는 없지만- 학문과 달리, 기술은 항상 활동이라는 인간의 타고난 소질을 따른다. 인간의 활기찬 이해관계를, 무언가를 제작하고 무언가에 도달하고 무언가를 축적하고 보존하며 통제하고 보호하려는 -혹은 누군가를 공격하려는- 인간의 노력을 따른다. 요컨대 기술은 지배를 향한 인간의 건설적이거나 파괴적인 노력을 따른다.

근대에 들어와 기술은 놀랄 만큼 널리 퍼져 나갔다. 인류의 발명품 중 90%가 20세기에 나왔다. 이런 기술의 보급은 정반대되는 두 가지 반응을 불러왔다. 한쪽에선 기술의 진보 -**진보**라니!- 가 질병과 죽음, 가난과 무지를 없애고, 인간에게 우주와 바다를 정복할 길을 열어 줄 것이라고 외친다. 다른 쪽에서는 그와 반대로 두려움과 적대감을 일깨운다. 인간의 기술은 이미 우리 인류를 '산업적으로' 멸종시킬 수 있고, 몇 초 안에 수십만 명의 인간을 죽일 수 있으며, 심지어 이 지구에 살고 있는 모든 생명체를 말살할 수 있는 지점에 와 있다는 것이다.

기술 덕분에 인간의 가능성은 인간의 숫자와 더불어 폭발적으로 늘어났다. 반면 기술은 일자리를 앗아 가고, 발전한 산업 국가와 과거의 기술을 그대로 답습하는 민족들 사이에 엄청난 간극을 낳기도 했다. 기술로 인해 환경 오염은 날로 심해지고, 심지어 몇몇 사람들은 천연자원이 고갈될 날이 머지않아 올 것이라고 주장한다. 지금 산업 국가의 국민들은 불과 수십 년 전만 해도 꿈조차 꾸지 못했던 안락한 삶과 여가를 누리고 있다. 그러나 그럴수록 그들의 삶은 더욱 신제품 소비에 종속되는지도 모른다.

그렇다면 기술은 좋은가, 아니면 나쁜가? 아마 양쪽 평가가 다 정당할 것이다. 그런데 어떤 평가를 내리더라도 상황은 달라지지 않는다. 기술을 발전시키고 증가시키는 것은 우리의 동경과 욕망이지만, 그와 동시에 기술은 우리에게서 **독립**되어 있기도 하다. 호랑이 등에 올라탔는데 물려 죽을까 봐 내려오지 못하는 형국인 것이다.

오스발트 슈펭글러Oswald Spengler(1880~1936)보다 기술의 결과를 더 무시무시하고 파괴적인 것으로 본 사람은 없을 것이다. 그의 사상은 매우 염세적인 성향을 띠는데, 그의 가장 유명한 저서 역시 《서구의 몰락》이다. 슈펭글러는 "기술은 …… 모든 생명 활동의 전략이다. 기술은 생명 활동 그 자체와 같은 의미에서 투쟁 방식의 내적 형식이다. …… 그러나 길은 옛날 옛적 동물들이 저지르던 원시 전쟁에서 출발하여 현대의 발명가 및 기술자들의 공정으로 향하며, 또한 원시 무기와 꾀에서 출발하여 자연과 맞서 싸우고 자연을 속여 넘기는 기계의 제작으로

● 오스발트 슈펭글러

독일의 문화 철학자. 1918년에서 1922년까지 2권으로 발표한 그의 대표작 《서양의 몰락》은 순환적 역사 이론이다. 슈펭글러는 정해진 순서로 계속 반복되는 문화 유형의 기본 모델을 역사에서 인식할 수 있다고 믿었다. 그리하여 현재는 몰락의 단계, '문명'의 단계로 접어들었고 그 뒤를 이어 독재와 제국주의의 시대가 올 것이라고 예언하였다.

향한다"고 말했다. 기술을 자연에 대한 '전쟁'으로 바라보는 이런 시각은 고대 및 프랜시스 베이컨Francis Bacon(1561~1626)으로 대표되는 르네상스 시대의 기술관과 배치된다. 베이컨에 의하면 인간이 자연을 지배할 수 있는 경우는 오직 자연에 **복종**할 때뿐이다. 즉 인간은 자연 고유의 방식을 현명하게 발전시켜야 한다는 것이다.

프랜시스 베이컨

영국의 철학자. 현대 영국 경험론의 창시자이다. 자연 인식을 통한 문화의 자연 지배와 합목적적 형성에 대한 요구로 자연 과학적 사고에 길을 열었다. 과학적 인식의 원천은 관찰과 실험을 통한 경험이라고 보았다.

슈펭글러의 주장에서 가장 중요한 지점은 그가, 인간이 한번 기술의 길을 개척하면 결코 그 길에서 벗어날 수 없다고 확신했다는 사실이다. 기계를 통해 식량을 얻게 되면 항상 새 기계를 갖고 싶은 욕망이 생겨난다. 따라서 "모든 발명은 새로운 발명의 가능성과 필연성을 담고 있고, 실현된 소망은 수천 개의 다른 소망을 일깨우며, 자연을 상대로 거둔 모든 승리는 더 큰 승리로 우리를 유혹한다. 이런 육식 동물의 영혼은 만족할 줄 모르고, 그의 욕망은 절대로 채워지지 않는다. 이것이 이런 종류의 삶에 드리운 저주이자, 그것의 운명에 담긴 위대함이다." 슈펭글러에 따르면, 기술은 모든 인간 안에 살고 있는 야생 맹수의 생존 전략으로 탄생하였다. 하지만 만족을 모르는 우리 안의 권력욕을 부추기는 것 역시 점점 더 빨라지는 기술의 발전이라 말할 수는 없는 것일까?

인간보다 더 '인간적인' 기술

20세기에 가장 논란이 된 철학자이자 가장 영향력 있는 사상가였던 마르틴 하이데거Martin Heidegger(1889~1976)는 기술을 바라보는 슈펭글러의 시각을 물려받았다. 하이데거는 기술이, 니체가 우리 삶의 본질이라고 주장한 '권력에의 의지'의 최고봉이라고 생각했다. 다만 하이데거는 슈펭글러와 달리, 우리를 기다리는 운명에서 '위대함'을 보지 않았다. 대중 사회, 소비 사회에서는 삶의 본질적인 질문들이 망각될 위험이 높기 때문이다. 하지만 그 질문들은 기술에 대한 우리의 도취가 끝나고 한탄이 퍼져 나갈 때 반드시 다시 등장하게 될 것이다. "지구의 가장 오지까지 기술로 정복되고 경제적 착취가 가능해진다면, 언제 어디서 일어났건 그 어떤 사건도 원하는 속도로 세계 모든 곳에 전달될 수 있다면, 프랑스 국왕의 암살과 도쿄에서 열린 교향악단의 연주회를 동시에 '경험'할 수 있다면, 시간은 그저 신속성과 순간성, 동시성에 불과할 뿐이고 모든 민족의 모든 현존으로 구성된 역사로서의 시간이 사라진다면, 권투 선수가 국가의 영웅이 된다면, 수백만 명이 모인 대중 집회가 승리로 추앙된다면, 그렇더라도, 그래 그렇더라도 그 모든 야단법석을

마르틴 하이데거

20세기 철학자 중에서 가장 영향력이 막강하면서도 가장 논란이 많이 되는 철학자 하이데거는《존재와 시간》으로 현대 실존 철학의 창시자가 되었다. 잠깐이었지만 그가 나치 이데올로기와 공식적으로 접촉하였다는 사실은 큰 논란을 불러일으켰다. 그 사실과 그의 철학과의 관련성 여부는 지금까지도 의견이 분분한 문제이다. 후기에는 현존의 분석에서 눈을 돌려 사물과의 기술적 관계에서 표현되는 인간의 '존재 망각Seinsvergessenheit'에 더 큰 관심을 보였다.

겪고도 여전히 한 가지 질문이 유령처럼 우리를 괴롭힐 것이다. 무엇을 위한 것인가? 어디로 가는가? 이제 어떻게 될 것인가?"

여기서 공허한 기술 공화국에 대한 반항에 '대중 집회'라는 낙인을 끼워 넣은 하이데거의 엘리트 의식 −고압적 기조− 을 그냥 흘려버려서는 안 될 것이다. 이로써 기술은 민주주의와 더불어 거부된다. 이 주장대로라면 여전히 중요한 것을 파악할 수 있는 일정 정도의 수공업적 감각을 지닌 현자들과 달리, 대중은 기술에 힘입어 고도로 발달한 소통 수단을 통해 널리 퍼진 피상적 사이비 지혜만 먹고 사니까 말이다.

이 때문에 누군가가 기술을 목표를 고려하지 않는 수단의 끝없는 생산으로 이해하면서 그 기술에 대한 거부를 표할 때는, 그것이 반민주주의적인 입장에서 비롯된 것은 아닌가 하는 의문이 든다. 특혜를 받은 소수만 누릴 수 있던 것을 만인이 누리게 되는 것에 반대하는 견해 말이다. 물론 하이데거의 주장은 그렇게 간단히 무시해 버리지 못할 만큼 충분히 진지하다. 기술은 자연과 투쟁하는 인간의 권력욕에서 탄생한 것이기에 필연적으로 만족을 모르는 것일까? 이런 끝없는 탐욕은 투자자의 이윤을 최고의 목표로 삼는 자본주의적 산업 구조 탓이 아닐까? 우리 모두가 의존하는, 자연과 조화를 이루는 기술 −끝을 모르는 착취에만 관심을 두지 않는 기술− 은 상상할 수 없는 걸까?

어쨌든 우리 시대가 기술을 바라보는 관점에 감탄과 경멸이 뒤섞여 있다는 사실은 놀랍기만 하다. 기술은 비인간적이며, 공상 과학 소설은 그런 '비인간성'을 경고하는 충격적인 메시지라는 소리를 자주 듣는다. 기계는 —좋은 쪽으로든 나쁜 쪽으로든— 온갖 것이 다 될 수 있지만, 단 한 가지 '비인간적'인 것만은 될 수 없다. 오히려 기술은 철저히 '인간적'이다. 우리의 계획과 희망에 따라 만들어진 것이기 때문이다. 카를 마르크스가 《자본론》 제1권에서 말한 것처럼, 건축가의 작품이 벌집과 다른 점은 건축가에게는 집에 대한 사전 '계획'이 있다는 것이다. 계획은 그의 희망에 도움을 주는 상상력의 결과이다. 우리는 집과 성과 오두막과 연립 주택을 지을 수 있지만, 벌은 벌집 말고는 다른 대안이 없다.

그러므로 우리의 작품 —기계든 다른 종류의 생산품이든— 은 완벽하게 '인간적'이며, 심지어 우리 자신보다 더 인간적이다. 우리 각자는 인간의 정신이 만들지 않은 생물학적 프로그램에 좌우되기도 하기 때문이다. 기계는 인간적이며, 너무 지나치게 인간적이다. 인간의 사고 이외의 것에서는 나오지 않기 때문이다. 정작 우리 자신은 우연의 자식이거나, 바꿀 수는 없지만 어쨌든 일체의 계산에서 벗어난 것의 자식이기도 한데 말이다. 유전자 조작이나 복제를 통해 인간을 재생산하려는 특정 프로그램들이 윤리적인 문제를 불러일으키는 가장 중요한 이유도 바로 이것이다. 그런 프로젝트들은 그렇게 만들어진 새로운 인간에게서 우연의 유전자 일부를 빼앗아 그것을 다른 인간의 졸작으로 변질시킨다. 기술 제품(제아무리 꼭 필요한 제품이라 해도)을 보며 우리가 실망하거나 화를 내는 이유는 그것의 정체를 구석구석까지 우리가 다 알고 있기 때문이다. 그래서 우리가 항상 그것을 잘 쓰지 못한다는 사실을 참지 못하기 때문이다. 반대로 주변 사람들에게 끌리고 충격을 받고 희망을 품는 이유는 아무도 -심지어 그들 자신조차- 그들이 무엇인지, 무엇이어야 하는지 완벽하게 알 수 없기 때문이다.

바로 그 때문에 기술 중에서도 가장 중요한 기술, 다른 기술들이 모두 의존하며 이것 없이는 아무것도 나올 수 없는 기술, 즉 인간의 위대한 작품이 존재한다. 바로 우리 사회다. 사회는 우리 모두가 이런저런 규칙을 만들어 -종종 그 규칙을 둘러싸고 다툼을 벌이며- 조화롭게 함께 살아가면서 함께 만들어 가는 대상이다. 다음 장에서는 이 '사회적 기계' 의 다양한 측면을 조명해 보자.

철학의 본성과
민주주의의 본성은
어느 지점에서 만나는가?

다른 사람이 없어도 우리는 '인간'이 될 수 있을까? 우리의 '인간 되기'는 말로 시작될까, 아니면 그전에 이미 주변 사람들의 눈빛으로 시작될까? 다른 사람들과의 공생은 어쩔 수 없이 고통스러워야만 할까? 우리에게는 사회가 필요한데, 그 사회의 실제 상황에 저항하는 것이 정당한 일일까? 다른 사람들과 같이 사는 지옥보다 다른 사람들에게 깡그리 무시를 당하는 지옥이 더 무서울까? 다른 사람들로부터 '고립되어' 산다면 우리는 늘 '소통의 부재' 때문에 고통을 당할까? 다른 사람들에게 우리의 마음을 완벽하게 전달할 수 있기를 바라는 건 애당초 그릇된 기대일까? 사회 갈등은 우리가 충분히 이성적이거나 합리적이지 못해서 생기는 것일까? 상반된 동인으로 인해 대립이 발생하는 상황에서 조화의 형식이 만들어질 수 있을까? 헤겔은 우리의 '자연적' 동물성이 역사적, 문화적 인간성으로 변한 것을 어떻게 설명할까? 정치에 대해 고민하는 대부분의 철학자들은 정치를 좀 더 잘 이해하고 싶은 걸까, 아니면 영원히 철폐하고 싶은 걸까? 민주주의는 정치가 없어도 가능할까? 갈등과 충돌이 없는 정치가 가능할까? 철학의 본성과 민주주의의 본성은 어떤 점에서 일치할까? 왜 철학자들은 유토피아를 선호할까? 추하거나 위험한 유토피아에는 어떤 것이 있을까? 역사적으로 실현된 유토피아가 있을까? 인간은 사회 계약을 체결할까? 그게 아니라 우리의 사회는 만인의 최선을 추구하려는 개인의 결정이 낳은 결과일까? 모든 정치적 이상들이 사회에서 완벽하게 합치될 수 있을까? 정의란 무엇일까? 정의는 인간의 존엄과 어떤 관계가 있을까? 인간의 존엄과 인권은 어떤 관계일까? '집단적' 인권이 있을 수 있을까? 인간은 어쩔 수 없이 국적이나 인종, 문화에 따라 결정되는 존재일까? 인간 윤리의 가장 보편적인 원칙은 무엇일까? 웃음은 다른 인간과 더불어 살아가는 공동체의 삶을 옹호하는 논거일까?

타인은 지옥일까

혼자서는 그 누구도 인간이 되지 못한다. 우리는 서로가 있기에 인간이 된다. 우리의 인간성은 다른 사람들에게서 전염된 것이다. 인간성은 다른 사람들이 없다면 옮지 않았을 '질병'이다. 인간성은 입에서 입으로, 말을 통해 −물론 과거에는 시선을 통해− 전달된다. 아직 글자를 읽을 수 없을 때도 우리는 부모나 우리에게 관심을 보이는 사람들의 눈에서 우리의 인간성을 읽는다. 그것은 사랑과 근심, 비난이나 기쁨을 담은 시선, 다시 말해 **의미**를 담은 시선이다. 그리고 그것은 우리를 자연적 무의미에서 떼어 내 인간적으로 의미심장하게 만든다.

　이 사실을 공감할 수 있도록 표현한 현대 작가 중 한 사람이 츠베탕 토도로브Tzvetan Todorov(1939~)이다. "인간의 아이는 직접 보려고 할 뿐 아니라 보이고 싶어 한다. …… 이런 순간을 아이는 **안다.**

사람들이 **나**를 바라보고, 그러므로 **나**는 존재한다. 부모의 시선은 아이를 현존으로 이끌었다. …… 그 순간의 의미를 아는 듯(절대 알지 못하지만), 부모와 아이는 오래도록 서로의 눈을 바라본다. 어른이 되면 그것은 매우 드문 일이 된다. 10초 이상 서로를 바라보는 시선, 그럴 땐 단 두 가지 의미뿐이다. 서로 치고받거나 사랑에 빠지거나."

인간인 우리는 이런 사회적 전염의 열매이기에 사회적 삶이 우리에게 그렇게 많은 불쾌한 일을 겪게 한다는 사실이 일견 놀랍기까지 하다. 다른 사람 **없이**는 지금의 우리도 없었을 테지만, 다른 사람과 **함께** 하려면 노력이 필요하다. 사회적 공생은 아픔 없이 거저 얻을 수 있는 것이 결코 아니다. 왜 그럴까? 그것이 우리에게 너무나 중요하기 때문일 것이다. 우리가 사회적 공생에서 너무 많은 것을 기대하거나 너무 겁을 먹기 때문에, 그리고 우리가 그것을 너무 필요로 한다는 사실이 성가시기 때문일 것이다.

아주 짧은 기간 동안이지만 모든 인간은 자기가 자신을 에워싼 작은 우주의 신이라고, 적어도 왕이라고 믿는다. 울기만 하면 엄마의 가슴이나 젖병이 등장해 배고픔을 달래 주고, 부드러운 손길이 나타나 기저귀를 갈아 준다. 또 목욕을 시켜 주고 따뜻하게 어루만져 주며, 동무가 되어 준다. 물론 행복한 아기들의 경우이다. 이 세상엔 가혹한 운명의 장난으로 이런 최초의 낙원마저 빼앗긴 아기들이 수두룩하니까 말이다. 하지만 설사 행복한 경우라 하더라도 이런 지배는 오래지 않아 끝나게 되어 있다. 우리가 생명을 의존하고 있는 그 존재도 나름의 의지가 있으며, 항상 우리의 뜻을 따르지는 않는다는 사실을 우리는 금방 깨달아야 한다. 어느 날 울어도 엄마나 아빠가 당장 달려오지 않는다. 그 사건은 우리에게 경고를 보내고, 우리는 아무리 울어도 엄마가 절대 오지 않을 언젠가를 어쩔 수 없이 대비해야 한다.

관심을 받지 못하는 것보다 고약한 벌은 없다

현대의 철학과 문학은 사회의 삶이 우리에게 지워 준 짐이 무겁다고 한탄하는 비명으로 넘쳐 난다. 그런 한탄들에는 우리의 사회적 본성이 가져온 실망과 고통을 최대한 줄이기 위해 우리가 쓸 수 있는 보호 메커니즘이 담겨 있다. 장 폴 사르트르는 희곡 《닫힌 문》에서 수천 번도 더 인용되었을 유명한 명언을 남겼다. "타인이 지옥이다." 그렇기에 파라다이스는 고독이나 독거 −전혀 다른 두 상태− 일 것이다.

'고립'과 '소통의 부재'라는 주제 역시 다양한 형태로 철학 및 문학 작품에 등장한다. 때로 그것들은 전통 사회에는 있었지만 현대의 개인주의로 인해 사라진 목적 공동체의 상실에 대한 한탄을 표현하기도 한다. 거꾸로 개인주의로 인해 개별적 존재들이 다른 존재들로부터 이해를 받지 못한다고 한탄하는 목소리도 있다. 또 사회적 공생을 개인의 자유를 옭아매는 족쇄로 보고, 그것을 탐구하거나 그에 저항하는 저작들도 있다. 그것들은 우리가 결코 실제로 되고 싶어 하는 것이 아니라, 다른 사람들이 원하는 것에 불과하다고 주장한다. 공동체와 멀어질 가능성을 공동체가 완전히 집어삼켜 버리지 못하도록 하는 삶의 전략을 제안하는 저서들도 있다. 우리는 우리에게 득이 되는 동안에는 사회와 협력해야 하지만, 필요하다 싶을 땐 사회와 거리를 둘 줄 알아야 한다고 말이다.

그런 항거와 불신을 뒷받침할 논거는 많다. 현대 대중 사회에서는 인간의 관계가 어쩔 수 없이 비인간적이고 성급하고 사무적이며 – 인구 밀도가 높지 않았으며 덜 규제되고 덜 획일적이던 과거 공동체의 직접적인 '따뜻함'에 비해– '차갑게' 변한다. 또 현대 사회에서는 개인의 태도가 국가 혹은 사회의 통제를 받을 가능성이 높아진다. 개인은 점점 더 많은 감시를 받게 되고, 특정한 공통 규칙, 규범, 척도에 복종하도록 강요당한다. 더구나 그런 통제에도 불구하고 많은 사람들은 공동체의 장점을 누리지 못한 채 가난하고 쓸쓸하게 산다. 공동체에 미친 독재자의 광기가 개인에게 얼마나 포괄적인 테러를 자행할 수 있는지를 보여 주는 20세기의 끔찍한 사례는 넘치고 또 넘친다.

인간 공생에 관련된 극단적인 사례들은 사회가 우리의 자율성, 독립성, 소유물을 빼앗아 가는 낯선 인간의 무리 그 이상이라는 사실을 잊게 만든다. 사회는 인간의 본성이 요구하는 사항이다. 사회가 없다면 우리가 열과 성을 다해 지키려는 자율성도 펼치지 못할 것이다. 그러므로 사회 현실은 마가렛 대처의 말대로, 개인으로만 구성되지는 않는다. 합리적이고 자율적인 개인들이 살아가는 다소 일시적이고 다소 합목적적인 합의에 불과한 것이 아니라, 오히려 그 반대이다. 합리적이고 자율적인 개인들은 사회의 역사 발전이 낳은 우수한 생산물이며, 제 편에서 다시금 사회의 변화에 기여한다.

그렇다면 타인은 과연 지옥일까? 타인들이, 자아도취에 빠진 미성숙한 우리의 무정부주의적 전능의 꿈이 얼마나 취약한 것인지를 −때로 가차 없이− 가르쳐 주면서 우리 삶을 지옥으로 만들 때에만 그렇다. 사회에서 우리는 어쩔 수 없이 고립되어, 소통 없이 사는 걸까? '소통'이라는 말의 의미를 타인이 우리의 말을 완벽하게 이해하는 것이라고 생각한다면, 그렇다. 하지만 이해받고 싶은 것과 내 말을 전달하는 것이 동일하지 않다는 사실을 깨닫는다면 우리의 고립은 아주 상대적일 뿐이다. 원활한 소통의 첫 번째 조건은 이해받고 싶어 하는 타인을 이해하려는 노력이다.

타인들과 제도, 우리가 타인들과 공유하는 공공 기관들은 우리의 자유를 제약할까? 어쩌면 질문을 다르게 바꾸어야 할지 모르겠다. 책임과, 즉 타인과의 관계와 관련되지 않은 자유를 말하는 것이 의미가 있을까? 우리에게 제도에 순응할지 저항할지, 제도를 만들지 폐지할지를 선택할 자유가 있다는 사실을 확실히 가르쳐 주는 것은 다름 아닌 −법으로 시작되는− 제도가 아닐까? 심지어 총체적인 −그러니까 모든 것을 옭아매고 굴복시키는− 자유의 침해 혹은 단순히 권위적인(다시 말해 무조건적 복종을 요구하는) 자유의 침해조차도 적어도 한 가지 목적은 달성한다. 침해에 저항하면서 정치적, 사회적 관점에서 우리 개인의 자율성이 어떤 결과를 낳는지, 또 어떤 의미가 있는지를 더 잘 이해하게 하는 것이다.

결국 오늘날의 모든 실제 사회 형태에 반대하는 저항이 제아무리 정당하다 해도 우리가 주변 사람들을 **위해**, 그리고 그들을 **통해** 인간이 된다는 사실에는 변함이 없다. 그것이 언어를 쓸 줄 아는, 즉 상징을 만드는 존재인 우리의 운명이다. 태어날 때부터 우리는 인간 존재의 능력을 타고나지만, 타인과의 관계를 즐기거나 그로 인해 고통당하지 않고는 그 능력을 삶으로 채우지 못한다. 따라서 타인과의 관계는 결코 쓸모없지도 않고, 개성의 발전을 막는 장애물도 아니다. 실제로 개성은 타인과의 관계에서만 탄탄해질 수 있다. 우리 자신을 알기 위해서는 먼저 타인들이 우리를 **알아야** 한다. 타인과의 관계가 아무리 부담스럽다 해도 관계의 완벽한 부재보다 ―그러니까 타인들이 완벽하게, 지속적으로 우리를 '모르는' 상태보다― 더 파괴적이지는 않을 것이다. 미국의 철학자 윌리엄 제임스William James(1842~1910)는 말한다. "인간의 사회적 자아는 주변 사람들에게 받는 인정이다. 우리는 동료들이 곁에 있는 것을 좋아하는 무리 동물일 뿐 아니라, 같은 종의 다른 존재들에게 관심을 받고 싶어 하는 ―인정의 관심을 받고 싶어 하는― 성향도 타고났다. 사회에서 떨어져 나와, 사회를 구성하고 사회에서 사는 사람들에게 전혀 관심을 받지 못하는 것보다 더 고약한 벌은 상상할 수 없을 것이다." 타인이 인간성을 전염해 주지 않으면 그 누구도 인간성을 실현할 수 없다. 인간이 된다는 것은 개인의 일

> **● 윌리엄 제임스**
>
> 미국의 철학자이자 심리학자. 찰스 샌더스 퍼스와 함께 프래그머티즘의 창시자이다. 프래그머티즘은 인간의 사고를 그의 행동과 연관시키며 인간의 본성이 행동으로 표현된다고 본다.

이 아니라, 여러 사람의 과업이기 때문이다. 한번 인간이 되었다면 설사 비난과 질책이 비 오듯 쏟아진다 해도 관심을 받는 것이 더 낫다. 그 누구의 관심도 받지 못하는 것이 가장 괴로운 일일 것이다.

주인과 노예의 자의식

앞에서 설명했던 자연과 문화의 주제로 잠시 돌아가 보자. 다른 사람에게 관심을 받고자 하는 강제적 필연성이 우리에게 우리의 모든 '문화적' 노력으로 가는 길을 열어 준다. 그 노력은 '자연적'인 가? 현대 철학의 핵심 저작인 《정신 현상학》에서 헤겔은 이 과정을 '주인과 노예'라는 제목으로 알려진 일종의 사변적 신화를 이용해 설명한다.

동물인지 인간인지 모르지만 어쨌든 의식을 지닌 존재가 세계를 돌아다닌다고 가정해 보자. 의식을 지닌 존재는 충동 −배고픔, 갈증, 안전의 욕구, 성욕− 을 느끼고 그것을 즉각 만족시키려 애쓴다. 그것에게는 싸우거나 도망쳐야 할 라이벌과 적들이 있다. 이 의식에게 세계는 충동이 싹트고 충족되며, 무슨 일이 있어도 생물학적으로 살아남아야 하는 장소 그 이상이 아니다. 세상과 그 세상에서 살아가는 이 의식 사이에는 완벽한 일관성이 지배하거나, 프랑스 사상가 조르주 바타유Georges Bataille(1897~1962)의 말대로 이 혈기 왕성한 −

조르주 바타유

프랑스의 철학자. 초현실주의, 정신 분석, 공산주의, 신비주의, 종교학, 인종학 등 다양한 예술, 철학, 과학, 정치의 흐름을 다루었다.

동물적- 의식이 '물속의 물처럼' 세상에 자리 잡고 있다. 그러므로 여기 현실에는 독립적인 것, 의식과 별개의 것으로서의 '세계'는 전혀 존재하지 않고, 그 때문에 자율적이고 독립적인 의지라는 의미에서의 실제 '의식' 역시 존재하지 않는다.

한편, 의식이 자의식으로 변하여 주변 세계와 별개인 자기 소망의 독립성을 존중하게 된다고 가정해 보자. 세계 역시 당장 이 존재의 충동에 역행하는 '낯선 것'으로 변할 것이다. 그리고 충동은 제 편에서 자의식이 자신의 의지라고 생각하는 것에 역행하는 무언가를 '원하는' 듯하다.

자의식은 나머지 세상과의 완벽한 연속성으로 만족하는 생물학적 생존 필연성에 더 이상 순응하지 않는다. 이제 자의식은 무엇보다도 자신의 의지를, 자신에게 역행하는 세상과 구분되는 자율적 의지를 원한다. 따라서 '물속의 물과 같은' 단순한 생존의 가장자리로 가서 죽음과 대면한다. 삶의 의식으로부터 발걸음을 떼어 **자신의** 죽음의 확실성을 파악하고 그것에 도전하는 자의식의 행보가 완수된 것이다.

자신의 충동이 이루어지지 못하도록 방해하는 이 세상에서 자의식은 발전한다. 점점 더 자신의 소망들을 생존의 필연성과 조화시킬 뿐 아니라, 자율적 의지의 주장을 이용하여 평가하고 선택하며 서열을 매길 수 있게, 즉 **위계질서**를 세울 수 있게 된다.

그리고 조만간 자의식은 자신과 같아 보이는 다른 자의식과 만나게 된다. 하지만 이런 동족을 받아들일 준비가 되어 있지 않다. 오히려 다른 자의식들에게 유일한 자의식으로 인정받고 싶다. 다른 것들이 자신과 동일한 것이 되고 싶다는 희망을 버리기를 바란다. 그 때문에 둘 사이에는 치명적인 전투가 시작된다. 물리적 수단과 상징적 수단을 총동원한 전투이다.

하나의 자의식은 어떻게 해야 다른 자의식을 이길 수 있을까? 모든 수단 중 가장 보편적인 수단, 즉 죽음에 대한 두려움을 통해서이다. 이 둘은 자신의 유한성을 익히 알고 있기에 자신이 단순한 생존 본능을 어느 지점까지 '넘어섰는지'를 입증해야 한다. 인간이라 해도 생존 본능은 동물과 다를 것이 없기에, 자율성을 강화하기 위해서는 그 동물의 왕국을 벗어나야 한다. 따라서 죽음에 대한 공포를 가장 잘 이길 수 있는 자의식이 누가 인정을 받느냐 하는 싸움에서 승리를 거둔다. 아직 생명의 심장 박동에 집착하여 제때 후퇴하지 못하는 겁쟁이가 아니라, 이미 죽은 한 인간의 무자비한 냉기와도 싸울 수 있는 용감무쌍한 자가 승리를 거두는 것이다.

니컬러스 레이 감독의 영화 〈이유 없는 반항〉에서도 비슷한 상황이 연출된다. 두 젊은이가 내기를 벌인다. 자동차를 몰고 최대 속도로 서로를 향해 달려가거나 둘이 나란히 절벽을 향해 돌진한다. 생존 본능에 항복하여 먼저 브레이크를 밟는 자가 '겁쟁이'이다. 죽음을 경멸하며 동물적인 본능에서 멀어진 사람이 용감한 자로 인정을 받는다. 당연히 동물의 대부분은 싸움이 치명적으로 끝나기 전에 미리 겁을 집어먹고 항복의 깃발을 내건다.

패배한 —무엇보다 죽음에 대한 공포 때문에 패배한— 자의식은, 죽음 말고는 다른 '주인'을 모르는 승자의 명령에 복종한다. 그럼에도 패자가 단순한 동물로 변신하는 것은 아니다. 주인을 섬기기 위해 어쩔 수 없이 노동을 해야 하는데, 이것이 그를 동물적 본능의 단순한 직접성으로부터 멀어지게 만든다. 노동을 통해 세계는 단순한 장애물이나 적이 아니라, 노예가 변화와 계획, 창의적 과제를 실현하도록 도움을 주는 물질로 바뀐다. 자신이 원하는 것을 노예에게 의존하는 주인은 차츰차츰 지속적으로 동물의 상태로 되돌아간다. 그리고 얼마 지나지 않아, 죽음의 거울에서 자기 얼굴을 바라보는 것 말고는 다른 '인간적' 즐거움이 없게 된다. 그에 비해 노예는 가장 끈기 있는 자의식의 소유자로 변신한다. 살풍경한 죽음에 도전하는 것으로 만족하지 않고, 삶을 합리화하기 위해 새로운 형태의 창조에 열과 성을 다한다.

하지만 결국 이 두 가지 형태의 자의식은 각기 자율성을 향한 인간 의지의 **절반**만을 구현할 뿐이다. 한쪽은 단순한 생물학적 생존을 넘어서는 가치로서 자기 독립성의 강화이며, 다른 한쪽은 수명 연장과 윤택한 생활을 위한 기술적 노력인 것이다. 한 걸음 더 나아가 이 두 형태의 자의식은 각기 다른 형태의 가치, 다른 자의식의 가치를 인정한다. 이제 동등함의 차원에서 개인은 다른 개인의 인간적 품위를 인정한다. 다른 개인을 도구 —죽음이나 창조의 도구— 로 보지 않고, 협력의 사회적 틀 안에서 권리를 인정해야 하는 목적 그 자체로 바라본다.

여기까지, 헤겔의 신화적 변증법에 해당하는 주인과 노예의 상호 관계 및 발전을 나름대로 설명해 보았다. 부디 헤겔이 용서해 주기를 바란다. 이 사변적 우화는 인류학적 시각에서 보는가, 역사적 관점에서 보는가에 따라 다르게 설명될 수 있다. 어쨌든 내가 보기에 가장 중요한 것은 자연에서 문화로 넘어가는 변화를 이해하기 쉽게 설명하려고 노력했다는 점이다. 죽음의 의식이 삶을 보장받으려는 의지로, 제멋대로 지배하는 최강자들의 무리에서 사회의 임무를 서로 나누는 동등한 사람들의 사회로 넘어가는 변화 말이다.

왜 불화가 생길까

인간 사회의 차원 −**윤리적** 가치와 **정치적** 숙고가 동시에 지배하는 차원− 에 도달하자마자 이런 질문이 제기된다. 공동체를 어떻게 조직해야 할까? 주인과 노예의 극단적인 대립이 이미 극복되었어도 이 질문은 여전히 남는다. 공동체를 구성하는 여러 집단들은 계속해서 나름의 충동과 관심을 가지며, 타인의 인정을 받으려는 부단한 필연성을 지속적으로 따르기 때문이다. 자원을 어떻게 배분해야 하며, 한 명만 가질 수 있는 것은 누가 가질 것인가 하는 문제를 두고도 충돌이 계속된다. 한마디로, 인간의 불화를 어떻게 사회적 조화로 바꿀 수 있는가 하는 문제가 생긴다.

그런데 왜 불화가 생길까? 물론 인간이 본성상 비합리적이거나 폭력적이어서 그런 것은 아니다. 그렇다는 식의 주장들이 자주 제기되지만, 그것은 사실이 아니다. 오히려 그 반대가 맞을 것 같다. 우리가 겪는 불화의 대부분은 우리가 '이성적'인 존재라는 사실에 기인한다. 다시 말해 우리는 우리의 장점을 정확히 계산할 수 있고, 그에 따라 승리가 확실하지 않은 협상은 받아들이지 않기로 결심했기 때문이다. 적어도 우리는 다른 사람들을 이용하고 이웃을 불신하는 면에서는 충분히 이성적이다. 그리고 우리에겐 다른 사람들이, 할 수만 있다면 우리가 그들에게 행동하려고 의도하듯이 우리에게 행동하려 의도한다고 생각할 충분한 근거가 있다.

더구나 우리는 우리에게 가장 이로운 것이 무엇인지를 파악할 만큼은 충분히 이성적이다. 우리에게 가장 이로운 것은 어려움에 처한 타인에게 신뢰를 주고 협력하는 인간 공동체에서 사는 것이다. 하지만 또 우리는 이렇게 자문한다. "다른 사람들이 아직 그 사실을 깨닫지 못했다면 어떻게 해야 할까?" 그러고는 이런 결론에 도달한다. "다른 사람들이 먼저 시작해야 해. 그럼 나도 그들을 따라 할 의무가 있는 거지." 모든 것이 너무 이성적이다. 앞에서 우리는 '이성적인 것'과 '합리적인 것'의 차이를 구분했다. 우리를 둘러싼 현실―예를 들어 특혜를 받은 소수, 우선권과 특별권을 가진 수천 명이 부의 대부분을 차지하고 나머지 가난한 수백만 명은 먹지 못해 죽어 가고 있는 현실― 을 한번 둘러보기만 해도, 우리는 곧 매우 이성적이지만 별로 합리적이지는 않은 세상에 살고 있다는 결론에 이를 수 있다.

비사회적 사회성

우리가 자생적으로 폭력적이거나 '비사회적'이라는 주장은 진실이 아니다. 절대 그렇지 않다. 물론 모든 사회에는 심리적으로, 고통을 겪거나 학대를 당한 경험을 타인에게 똑같이 갚아 주려는 사람들이 있다. 동물 취급을 받으며 이용만 당하고 행복의 기회를 빼앗긴 사람들이 완벽한 시민으로서 행동해 주기를 기대하는 것은 당연히 어려운 일이다. 하지만 그런 경우는 우리의 추측과 달리 그리 많지 않다. 실제로는 사회의 덕을 가장 적게 본 사람들이 놀랄 정도로 사회에 의무를 다하려고 노력한다. 어쨌든 이들은 정반대되는 원인으로 인해 그렇게 행동하는 다른 사람들보다는 오히려 인간 공생에 덜 방해가 된다.

실제로 대규모 사회 문제의 정상頂上에는 폭력적인 개인들이 있는 것이 아니다. 그 정상을 차지한 것은 '낯선' 적과 맞서 싸워 그들을 파멸시키지 않으면 자기들 공동의 이익을 지키지 못한다고 확신하는, 순종적이고 규율을 잘 지키는 사람들의 집단이다. 이들이 폭력적인 것은 '반사회적'이기 때문이 아니라, 지나치게 사회를 강조한 탓이다. 이들은 너무나도 '평범함'을 갈망하며, 집단의 나머지와 최대한 동일하기를, 어떤 대가를 치르더라도 그들과의 '동일성'을 유지하기를 소망한다. 그리고 그러기 위해서 다른 종류의 것, 이를테면 외국인, 이교도, 풍습이 다른 사람들 —자신들의 합법적인 이해관계를 위협하거나 자신의 집단에 해를 가할 것으로 생각되는 모든 사람- 을 멸종시킬 각오가 되어 있다. 알고 보면 사나운 늑대는 그리 많지 않다. 기존의 사나운 늑대들은 조화로운 인간의 공생을 위협하는 가장 큰 위험 요인이 아니다. 진짜 위험한 것은 사나워진 양들이다.

인간 사회를 최고의 조화가 보장되도록 조직하려는 노력은 예부터 있어 왔다. 이 막대한 임무를 우리 인간 종의 사회적 본능에만 떠맡길 수는 없기 때문이다. 이런 본능 덕분에 우리가 사회를 필요로 하는 건 사실이지만, 그 본능이 오히려 주변 사람들과의 대립을 불러오기도 한다. 우리가 다른 사람들에게 접근하는 이유와 그들을 우리의 적으로 만드는 이유는 동일하다. 어떻게 그런 일이 일어날 수 있을까? 우리가 사교적인 존재인 것은 우리가 서로 매우 유사하기 -문화와 생활 형태의 차이로 미루어 추측할 수 있는 것보다 훨씬 유사하기- 때문이다. 그리고 우리 모두는 남들의 인정, 공동체, 보호, 풍요, 만족, 안전 등 기본적인 것을 똑같이 추구한다. 그런데 너무 똑같아서 종종 다른 사람들과 동시에 -물질적인 것이든 상징적인 것이든- 같은 것을 추구하며 그것을 두고 서로 다툰다. 심지어 다른 사람들이 탐내는 것을 보았다는 그 한 가지 이유만으로 군침을 흘리기도 한다. 인간은 얼마나 지배적인 의견을 추종하는 무리 동물이며 순응주의자들인가!

그런 까닭에 우리를 단합하게 만드는 것이 동시에 우리를 대립시킨다. 바로 우리의 **이해관계**이다. 이해관계라는 말은 라틴 어 'interesse'에서 왔는데, '참여하다, 중요하다, 사이에 있다' 등의 의미를 지닌다. 명사로는 '중요한 것, 이윤, 장점, 유용' 등을 가리킨다. 두 사람 혹은 두 집단 사이에 자리한 이 중요한 것은 그 둘을 단결시킬 수도, 그 둘을 떼어 놓고 서로 격분하게 만들 수도 있다. 이 중요한 것 때문에 때로는 멀리 떨어진 사람들이 서로에게 다가가고, -가까이 있어야 내가 추구하는 것을 얻을 수 있다- 또 때로는 사람들끼리 서로 대립 -내가 원하는 것을 네가 원한다. 네가 그것을 가지면 내가 그걸 가질 수 없다- 하기도 한다. 바로 이런 이해관계의 '사회성' 이야말로 사회에서 살라는 요구를 낳는다. 그리고 그와 동시에 너무나 많은 경우에 사회적 조화가 **불가능**하도록 만든다.

민주주의와 유토피아

칸트가 정확하지만 아이러니를 섞어 우리의 '비사회적 사회성' 이라 부른 이 문제를 어떻게 해결해야 할까? 철학자들은 이 문제 때문에, 비슷한 범위와 깊이를 가진 다른 문제들 때문에 그랬던 것처럼 골머리를 앓았다. 하지만 독일 태생의 미국 정치 철학자 한나 아렌트 Hannah Arendt(1906~1975)가 지적한 것처럼, 이 두 종류의 문제는 상당한 차이가 있다. 지식 철학은 지식이 중단되기를 원치 않는다. 우주

한나 아렌트

독일 출신의 철학자, 정치 사상가. 하이데거와 후설의 제자였다. 나치를 피해 도피한 프랑크푸르트에서 발터 베냐민을 알게 되었고, 이후 다시 미국으로 건너가 1975년 뉴욕에서 사망했다. 다방면에 관심이 많았지만, 무엇보다 전체주의 문제와 정치 철학에 관한 연구로 유명하다.

론적 철학 역시 우주가 제거되기를 원치 않는다. 하지만 그와 달리 정치 철학은 지속적으로 정치를 억압해야 실질적인 성공을 거둔다는 전제를 깔고 있는 듯하다. 즉 플라톤 이후의 철학자들은 정치를 – 보호하고 정돈된 궤도로 이끌어야 하는 창조적 자유의 표현이 아니라– 항상 손을 봐야 하는 원치 않은 갈등으로 취급하였다. 정치는 낡은 문제의 부분 해결책을 찾으려는 노력이며, 그 해결책은 어쩔 수 없이 새롭지만 그렇다고 하더라도 불안을 덜 조장하지는 않는 난제들을 불러오게 되어 있다.

그러므로 정치가 거론되면 다수의 철학자들은 얼른 혼란에 종지부를 찍어 버리려고 한다. 대결과 불화와 출구 없는 상황들을 영원히 끝내 버릴 최종 공식을 꿈꾼다. 한마디로, 정치 없이 살 수 있게 해 주는 해결책을 꿈꾸는 것이다. 정치가 없으면 **역사**도 없을 것이다. 조금이나마 가벼운 어조로 '역사의 종말'을 거론한 철학자는 단 한 사람뿐이다. 같은 제목의 책을 쓴 미국의 정치 경제학자 프랜시스 후쿠야마Francis Fukuyama(1952~)가 바로 그 주인공이다. 그런데 그를 비판한 철학자 가운데 다수는 그 기쁜 종말의 순간이 이미 왔다는 후쿠야마의 가정만 타박하였다. 다들 나름대로 반드시 와야 할 역사의 종말을 염두에 두고 있었기 때문이다. 다시 말해 그들 역시 후쿠야마와 마찬가지로 역사가 정치와 함께, 즉 이 고단하고 혼란스러운 고질병과 함께 영원히 종말을 고하기를 바라고 있었던 것이다.

그리스에서 철학이 시작된 이래 수많은 위대한 철학자들이 민주주의 사상의 비판자, 혹은 심지어 적이 된 이유가 여기에 있다. 그러나 이런 적대감은 진정한 역설이었고, 지금도 역시 그러하다. 철학은 민주주의와 함께 태어났으며, 어떤 의미에서는 민주주의와 불가분의 관계에 있기 때문이다. 민주주의는 사람들이 그들의 법과 정치적 계획이 신이나 전통에서 온 것이 아니라 시민의 자율성으로부터, 다시 말해 자신의 견해를 말하고 함께 결정할 동등한 권리를 지닌 다른 사람들과의 충돌이 일시적으로 해소됨으로써 성립한다는 사실을 이해하는 곳에 존재한다. 철학은 정해 놓은 노선과 상관없이 스스로 생각하고, 이성적인 주변 사람들과의 논쟁과 그들의 비판을 견딜 준비가 되어 있는 곳에 존재한다.

따라서 사회 정치적 차원의 민주주의 프로젝트와 지적 차원의 철학 프로젝트는 근본적으로 동일한 것이다. 민주주의의 결과로, 항상 정치가 존재한다. 항상 사고가 존재하는 것은, 다시 말해 가장 본질적인 것에 대한 의혹과 분쟁이 존재하는 것은 철학의 결과이다. 일반적으로 철학자들은 철학과 관련된 이런 개방성을 수용한다. 물론 이를 갈면서 어쩔 수 없이 수용하는 것이기는 하지만. 사실 큰 문제를 자기가 직접 해결하고 싶지 않은 철학자가 어디 있겠는가? 그에 비해 철학의 전제 조건과 관련해서는 대부분이 그것을 영원히 폐기하고 싶어 하는 것 같다. 자율적인 사고가 중단되는 것은 불손한 사상가에게조차 불행일 테지만, 갈등의 소지가 다분한 개인의 사회적 자율성이 일시에 제거되는 것은 수많은 위대한 사회 이론가들에게 승리와 다름 아닐 테니 말이다.

많은 정치 철학자들이 유토피아를 선호하는 이유는 아마 이 때문일 것이다. 오늘날 '유토피아'라는 말은 대개 매우 부정확하고 일반적인 의미로 사용된다. 어떤 사람들은 '부조리한' 혹은 '실현 불가능한' 것으로 이해하는가 하면, 또다른 사람은 세상을 긍정적으로 변화시키고 부정을 없애려는 합리적인 충동으로 해석한다. 그러나 우리는 좀 더 정밀한 정의를 내릴 필요가 있다. 유토피아라는 말은 1516년에 토머스 모어 Thomas More(1477~1535)가 쓴 환상 소설 《유토피아》에서 나왔다. 모어는 정말 제대로 언급할 만한 인물이다. 조화를 이루기 매우 힘든 여러 특성을 한 몸에 구현한 인물이니 말이다. 그는 사상가이자 정치가였고, 또 순교자였기에 가톨릭 성자가 되었다. 그의 소설은 약간의 풍자와 "만일 ~라면 어떨까?"라는, 상당히 많은 생각 실험을 담고 있다. 제목부터가 이중 의미를 이용한 의도적인 유희이다. 그리스 어에서 나온 'u-topia'는 아무 곳에도 없는 곳을 가리키지만, 그 발음인 'eu-topia'는 좋은 곳, 선善의 장소라는 의미이다.

토머스 모어

영국의 정치가이자 작가로, 라틴 어로 쓴 대표작 《유토피아》는 새로운 장르를 탄생시켰다. 일단 동시대 영국의 사회적 빈곤을 묘사한 다음 한 여행객의 입을 통해 이상 국가가 실현된 먼 섬의 이야기를 들려주는 것이다. 유토피아라는 이름의 그 섬 주민들은 사유 재산이 없는 재산 공동체에서 행복하게 산다고 한다.

홋날 유토피아의 특징으로 거론되는 많은 내용들이 이미 이 책에서 발견된다. 우선 출구 없는 폐쇄된 정치 영토(유토피아는 섬이다.)라는 점이다. 통치는 아마도 선의에서 나왔을 권위주의를 바탕으로 하는데, 절대적 순종을 원하는 그 권위주의의 요구는 합리적 기준의 엄격한 적용을 받는다. 전 국민의 일상생활은 세세한 부분까지 통제

된다. 여가 시간, 가족 관계, 성생활도 예외가 아니다. 사유 재산 제도는 폐지되고, 개인은 공익에 완벽히 복종해야 한다. 사람들은 필요에 따라 한 장소에서 다른 장소로 이주할 수 있다. 나아가 유토피아는 경제적으로 평등하고 모든 경쟁이 폐지되며 신화에 등장하는 900년 전의 조상 유토푸스가 제정한 법률을 여전히 사용하는, 완벽한 역사적 부동성에 빠진 국가이다.

모어는 자신의 엄격한 신앙과 충돌하는 몇 가지 요인을 작품에 받아들였다. 종교적 관용(아마도 눈을 찡긋하면서, 친구인 에라스뮈스 Desiderius Erasmus(1466~1536)의 주장을 인정했을 것이다.) 혹은 자발적인 안락사에 대한 소망 −결국에는 신앙을 통해 밝혀진 진리를 따르는 것이 더 나은 '유토피아' 일 수 있다고 주장했지만− 등이 그것이다. 이 소설을 정치 프로그램으로 혹은 반 정치적인 프로그램으로 읽는 것은 부적절한 일이다. 그러면 이 이론적 생각 게임의 유희적인 측면을 오해한 것이 된다. 물론 작가 자신은 삶의 마지막 순간에, 라틴 어로 쓰인 이 작품을 영어로 번역하지 말라고 부탁했다. 무지한 사람들을 타락시킬 수 있다는 우려 때문이었다.

정의란 무엇인가

유토피아가 문학 장르로 자리매김하자마자 사람들은 '유토피아적'이라는 개념의 역사적 연원을 추적하기 시작하였고, 그 기원은 플라톤의 《국가》에 이르렀다. 그리고 프랜시스 베이컨의 《새로운 아틀란티스》, 톰마소 캄파넬라Tommaso Campanella(1568~1639)의 《태양의 나라》, 푸리에François Marie Charles Fourier(1772~1837)나 로버트 오언Robert Owen(1771~1858)의 작품들을 거쳐 H. G. 웰스Herbert George Wells (1866~1946)의 소설에 이르기까지 – 마르키 드 사드의 《소돔의 120일》 같은 몇 가지 왜곡된 모델도 빼놓을 수 없다– 유토피아는 다양한 작품에 등장했다. 일반적으로 유토피아의 긍정적인 측면은 사회에 포괄적인 대안을 제시하고, 통용되는 모든 것은 불가피하다고 보는 익숙한 시각을 파괴하는 데 있다. 실제로 많은 경우, 유토피아는 이윤과 지나친 사적 이익의 추구를 거부하는 사회적 조화를 제안한다.

이와는 반대로 유토피아가 지닌 부정적인 성향들도 있다. 먼저 편협한 권위주의와 자유, 정의, 평등, 안전 같은 개방적인 인간 **이상**들을 경직된 규칙으로 바꾸려는 성향을 들 수 있다. 또 −소수 지성인들의− 이성적 고민만 있으면 '모든' 국민의 가장 바람직한 삶을 결정하기에 충분하다는 생각, 개인의 삶을 은밀한 부분까지 통제하겠다는 지나친 질서 의식, 자발성과 혁신력의 실종 등도 간과할 수 없다. 미래에 실현되어야 할 모습인 유토피아가 이처럼 오히려 자기 미래의 개방성과 불확실성을 허용하지 않는 것이다.

미국에서 시작해 소련, 이스라엘, 소위 히틀러의 '제3제국'에 이르기까지, 당대에는 당연히 '유토피아'로 보였을 수 있는 이상의 실제 모습들은, 정치 조직의 노선으로 활용된 유토피아의 '축복'을 훨씬 더 의심하게 만들었다. 심지어 성공 사례들에서조차 사회적 이득은 단순한 이성적 고민으로는 예상할 수 없었던 심각한 결함을 대가로 한 것이었다. 그러니 올더스 헉슬리의 《멋진 신세계》나 예브게니 자먀틴Evgenii Zamyatin(1884~1937)의 소설 《우리》 같은 공상 과학 작품들에 '반 유토피아', 즉 따르지 **말아야** 할 모델로서 소개되는 충격적인 '유토피아'만 우글거리는 현상도 놀랄 일은 아니다. 유토피아에 담긴 철학적 의도는 좋았지만, **미리 제작**된 흠 없는 사회의 조화를 몇몇 소수의 꿈으로 확립하려는 시도는 나머지 모든 사람들에게 악몽이 되었던 것이다.

두 가지 정치적 입장

　오늘날 몇몇 유토피아주의자들과 거의 모든 전체주의(사람들의 존재와 소유 모두를 복종시키려고 하는 시스템이다.) 권력가들은 자신들의 계획에 복종하는 '새로운 인간'을 요구한다. 하지만 인간은 다행스럽게도 원래의 인간 본성을 포기하지 않고서는 '새롭게' 될 수 없다. 상징을 창조하는 동물인 인간의 본성은 획득한 지식의 전통, 역사적 경험, 사회적 성과, 기억과 신화로 이루어지기 때문이다. 인간은 결코 글씨를 지우고 마음대로 새로운 사회 규칙 ―입법자의 의도가 제아무리 선하다 해도― 을 적어 넣는 칠판이 될 수 없다. 지난 수십 년 동안, 기억하고 보호해야 할 것들을 인간의 정신에서 지우기 위해 얼마나 끔찍한 수단들이 동원되었던가!

　마찬가지로 ―소위 전지전능한 이들이 정해 준 일반 이익이나 공익에 복종시키기 위해― 인간이 이성적으로 자신의 이익을 추구하지 못하도록 막을 수도 없다. 물론 특수한 행동 원인과 열정을 지니고 있고, 탐욕적인 이기주의의 성향을 지녔지만 타인에게 인정받고 싶은 욕구도 있는 실제 존재하는 사람들을 토대로 사회적 조화의 정치를 펼칠 필요는 있을 것이다. 하지만 우리가 아는 바로 그런 조화는 항상 허약하며 수천 가지의 위험을 안고 있다. 그것들이 ―때로는 최고의 성과로부터― 독을 생산하기 때문이다. 우리의 공동체 생활을 지배하는 그런 수많은 역설의 한가운데에서 우리는 과연 어떻게 갈 길을 찾을 수 있을까?

이와 관련해서는 방향이 정반대인 두 이론이 있다. 첫 번째 이론에서는 인간 공동체의 정치적 조직을 개인들끼리 맺은 **사회 계약**을 바탕으로 파악한다. 사회 계약은 역사적인 사건과 달리, 이미 일어난 일**인 양** 이론의 출발점으로 그냥 받아들이면 된다. 개인들은 그 모델에 따라 법을 입안하고 위계질서를 정하고 권력을 분배하며, 자신과 공익을 지키는 최고의 형식을 결정한다. 구성원들은 개인의 이익을 추구하면서도, 동시에 모두에게 이익이 되고 집단의 생명력을 키울 수 있는 공동의 측면을 조직해야 한다. 이때 각 개인의 이해관계는 다른 개인의 이해관계와 배치될 수 있지만, 개인에게 의미를 부여하는 공동체라는 틀 자체와 배치될 수는 없다. 각자는 '개별적'이지만 '반사회적'이지는 않다. 만일 그렇다면, 말 그대로 인간적이지 않을 것이다. 따라서 모두에게 해당하는 일은 모두 함께 합의하고, 정기적인 간격을 두고 기존의 노선을 점검해 볼 수 있을 것이다. 나아가 지배자들이 규칙적으로 개입하여, 개인의 이해관계가 상충되어 일어나는 오작동을 바로잡거나 기본적인 욕구조차 충족하지 못하는 상황에 놓인 사람들을 보호해야 한다.

두 번째 관점은 반대로, 공동체에게 가장 이익이 되는 일을 결정하는 구성원들의 합의 능력을 불신한다. 따라서 정치권력은 최대한 유연한 틀을 정하고, 그 틀 안에서 구성원들은 자신의 이익을 추구한다. 공동체의 입장에서는 선호하지 말아야 할 것이라 할지라도, 각자는 자신에게 가장 이익이 되는 것을 추구할 수 있다. 그럼에도 불구하고, 앞에서 말했듯이 개별화된 것처럼 보이는 이해관계의

'사회적' 본성에 따라 최대의 공익이 탄생한다. 자신의 행복을 찾는 개인에게는, 의도하지 않아도 다른 사람들의 행복을 위해 협력하는 것 말고는 다른 대안이 없다. 우리는 다른 사람들에게 해가 될 때보다는 득이 될 때 다른 사람들에게서 더 많은 것을 얻기 때문이다. 일종의 '보이지 않는 손'이 겉보기의 부조화를 조화롭게 조종하면서 공동체를 위한 최고의 방안을 지원하고, 자의적이거나 그릇된 해결책에는 사형을 선고한다. 이때 정치권력은 자신에게 가장 유리한 결과를 이끌어 내려는 개인들의 이런 계략 게임에서 최대한 멀리 떨어져야 한다.

영국의 철학자 로저 스크루턴Roger Scruton(1944~)의 말을 빌려 요약해 보자. "집단 결정을 옹호하는 사람은 집단의 구성원들이 명백하게 **동의하는**, 다시 말해 그들 스스로 자신의 제도와 물질적 조건을 선별하는 사회를 추구한다. '보이지 않는 손'을 옹호하는 사람은 구성원 전체가 확실하게 **동의하지** 않는다 해도 동의의 **결과물**인 공동체를 추구한다. 사회가 전체 결과와는 전혀 상관없는 문제들에 결정을 내리기 때문이다." 심하게 단순화하면 첫 번째 정치적 입장을 '좌파', 두 번째를 '우파'로 볼 수 있다. 나는 이 **양쪽** 관점을 모두 어느 정도 고려하지 않고서는 현재 우리가 알고 있는 거의 모든 사회의 효율적인 작동을 이해할 수 없다고 생각한다.

위험을 무릅쓰며 지켜야 할 것

문제는 —유토피아와 반대로— 기존 사회에서는 모든 이상들이 완벽하게 서로 합치될 수 없다는 점이다. 예를 들어, 자유의 권리는 매우 바람직한 것이다. 하지만 때때로 이것은, 역시나 주목해야 할 원칙인 시민의 안전 욕구와 충돌한다. 이와 비슷한, 혹은 더 심각한 갈등이 일어나는 경우도 적지 않다. 아프가니스탄처럼 여성이 존중을 받지 못하는 곳에서는 여성의 인권을 보호하는 일이 매우 중요한 문제이지만, 모든 인간 공동체에는 나름의 가치관을 지킬 권리도 있는 법이다. 무역과 경제의 자유는 존중해야 할 원칙이지만, 우리가 원치 않은 결과를 초래할 수 있다. 인류의 대부분이 가난에 허덕이는 것도 그런 바람직하지 못한 결과의 하나이다. 독일의 사회학자이자 경제학자인 막스 베버Max Weber(1864~1920)는 20세기 초에, '신들의 전쟁'이라는 표현을 사용하여 상충되는 이상의 갈등을 지적하였다. 이상은 희석해서 마셔야 하는 순도 100%의 증류주이다. 그러므로 정치의 기술은 칵테일의 적절한 배합을 보장하면서도, 사회가 계속해서 '소화'를 잘하도록 하는 데 있다.

플라톤 이후, 우리가 언급한 부조화의 여러 요인들을 바탕으로 이런 사회 조화를 가장 잘 구현한 덕목은 정의正義이다. 우리는 정의를,

> **막스 베버**
> 독일의 사회학자로, 주로 문화학과 사회학 분야에서 연구하였으며 사회학과 문화학의 가치 자유라는 방법론적 요구를 제기하였다. 합리적 과학을 근거로 '세계의 탈마법화'를 확인하였다. 그에 따르면, 현대의 개인주의는 합리주의 과정의 결과이다.

프랑스의 사회 철학자이자 무정부 사회주의자로, 일체의 국가 및 종교의 권위, 중앙 집권주의를 신랄하게 비판하였다. 그는 자신의 노동으로 얻지 않은 재산에 대해 이런 공식을 적용하였다. "사유 재산은 도둑질이다." 그는 또한 내적 모순으로 인해 돈과 이자의 지배는 붕괴될 것이며, 그 후 정의와 상호성에 기초한 조화로운 삶(상리 공생 Mutualism)이 가능해질 것이라고 주장하며 사회 문제의 폭력적 해결에 반대하였다. 공산당과의 협력을 거절하였고, 이런 이유와 이론적인 차이로 인해 마르크스에게 비판을 받았다.

각자가 업적이나 욕구에 따라 자기 몫을 가져야 한다는 분배의 정의로만 보는 데 너무 익숙해져 있다. 혹은 악은 처벌을 받고 선은 보상을 받아야 한다는 보복 또는 보상의 정의로 보는 데 너무 길들어 있다. 그것 말고도 정의에 관한 훨씬 폭넓은 해석들이 있다. 그중에서 가장 마음에 드는 것은 19세기 프랑스의 아나키스트 피에르-조제프 프루동Pierre-Joseph Proudhon (1809~1865)의 해석이다. "정의란 …… 자발적으로 경험하고 상호 보장하는 인간 존엄성의 존중으로, 어떤 사람이든 어떤 상황에서든 지켜야 하며 …… 또 그것을 보호하려다 우리가 처하게 되는 어떠한 위험도 무릅써야 한다."

222 세상이 던지는 질문에 어떻게 답해야 할까?

인간 존엄의 문제

오늘날의 인간 존엄 사상은 18세기부터 관철되기 시작했다. 프랑스 혁명과 더불어 -소수에게 특권을 주는- 귀족 시스템은 위기에 봉착하였고, 모든 개인을 인간이자 국민으로 인정하라는 요구가 제기되었다. 또 '인권'이라는 정치적인 개념이 등장하였는데, 이는 이후 민주 헌법에 수록되어 지난 200년 동안 -아쉽게도 항상 실천된 것은 아니지만- 이론의 뒷받침을 받았다.

인권의 이념은 전통 사회의 진정한 **붕괴**를 의미한다. 이념이 탄생하던 시기부터 이미 그랬다. 미국에서는 독립 전쟁이 끝난 후에, 유럽의 경우는 왕을 왕좌에서 끌어내린 혁명이 끝난 뒤 인권 이념이 자리를 잡았다. 지금도 그 이념을 포괄적으로 실천하려는 곳에서는 그런 변혁이 불가피하다. 인권이나 기본권은 인간으로서 서로를 인정한다는 사실을 나타내는, 인간 존엄성의 세밀한 표현이다.

인간의 존엄이란 무엇일까? 첫째, 개인의 신성함이다. 개인이 보편적 목적의 실현 도구로 이용을 당하거나 희생되어서는 안 된다는 사실을 인정하는 것이다. 그러므로 집단적 인권이나 공동체의 인권은 성립할 수 없다. '집단적 인간'이 없기 때문이다. 물론 사회 없이는 인간 개인도 있을 수 없지만, 그렇다고 개인의 역할이 사회에 대한 봉사로 국한되지는 않는다. 바로 이 지점에서 인간 존엄의 두 번째 특성이 나온다. 즉 모든 개인은, 자신과 마찬가지로 타인도 독립적으로 살 권리가 있다는 것 외에는 다른 한계를 두지 않고 자신의 행복을 위해 인생 계획을 추구할 자립성이 있다는 사실을 인정하는 것이다. 셋째, 각자는 개인의 태도와 업적에 맞게 사회적으로 대우를 받아야 하며, 인간성에 본질적이지 않은 우연한 요인, 예를 들어 인종이나 주권, 성별, 사회 계층 등에 따라 다른 대우를 받아서는 안 된다는 사실을 인정하는 것이다. 마지막으로, 타인이 불행과 어려움에 처했을 경우 연대를 요구하며 타인과의 결속을 유지하려는 노력이다. 인권 사회에서는 그 누구도 자신의 운명에 내맡겨져서는 **안 된다.**

이런 인간 존엄의 요인들은 소위 인간을 '물화物化하는' -인간의 자유와 책임을 부인하고 인간을 단순한 '일반 상황의 결과'로 환원하는- 경향이 있는 '경제적' 가설들과 충돌한다. 인종주의는 인간의 존엄을 부인하는 최고의 사례이지만, 요즘에는 모든 인간은 오로지, 그리고 어쩔 수 없이 공동체의 산물이라고 주장하는 다른 종류의 인종적, 문화적 결정론이 점점 그 자리를 대신하고 있다. 이런 주장은 문화란 서로 접근할 수 없고 비교할 수 없는 완결된 현실을 구성한다는 생각에 바탕을 두고 있다. 그에 따르면 모든 문화는 완벽한 사고 형태와 존재 형태를 자체 내에 소유하므로, 다른 문화를 통해 '오염'되거나 구성원의 개별 결정에 따라 변할 수 없다. 또한 한 문화의 그런 운명적 조건이 구성원을 '프로그래밍하며', 다른 문화와 대립하게는 만들지만 정신적 교류는 차단시킨다.

50년이나 100년 후쯤 되면 민족의 '문화적 정체성'을 신성시하는 이런 호소를, 오늘날 우리가 혈액의 레서스 인자rhesus factor, Rh(역주-대부분 사람들의 적혈구에서 발견되는 항원. 이 인자의 유무에 따라 Rh 양성과 음성으로 나눈다.)나 피부색을 언급하는 사람을 쳐다보듯 적대적인 불신의 시선으로 바라볼 수 있게 되기를 바란다. 그런 호소 뒤편에는 인간 존엄의 본질적 전제에 대한 '부당한' 공격이 적잖이 숨어 있기 때문이다. 인간은 제복을 입고 깃발을 든 대대大隊로 편성되기 위해 태어난 것이 아니다. 다른 사람들과 어울리기 위해, 문화적 차이가 있음에도 본질적인 유사성을 인정하기 위해 태어났다. 우리는 이렇게 어울리면서 거듭 자신을 새롭게 **창조하기** 위해 태어났다.

20세기가 낳은 질병인 민족주의의 강제적 사고는 한 인간의 필연적인 향토 '소속성'을 찬양하고 이를 자랑스러운 운명으로 변질시킨다. 그것은 근본적으로 집이나 물건뿐 아니라 땅과 풍경에마저 소유의 낙인을 찍으려는, 경멸스러운 소유욕에 다름 아닌 정신적 태도이다. 사람이 무슨 식물이라도 되는 양 자기 '뿌리'를 찬미하는 태도는, 우리가 인간의 존엄을 인정받기 위해 반드시 필요한 사교성을

조지 스타이너

미국의 문예학자, 작가, 문화
및 문학 비평가로 1929년 파
리에서 태어나 1974년 이후
제네바에서 살고 있다. 최근에
출간한 《실제 현재에 대하여
Real Presences》(1991)로 이목
을 끌었다. 이 책에서 그는 형
이상학적 미학을 다루었다.

차단한다.

실제로 우리는 모두 이방인이고 방랑하는
영원한 유대인이며, 우리의 유일한 실제 고향
은 세계이다. 유대계 미국 평론가 조지 스타이
너George Steiner(1929~)가 이렇게 아름답게 표
현했듯이 말이다. "나무에겐 뿌리가 있고, 남
자와 여자에겐 다리가 있다. 그 다리로 국경의
철조망을 넘고, 손님이 되어 다른 사람들을 찾
아가고, 그들과 함께 살기 위해서이다. 《성경》은 물론이고, 그리스
신화와 다른 신화들에 자주 등장하는 낯선 사람의 전설에는 근본적
인 의미가 숨어 있다. 해 질 무렵 낯선 이가 문을 두드린다. 그것은
우리가 얼마나 손님을 환대하는지 시험하기 위해 온, 변장한 신이나
신이 보낸 사자의 노크이다. 나는 이 손님들을 진짜 인간 본성이라
고 생각하고 싶다. 우리가 살아남으려면 반드시 그렇게 되려고 노력
해야 하는 진짜 인간 본성 말이다."

세 가지 규칙

프로이트는 《문명 속의 불만》에서 인간 고통의 원천을 세 가지로
들었다. 첫 번째는 자연의 압도적인 힘이고, 두 번째는 인간 신체의
허약함이다. 그리고 마지막 세 번째는 가족, 국가, 사회에서 인간의
상호 관계를 조정하는 제도의 불완전함이다. 하지만 이 세 가지 불행

중 어느 것도 진정으로 나쁜 것이라고 볼 수는 없다. 제대로 된 인간이 되기 위해서는 이해심과 인정을 담은 타인의 시선이 필요한 존재에게 진짜 나쁜 일은 '처음부터 사랑의 상실로 협박하는 것'이다. 사랑의 상실보다 더 우리를 무력하게 만들고 위협하는 것은 없다. 여기서 사랑이란 말 그대로의 의미에서 자식에 대한 부모의 사랑, 남녀 간의 사랑은 물론이고, 그리스 사람들이 필리아filía(그리스어로 사랑이라는 뜻)라고 불렀던 좀 더 일반적인 의미의 사랑까지 포함한다. 즉 에티엔 드 라보에티에 대한 몽테뉴의 그것처럼, 서로의 부족한 점을 채워 주기에 ("그가 그였기에, 내가 나였기에") 서로를 선택한 사람들 간의 우정, 사회적 삶을 유익하게 만들기 위해 서로에게 매일 입증해 보여야 하는 '시민의' 호의를 포함하는 개념이다. 사랑이나 필리아가 없으면 인류는 위축될 것이고, 정글의 법칙이 지배할 것이다. 이것이 바로 괴테Johann Wolfgang von Goethe(1749~1832)가, 자신이 강하다는 사실을 아는 것보다 사랑받는다는 사실을 아는 것이 더 많은 힘을 선사한다고 말한 이유이다.

> 🍃 **요한 볼프강 폰 괴테**
> 독일의 시인, 소설가, 극작가. 그의 방대한 작품은 과학, 예술, 정치, 미학, 철학에 대한 다양한 견해를 담고 있다.

　그렇다면 우리는 어떻게 다른 사람의 사랑을 얻을 수 있을까? 모든 문화권의 윤리적인 규범은 대부분 이런 목적을 추구한다. 내가 보기에는 훌륭한 철학자이기도 한, 미국의 공상 과학 소설 작가 아이작 아시모프Isaac Asimov(1920~1992)는 인간에게 봉사하기 위해 제작된 로봇이 따라야 하는 '세 가지 규칙'을 만들었다. 첫째는 인간에게 해를 끼치지 말라는 것, 둘째는 할 수 있는 한 (첫째 규칙을 어기지 않는 한도 내에서) 인간을 도우라는 것, 셋째는 (첫째와 둘째 규칙을 어기지 않는 한도 내에서) 자신의 존재를 보존하라는 것이다.

우리는 로봇이 아니므로, 과거와 현재의 도덕 시스템들 중 다수에서는 이 세 가지 규칙의 순서가 뒤바뀌어 있다. 하지만 그 점을 제외하면 아시모프의 세 가지 규칙은 우리의 도덕 시스템을 잘 정리하고 있다. 물론 그 반대 입장에서, 도덕적으로 정직한 사람들을 최대한 자신에게 유리하도록 이용하라고 가르치는 사람들도 있다. 그런 사람은 늘 있었고 지금도 있으며, 앞으로도 있을 것이다. 그런 사람들 덕분에 우리는 경찰과 감옥과 가난과 고독에 둘러싸여 있다. 그런데 정말로 그들은 자신들의 생각처럼 현명한 사람일까? 그들이 시키는 대로 해서 얻을 수 있는 이익이 그들의 말을 따라서 잃게 되는 손실보다 정말로 클까?

가장 본질적인 인간성의 실현은 사회적 영역에서만 이해할 수 있다. 그것이 다른 사람들을 생각하면서 우리가 하는 것들이며, 그러느라 지금은 현존하지 않아도 우리가 **외쳐 부르는** 것들이기 때문이다. 예를 들어, 웃음이 대표적이다. 유머는 말하자면, 정해진 의미의 질서 안에서 우리와 함께 재기 넘치는 난센스를 즐길 수 있는 진정한 '인생 동반자'를 찾아 나선 어릿광대이다. 유머 감각보다 우리를 하나로 묶어 주며 인간관계를 촉진하는 것은 없다. 정다운 모임에서 웃음소리가 끊이지 않고 미소가 떠나지 않았다면, 우리는 "즐거운 시간을 보냈다"고 말한다. 그 말은 서로를 인정하는 가운데 기분이 좋았다는 뜻이다. 진정한 웃음은 자신과 함께 웃을 수 있는 비슷한 영혼을 기대할 때에만 가능하다. 대부분의 우정은 ―적지 않은 애정 역시― 두 사람이 남들은 이해하지 못하는 유머를 이해하는 순간에 시작된다.

미적, 예술적 작품과 그것을 즐기며 느끼는 만족 역시 타인과 공유하지 못한다면 제대로 이해할 수 없다. 아름다운 것을 발견했을 때 우리가 가장 먼저 하는 행동은 함께 즐길 수 있는 사람을 찾는 일이다. 그와 혹은 그녀와 함께할 때 우리 자신도 더 많이 즐긴다. 꼬마들은 기적을 목격하면 어른의 소맷자락을 끌어당긴다. 물론 어른의 눈에는 하잘것없어 보이겠지만 말이다. 그렇다면 과연 아름다움이란 무엇일까? 아름다움을 발견하고 창조하고 공유하는 것이 왜 그렇게 중요할까? 왜 아무리 추한 것도 때로는 아름답게 보이며, 왜 그렇지 않으면 우리는 삶의 의욕을 잃게 될까?

아름다움이 기쁨을 주는 건
유용하기 때문일까,
선하기 때문일까?

인간을 사회적으로 만드는 기본 경험은 무엇일까? 쾌락과 고통을 제외한 다른 가능한 이력이 있을까? 단순한 신체적, 감각적 만족을 넘어서는 즐거움은 어디서 올까? 감각적 즐거움이나 신체 욕구의 충족 외에 이성의 즐거움도 있을까? 유쾌하고 유용한 것만이 아니라 '선한 것'도 만족을 준다고 말할 수 있을까? 아름다움이 주는 즐거움의 종류는 어떤 것이며, 다른 만족과의 차이는 어디에 있을까? 아름다움이 기쁨을 주는 것은 '유용하기' 때문일까, 아니면 '선하기' 때문일까? 왜 칸트는 아름다움의 가치가 '무관심적인 만족', 즉 '관심 없는 관심'이라고 말할까? 칸트가 말하는 '자유로운' 미와 '부속적인' 미의 차이점은 무엇일까? 미적 가치는 언제나 다른 가치와 완전히 다를까? 철학자 조지 산타야나는 미와 선의 관계에 대해 어떤 견해를 피력했을까? 미를 높이 평가하지만 예술가가 창조하는 미를 불신하고 경시할 수 있을까? 예술 작품을 불신하는 위대한 예술가가 있었을까? 왜 플라톤은 시인과 예술가들을 이상 국가에서 추방하려 했을까? 그는 '훌륭한' 예술가가 '도덕적으로 선한' 예술가와 동일하다고 보았을까? 플라톤은 예술가의 교육적 임무와 철학자의 교육적 임무가 어떤 점에서 다르다고 보았을까? 놀이와 예술은 어떤 점이 같을까? 미적 교육은 시민들이 정치적 자유를 준비하도록 만들 수 있을까? 우리는 왜 예술가는 창조자라고 부르면서 학자는 그렇게 부르지 않을까? 예술가는 항상 미를 추구해야 할까? '악한 것'이나 '추한 것'을 묘사하는 것은 미적 의미에서 '추'하거나 '악' 할까? 현대 예술이 미를 바라보는 전통적인 관념을 포기한 것 같은 이유는 무엇일까? 어떤 의미에서 미는 행복의 약속일 수 있을까? 미는 어떻게 우리를 '사로잡으며', 어떤 종류의 전율을 불러일으킬까?

인간을 사회적으로 만드는 경험

노년의 플라톤은 마지막 대화록인 《법률》에서, 인간은 어쩔 수 없이 두 스승이 가르치는 학교에 간다고 말했다. 그 스승은 다름 아닌 쾌락과 고통이다. 이들은 -반가운 혹은 무서운- 강요로 우리에게 삶과 생존을 가르친다. 인간에게 즐거움과 괴로움을 주는 것은 대부분 우리 모두에게 공통적이기 때문에, 쾌락과 고통은 우리를 보편적인 자매 관계로 연결하는 강력한 연결 고리이다. 하지만 그 누구도 정확히 똑같은 방식으로 즐기거나 고통을 당하지는 않는다. 모든 인간이 일생 동안 동일한 자극을 받지도 않는다. 따라서 쾌락과 고통 역시 우리에게 유일한 **이력**을 제공하고, 개인의 개성에 단 하나밖에 없는 프로필을 선사한다. 또한 쾌락과 고통은 우리가 일반적으로는 '동일'하지만 특수하게는 '다르다'는 사실을 가르쳐 준다. 우리를 하나로 만들어 주는 것 -우리의 이해관계- 이 바로 우리를 떼어 놓는 것, 우리에게 개성을 부여하는 것, 우리를 서로 대치시킬지도 모르는 것이기도 하다는 사실이 여기서 다시금 드러난다.

우리가 일반적으로 '향유享有'라 부를 수 있는 것에 대해 좀 더 정확히 살펴보자. 나는 이 개념을 신체적으로 쾌적한 느낌을 불러일으키는 것뿐 아니라, 확실하게 우리가 흔쾌히 **동의**하는 모든 것 −사물이든 사람이든 제품이든 태도든− 과 관련짓는다. 예를 들어 맛있는 음식, 더운 날의 차가운 물줄기, 추운 날의 사우나 같은 것들 말이다. 그런 즐거운 감각은 우리의 삶에서 매우 중요하지만, 이는 일정 정도의 신경 시스템을 갖춘 동물에게도 해당되는 사항이다.

'향유'의 또 다른 사례는 누군가가 관대하거나 용감한 행동을 할 때, 아니 우리 스스로가 그런 일을 할 때 느끼는 만족감이다. '선'에 대한 판단은 이성을 갖춘 존재의 특징이다. 깊이 숙고해 보면, 우리 모두가 올바른 행동을 할 경우 이 고달픈 삶이 얼마나 나아질지를 알게 될 테니 말이다.

마지막 사례는 바다에 지는 노을을 바라보거나 쇼팽의 아름다운 폴로네즈polonaise를 들으며 행복에 겨워 내뱉는 감탄사이다. "정말 아름답다!" 그런데 이 경우는 앞의 두 경우와 다르다. 물론 감각이 없다면 그 아름다움을 즐길 수 없을 테지만, 이성도 관여를 한다. 단순히 지각에 기초를 둔 감각적 만족이 아니기 때문이다.

아름다움의 향유는 모든 향유 중 가장 '동물적'이지 않다. 그럼에도 내가 아름다움에 대해 느끼는 것은, 도덕적 존경이나 도덕적 행동을 보고 내 마음에서 일어나는 동의와는 다르다. 심지어 나는 윤리적인 이유에서 이런저런 아름다운 물건이 없어지기를 바랄 수도 있다. 그럼에도 그것이 아름답다고 생각하는 것을 그치지 않는다.

친구와 이집트 여행을 갔다고 가정해 보자. 우리는 쿠푸 왕의 피라미드 앞에 서 있고, 나는 친구에게 피라미드가 정말 아름답다고 말한다. 그러자 친구는 어이없다는 표정으로 되묻는다. "뭐, 어떻다고? 이 멍청한 돌무더기 속에 들어가 살고 싶다는 거야? 아니면 이 따가운 땡볕 아래 서 있는 게 좋다는 거야?" 나는 피라미드 안에 들어가 산다는 것은 말도 안 되는 소리이며, 또 햇볕 아래 서 있는 것도 불쾌하다고 시인한다. 친구는 다시 한마디 더 쏘아붙인다. "더구나 이걸 어떻게 지었는지 모른다는 거야? 수천 명의 노예들이 채찍질을 당하면서 자신들의 권리를 밟아 뭉개는 독재자에게 멋진 무덤을 지어 주겠다고 저 무거운 돌덩어리를 끌고 온 거잖아. 이게 아름다워 보여? 너도 그 노예들처럼 피라미드 노역에 동원되고 싶어?" 당연히 나는 아니라고 대답한다. 그 노예들의 부당한 고통을 덜어 줄 수 있다면 나 역시 피라미드를 못 보는 편을 택하겠노라고 말한다.

그럼에도 나는 그 거대한 피라미드가 —한때 그것이 지어졌다는 사실이 도덕적으로 '선'하게 보이지는 않지만— 매우 아름답게 보인다는 사실을 인정할 수밖에 없다. 그리고 친구의 비꼬는 말에 무엇이라 대답해야 할지 모른다. 내가 '아름다움'이라 부르는 것이 **무엇을 의미하는지** 정확하게 설명할 수 없기 때문이다. 왜 내가 그것에 '흥미를 느끼는지' 그 이유를 이해하기도 쉽지 않다.

아름다운 것은 개념이 없다?

지금까지 나는 칸트의 《판단력 비판》에 나오는 몇 가지 내용을 내 방식대로 풀어 설명해 보았다. 칸트는 아름다움이 우리에게 주는 즐거움(만족)은 진정으로 관심이 없고(무관심하고) 자유로운 유일한 향유라고 주장한다. 실제로 나머지 만족은 감각이나 이성의 **필연적**인 관심에서 비롯된다. '쾌적한 것'은 식욕과 성욕, 보호와 안락에 대한 욕구 등 원초적인 욕구를 만족시켜 주기 때문에 매력적이다. 우리가 '선'을 추구하는 이유도 비슷한 맥락이다. 우리 모두가 마땅히 해야 할 일을 하고 타인을 조작할 수 있는 단순한 도구가 아니라 진정한 이웃으로 인정할 때 우리가 더 품위 있게 살 수 있다는 사실을 받아들이는 것 말고는 우리 이성에게 다른 대안이 없기 때문이다.

그러나 아름다움에 대한 추구는 감각적 성질이든 합리적 성질이든 구체적인 필연성에 순종하는 것 같지가 않다. 원시인들이 점토를 구워 그릇을 만들고 그것을 이용해 주린 배를 채우고 마른 목을 적셨다는 사실을 우리는 알고 있다. 또 그들이 그 그릇으로 아이들에게 먹을 것을 주고, 목마른 집단 구성원들에게 물을 떠 주었을 것이라고 추측해도 괜찮을 것이다. 필연적으로 우리는 사회적 존재이니까 말이다. 그런데 그들은 왜 기하학 무늬나 꽃무늬로 그릇을 장식했을까? 이런 장식은 쓸데도 없고 어떤 기능을 하는 것도 아니다. 침팬지는 결코 어떤 대상에 그런 쓸데없는 것을 첨가하느라 시간을 낭비하지 않는다. 따라서 그런 장식은 인간이 욕구를 만족시키려 할 뿐 아니라, 어떤 물건이 아름다운지 혹은 아름답게 보이는지에도 관심이 있다는 증거이다. 어떤 종류의 '관심'을 말하는 걸까?

칸트는 역설에 굴하지 않고 '무관심한 만족', 다시 말해 **관심이 없는 관심**이라고 이야기한다. 솔직히 말하자면, 칸트의 말도 우리의 의혹을 푸는 데는 큰 도움이 되지 못한다. 그럼에도 칸트에게 잠시 더 머물기로 하자. 그에 따르면 '개념 없이 보편적으로 마음에 드는' 것은 아름답다. 이 두 가지 특징이 중요하다. 꽃이나 시가 '아름답다'고 말하는 것은 "나는 피자를 좋아해"라고 말하는 것과 같지 않다. 첫 번째 경우는 아름다움이 꽃이나 시 안에 있어서 모두가 제대로만 본다면 반드시 그 아름다움을 보게 될 것이라는 —그러니까 우리의 하나밖에 없는 개인적 시각에서만 영속적이지 않다는— 의미이다.

두 번째 경우는 개인적인 기호의 문제이며, 그 누구도 그것을 공유할 의무는 없다는 사실을 우리는 인정한다는 뜻이다. 아름다움은 '보편적'이라는 칸트의 말은 우리가 실제로 이 모든 것들을 아름답다고 생각한다는 뜻이 아니다. 우리가 생각하기에 만인에게 아름답다는 말을 들을 만큼의 충분한 자격과 가치를 자기 안에 담고 있는 것만을 우리가 '아름답다'고 부른다는 의미이다. 아름다움을 제외한 다른 종류의 기호에는 절대로 그런 요구를 하지 않는다. 어떤 것이 나에게만 '아름답다'고 말한다면 그것은 잘못된 겸손일 가능성이 크다. 하지만 피자에 대한 나의 선호를 독창적이고 지극히 개인적인 내 성격이라 생각하는 것은 —비록 틀렸지만— 허용된다.

아름다운 것은 '개념이 없다'는 표현 역시 적잖이 흥미롭다. 칸트에 따르면, 개념은 우리가 어떤 것을 모호하지 않게 인식하도록 허용하는 것이다. 그와 동시에 개념은 어떤 것을 구성하거나 어떤 것을 판단하기 위한 실질적인 규칙을 제공한다. 이제 우리는 여기 이것이 여명黎明이고, 저것은 대성당이라는 것을 개념적으로 인식할 수 있다. 하지만 이것 혹은 저것에 언제 '아름답다'는 꼬리표를 달 것인지 강제로 정하는 규칙이나 모델은 없다. 칸트는 여기서 한 걸음 더 나아가 ─비록 그전에 모든 종류의 미는 그 내용이 관심이 없고 자유롭다고 말했지만─ '자유로운' 미와 '부수적인' 미를 구분한다. '부수적인' 미는 우리가 보기에 기능이 있는 (따라서 그것의 '완벽함'을 판단할 수 있는) 물건의 아름다움이다. 예를 들어 우리는 집이나 경주마를 '관심 없이' 미학적으로 존중하지만, 그 아름다움을 그것들의 '쓰임새'에서 완전히 분리할 수는 없다.

현실의 충실한 모사나 복잡한 도덕적, 심리적 분석을 기초로 하는 예술 작품 역시 마찬가지이다. 그것들의 아름다움은 항상 존재하거나 존재해야 마땅한 것의 정확한 해석과 연결되어 있다. 반대로 '비규제적' 미는 꽃이나 해변의 조개껍질, 여름날 오후의 그림자, 이슬람 예술의 장식, 양탄자 무늬 혹은 사후 수백 년 뒤에야 등장했기에 칸트가 미처 보지 못했던 것들 ─노老철학자가 분명 당황했겠지만 어쩌면 열광했을지도 모를 추상 미술─ 의 아름다움이다. 《판단력 비판》의 표현대로 순도가 최고인 '자유롭고', '개념이 없는' 이런 종류의 모든 아름다움은 ─물론 칸트 자신은 '미학적'이라는 말을 다른 방식으로 사용했지만- 확실하게 미학적 향유를 불러온다.

하지만 아름다움을 유용하거나 도덕적인 다른 가치들과 실제로 구분할 수 있을까? 아름답다는 뜻의 라틴 어 '벨루스bellus'를 어원학적으로 살펴보면(한 단어의 역사와 기본 의미를 고려하면) 그 두 가지가 원래는 지금보다 훨씬 더 뒤섞여 있었다는 사실을 알 수 있다. 'bellus'가 '선하다'는 뜻을 지닌 'bonus, bonulus'의 축소형인 듯하기 때문이다. 즉 정말로 선한 것, 보통보다 우월한 것, 뛰어난 것은 아니라 해도 '기품이 있는 것'을 의미하는 것이다. 플라톤이 대화록 《크라틸로스》에서 '매력적이다'라는 뜻이라고 주장한 고대 그리스 어 '칼로스kalos' 역시 아름답다는 의미이지만 '선하다'는 뜻의 '아카토스agathos'와 유사하다. '칼로스카가토스kaloskagathos' 같은 합성어도 자주 사용되었는데, 이 말은 도덕적인 의미에서 완벽함에 도달한 뛰어난 인간의 특성을 가리킨다. 실제로 고대 그리스 어 'kalos'는 현대에 와서 '아름답다'는 원래의 뜻을 버리고 '선하다'라는 의미로 변하였다. 중국어의 '미美' 역시 '선善'과 함께 사용되는 경우가 많다.

플라톤은 왜 예술가들을
추방하려 했을까

미 −미 자체는 아니더라도− 의 이념은 원래 본능적으로 선 자체는
아니더라도 '선하다' 는 개념(즉 삶을 위한 최고의 것이라는 이념)과
불가분의 관계에 있는 듯하다. 미는 물론이고, 선과 쾌적함(칸트가
구분하였고 −일정 정도까지− 분리시켰던 범주들)은 인간의 삶을 조금
더 낫게 만들고자 하는 −즉 좀 더 협동하고 연대하며, 경험과 상상
력이 더 풍부하고, 더 안락하며 더 정선된, 한마디로 삶을 더 심도
있게 만들며 모든 것을 앗아 가는 냉담한 죽음의 어둠과 거리를 두
려고 하는− 공동의 구상에서 나온 것 같다. 이는 철학자 조지 산타
야나가 특히 강조한 점이다.

산타야나는 미적 가치를 인간 삶의 나머지 가치들과 구분할 수
없다고 보았다. 미적 가치는 '관심 없지' 않고 −하나의 '가치' 는
항상 '훌륭한 삶' 에 대한 열정적 '관심' 을 전제로 한다− 우리의 가

능한 관심 영역을 탐구하고 확장시킨다. 미적 작품들의 목표는 늘 인생의 협소한 유한성을 확장하고, 담을 넘어오려는 죽음의 압박을 차단하는 것이다. 나아가 예술은 결코 실질적 기초나 동기가 없지 않으며, 지적 기능, 사회적 혹은 종교적 기능도 없지 않다. 이런 주제를 다룬 역작 《미의 의식》에서 그는, "삶의 선 이외에는 그 무엇도 미의 구조 속으로 들어가 자리 잡지 않는다"고 확신하였다. "우리가 격정에 매혹되고 감동하는 것은 그 한 가닥의 선 때문이다. 불완전함은 '시작되는 완전함'으로서의 가치만을 지닌다."

다른 구절에서도 그는 "무엇인가가 미적으로는 좋지만 도덕적으로 나쁘거나, 도덕적으로는 좋은데 인지하기 싫다고 생각하는 것은 순수한 야만"이라고 힘주어 말했다. "불리한 상황의 강제 탓에 더 나쁜 것을 방지하기 위해 부분적으로 좋은 것이나 부분적으로 추한 것이 탄생할 수는 있다. 그러나 무언가가 추하다면 그것은 **바로 그 이유 때문에** 완벽하게 좋을 수 없으며, 무언가가 완벽하다면 그 이유는 분명 그것의 아름다움이 지닌 힘에 있을 것이다." 이런 관점에서 산타야나는 고대 그리스 인들을 이상으로 삼았고, 현대 예술의 '야만적' 측면을 위해 고대의 이상을 포기하려는 이들에 반대하였다. 산타야나가 보기에 그리스의 행복 이상理想은 미적이었고, 그들의 미는 도덕적이었다. 그 이유는 그들이 혼란 상태였기 때문이 아니라 문명화되었기 때문이다.

그러나 미를 고찰한 고대 그리스 인들의 시각 역시 명확하거나 통일되지는 못했다. 서양 철학 전통의 대표 주자인 플라톤은 원래의

미 —실제로 선과 진리眞理와 일치하는 미— 와 예술가들이 추구하는 미를 구분하였다. 그리고 후자는 순수성이 부족하며, 심지어는 훌륭하게 닦아 놓은 정치 질서에 위협이 되기 때문에 포기할 수 있다고 보았다. 정의를 척도로 삼아 엄격하게 조직된 이상 국가(폴리스)를 구상한 그의 저서 《국가》를 보면, 그 국가에 들어오려는 시인은 단호하게 출입을 거절당할 것이라는 사실을 알 수 있다. 더욱이 당시로서는 '현대적'이었던 어떤 건축가를 시작으로 다른 예술가들도 비슷한 대우를 받게 될 것이라고 되어 있다.

무엇보다 가장 놀라운 점은 그가 《법률》에서, 정치적 이유로 예술 작품을 검열하는 것에 찬성할 뿐 아니라 매우 상세한 규범을 정하는 데도 찬성했다는 사실이다. 플라톤이 말한 시인이나 예술가가 평범한 사람이나 경제적인 이유로 예술을 하는 사람들이 아니라는 사실을 굳이 언급해야 할까? 그가 말한 예술가는 호메로스, 아이스킬로스, 소포클레스, 피디아스, 아르고스의 폴리클레이토스 같은 천재들, 즉 후대의 관점에서 볼 때 예술의 황금기를 연 창조자들이다.

흥미로운 점은 플라톤 자신도 어느 정도는 예술가라는 사실이다. 그의 대화편은 2000년이 넘는 세월이 흘러도 명성이 바래지 않는 세계 문학의 대작이다. 미를 사랑하면서도 **예술적** 미 —그러니까 오늘날 우리가 어떤 사람이 '미의 연인'이라거나 '훌륭한 미적 감각'을 지녔다고 말할 때 먼저 떠올리게 될 바로 그 미— 의 유용성을 비난하거나 적어도 과소평가한 사람은 비단 그 혼자만이 아니었다.

칸트 역시 진정한 미의 모델은 자연의 사건이라고 보았으며, 예술가들을 불신하여 그들은 기껏해야 현저하게 등급이 낮은 '부수적인' 미에 도달하는 수준이라고 말했다. 루소는 연극을 경멸했다. 그가 살았던 제네바 공화국에서 연극을 완전히 쫓아내는 것이 가장 큰 소망이라고 말할 정도였다. 심지어는 모든 예술을 건강한 민주 의식을 갖춘 시민들이 가장 멀리해야 할 타락의 형식으로 생각한다는 인상을 풍기기도 하였다. 레프 톨스토이를 비롯한 비범한 작가들도 셰익스피어에게 -비트겐슈타인도 셰익스피어는 좋아하지 않았다- 독설을 쏟아 냈다. 그의 예술은 인간의 도덕적, 종교적 성실함을 망가뜨린다고 말이다. 조지 산타야나 같은 미학자조차도 마지막 저서에서 "진정한 미의 연인은 아마도 절대 미술관에 발을 들여놓을 수 없을 것이다"라고 말했다.

하지만 여기서는 플라톤의 반 예술적 논거들에만 집중하기로 하자. 플라톤이 비범한 인물이었기 때문이기도 하지만, 후대의 모든 예술 비평이 -루소와 톨스토이에서 시작해서 예술 작품을 '타락하였다' 고 비방한 나치와, 아프가니스탄에서 미국 음악과 거의 모든 미국 영화를 금지한 탈레반은 물론이고, TV의 폭력성에 반대하는 사람들까지도- 의식적이든 무의식적이든 그의 이런 논거들을 인용하기 때문이기도 하다. 왜 플라톤은 예술가들을 이상 국가에서 추방하려 했을까? 이 질문은 아일랜드 출신의 소설가이자 사상가인 아이리스 머독Iris Murdoch(1919~1999)의 명저 《불과 태양》의 소제목이기도 하다. 이 책에서 그녀는 '플라톤 케이스' 를 정밀하게 조사하였다. 따라서 여기서도 그녀의 분석을 일부 따를 것이다.

예술가의 힘은 무엇인가

플라톤은 예술가들을 불신하여, 그들을 조심하라고 경고한다. 그들의 힘, 다시 말해 그들이 가진 유혹의 재능을 확신하였기 때문이다. 만약 예술이 일반적인 시간 낭비 그 이상이 아니라면 플라톤은 전혀 비판적 관심을 기울이지 않았을 것이다. 그렇다면 그가 생각한 예술가의 힘은 무엇인가? 고통과 더불어 인간을 사회적 존재로 만드는 수단인 쾌락, 바로 그 **쾌락**을 제공하는 능력이다. 쾌락의 메커니즘을 통제하는 자는 국민의 교육도 지배한다. 따라서 그런 도구를 안전한 곳에 보관하는 일은 무엇보다 중요하다.

그런데 예술가는 교육에 적합한 사람이 아니다. 감정과 열정, 인간의 운명을 묘사하는 사람들은 오히려 가장 위험한 자들이다. 서사 시인, 극작가들이 바로 그들이며, 플라톤이 요즘 인물이었다면 소설가나 영화감독도 포함시켰을 것이다. 허구든 자의든 인간의 태도를 묘사하는 것보다 인간을 더 유혹하는 것은 없기 때문이다. 이성을 사용하는 사람은 아무리 교육 수준이 낮다 해도 이론적 논거의 오류나 함정을 발견할 수 있다. 많은 사람이 그럴 수 없는 것처럼 보이는 것은 그저 생각의 과정에 관심을 기울이지 않기 때문이다. 하지만 훌륭한 예술가는 교육 수준이 높은 관객에게도 모든 종류의 삶을 '믿을 만하게', 심지어 '경탄스럽게' 만든다. 그러니 평범한 사람들에게 미칠 영향력이야 더 말해 무엇 하겠는가!

그렇다 하더라도 왜 플라톤은 인간의 삶을 다룬 예술 작품이 긍정적인 영향보다 해를 더 끼친다고 보았을까? 예술은 대개 현상에 의문을 제기하지 않고, 현상을 무비판적으로 받아들이기 때문이다. 예술가들은 현상의 배후에 있는 합리적 진리를 존중하지도 장려하지도 않으며, 이런 현상을 무한히 사랑한다. 그에 비해 철학자들은 합리적 진리에 관심을 갖는 진짜 교육자들이다. 하지만 믿을 수 없는 것에 상상을 더하는 것이, 기하학처럼 냉철하고 엄격한 현실성의 변치 않는 본성보다 훨씬 '재미있다.' 더 심각한 문제는, 시인이나 극작가들 -요즘으로 치면 소설가와 영화감독- 이 무엇보다 관객에게 만족을 주려 하고 다수에게 즐거움을 제공하려 하기에 악한惡漢의 이력을 소재로 삼는다는 점이다. 선한 사람은 조용한 삶을 살면서 늘 변치 않지만, 악한 사람은 다채롭고 재미있으며 평범하지 않기 때문이다.

윤리학은 재미라는 측면에서 미학보다 불리하다. 왜 그럴까? 우리는 예의 바른 사람이 되려면 어떻게 해야 할지 알고 있다. 예의 바른 사람은 **원칙**에 따라, 다시 말해 우리가 배우기도 전에 이미 알고 있는 규범에 맞게 행동한다. 그와 달리 악한들은 규칙을 위반함으로써 다양한 모습을 띠며 우리에게 충격을 안겨 준다. 착하게 사는 방법은 적지만, 나쁘게 사는 방법은 수없이 많다. 그런 이유에서, 근본적인 것을 기억하는 것 말고는 하는 일이 없는 윤리학은 미학적으로 '따분하다.' 반면에 무엇보다 새로운 것, 비범한 것을 추구하는 미학은 도덕적으로 의심스럽다.

플라톤의 관점에서 보면 예술가는 선한 것을 묘사할 수도 칭송할 수도 없으며, 그저 악마적인 것, 환상적이고 극단적인 것만 묘사하고 칭송할 수 있다. 반면 진리는 고요하고 냉정하며 한정된다. 예술은 현혹이고 기껏해야 아이러니한 모방일 뿐이며, 예술의 그릇된 '진실성'은 덕목의 교활한 적이다.

그런 까닭에 플라톤은 예술과 진정한 지식, 즉 철학의 명확한 대립을 주장하였다. 예술은 무엇보다 예술가의 매혹적인 개성이 지배하지만, 철학은 비개인적 현실 −인간의 기분과 변덕 저 너머에 있는 그 자체로서의 현실− 을 목표로 한다. 예술가들은 유혹의 기술을 이용해 단순한 주관성을 보편적으로 객관화하는 데 성공하지만, 철학의 임무는 인식을 수단으로 하여 객관적으로 보편적인 것을 주관적으로 습득하는 것이다. 철학자는 특수한 미 −우리가 우리 소망대로 현실을 정화한 뒤 수학적 정밀함으로 현실을 이해할 때 현실이 제공할 기쁨− 를 추구한다. 이 기쁨은 우리의 열정에 아첨을 떠는 병적인 전율이 아니다.

물론 플라톤도 모든 형태의 예술을 거부한 것은 아니다. 지나치게 개인적인 것, 위대한 창조자의 예술만 반대하였다. 수공업 기술이나, 애국적 감정과 종교적 감정을 일깨우는 건강한 음악 등 우리가 요즘 '민중 예술'이라 부르는 것에는 반기를 들지 않았다. 이런 것들은 자아도취나 무한한 자기 관찰의 성향을 갖는 몇몇 소수의 위험한 특수성보다 공동체적인 것이 우위를 차지하는 예술 형식이다. 따라서 플라톤은 특정 예술이 **위험성**을 안고 있다면 사회 조화의 이름으로 이를 검열해야 한다고 생각했다.

이처럼 예술의 미를 철학의 진리와 대립시키려는 플라톤의 노력도 불패의 신화를 이루지는 못했다. 플라톤의 뛰어난 제자들, 아리스토텔레스를 비롯한 주요 철학자들은 그 문제에 대해 전혀 다르게 생각했다. 그들은 위대한 예술가의 작품이 현실의 진정한 인식을 방해하는 걸림돌이 아니라고 보았다. 오히려 인식을 완벽하게 발전시키기 위해서는 그런 작품들이 반드시 필요하다고 생각했다. 실제로 예술가들 역시도 존재하는 것을 이해하는 새로운 길을 나름의 방식으로 모색한다. 물론 예술가들은 그들의 특수한 느낌의 방식과 상상에서 출발한다. 하지만 주관적인 것이라고 해서 마냥 쓸데없는 망상에 불과한 것인 양 현실의 완벽한 인식으로부터 배제할 수 있을까? 환상적인 것을 추구하는 예술 작품들조차도 우리의 현실 인식을 도와주며 기존의 것을 대체할 대안을 제시하는 법이다.

우리의 관심을 사로잡는 것

최고의 예술가들이 재미만 추구하거나 관객의 저급한 열정에 아첨하는 것은 있을 수 없는 일이다. 그들은 무엇보다도 관객이 좀 더 나은 인식에 도달하도록 도와주려 한다. 레오나르도 다빈치Leonardo da Vinci(1452~1519)는, 미술과 조각의 임무는 더 잘 보는 법을 가르치는 것이라고 말했다. 실제로 우리는 그와 벨라스케스Diego Rodriguez de Silva y Velázquez(1599~1660), 피카소Pablo Picasso(1881~1973), 앤디 워홀 Andy Warhol(1928~1987) 같은 예술가들을 통해 새로운 명암과 사물의 측면들, 새로운 형태와 색채를 발견하지 않았는가? 극작가와 소설가들이 인생에 대한 우리의 이해를 더 풍성하게 해 주지 않았는가? 그들이 우리에게 전달하는 비전들은 분명 유쾌하거나 위안을 주지는 않는다. 하지만 바로 그것이 그들의 가장 큰 업적이다. 그들은 불안을 조장하여 우리가 눈을 감지 않도록, 눈을 똑바로 뜨고 세상을

● 프리드리히 폰 실러

독일의 작가이자 철학자로, 괴
테와는 달리 당대 철학을 집중
적이고도 체계적으로 연구하였
다. 어린 시절 라이프니츠 및
볼프의 철학, 루소의 이론에
영향을 받았다. 훗날에는 칸트
를 집중적으로 비판, 연구하였
다. 나아가 철학을 윤리학, 미
학, 교육학과 결합시켰다.

바라보도록 만든다.

예술의 무가치를 외친 플라톤의 주장을 2400여 년이 지난 뒤에 가장 격렬하게 반박한 사람은 프리드리히 실러Johann Christoph Friedrich von Schiller(1759~1805)였다. 정통파는 아니었던 칸트의 이 제자는 〈인간의 미적 교육에 관한 서한〉에서, 낭만적인 열정을 다 바쳐 미적 감수성의 발전과 보호를 주장하였다. 그는 권위적이지 않은 현대 사회에 살면서 정치 참여가 가능한 진정한 시민을 양성하는 데 미적 감수성이 특히 중요하다고 보았던 것이다. 결국 실러에겐 '아직 등장하지 않은 가장 완벽한 예술 작품은 진정한 정치적 자유의 도입'이었으니 말이다. 플라톤이 들었다면 분명 허락하지 않았을 프로젝트다.

실러는 미적 교육이 시민의 도덕적, 지적 교육을 결정적으로 보완한다고 보았다. 시민이 이성을 갖춘 존재일 뿐 아니라, 고귀한 감각을 적잖이 갖춘 존재로서 자유롭게 스스로 결정하도록 준비를 시킨다는 것이다. 예술은 우리가 무엇을 해야 할지 말해 주지 않는다. 만일 그렇게 한다면 조형 예술과 묘사 예술의 옷을 입은 도덕의 잔가지에 불과할 것이다. 예술은 우리가 되고 싶은 것이 되기 위해 우리를 감동시키고 순화하면서 도덕을 강화한다.

실러는 플라톤에게 힘 있게 대답한다. "따라서 **인식**과 **성향**을 고려할 때, 미와 미가 우리 심정에 불러일으킨 정서를 완전히 무관심하고 무용無用한 것이라고 선언하는 사람들을 우리는 전적으로 옳다고 인정할 수밖에 없습니다. 그들은 전적으로 옳습니다. 왜냐하면 미는 이성에게나 의지에게나 결코 단 하나의 결말도 주지 못하기 때문입니다. 미는 지적인 목적이든 도덕적인 목적이든 어떤 개별적인 목적도 실행하지 않으며, 단 하나의 진리를 발견하는 일도 없고 단 하나의 의무를 이행하도록 도와주지도 않습니다. 한마디로 성격 형성이나 두뇌 계발에 똑같이 부적합한 것입니다. 그러므로 미적 문화를 통해서는 인간의 개인적 가치나 그의 존엄성이, 그것이 오직 그 자신에게만 달려 있는 한 아직 완전히 미정未定으로 남습니다. 그리고 자신이 원하는 것을 자기 자신으로부터 만들어 내는 일이 이제부터는 **자연에 의해서** 가능하게 되었다는 것, 그가 마땅히 그렇게 되어야 할 것인 자유가 그에게 완전히 되돌려져 있다는 것 이외에는 아무것도 성취된 것이 없습니다." 미의 기능은 그 원천이 자연에 대한 감탄이든 특수한 예술적 창조에 대한 감탄이든지 간에, 순수한 해방의 방식이다. 인간에게 자유의 개방성은 물론이고 끔찍한 면모까지 보여주는 데 기여하는 것이다.

놀이하는 인간

실러의 가장 독창적인 점은, 일반적으로 진부하고 열등하다고 보는 인간 활동의 한 차원과 예술적 소명을 연관시켰다는 데 있다. 그 차원은 바로 **놀이**이다. 소위 우주의 '질서'를 감히 애들 놀이의 결

헤라클레이토스

그리스 철학자 헤라클레이토스
는 기원전 500년경에 살았다.
플라톤의 대화록 《크라틸로스》
이후 "만물은 흐른다"는 명언
으로 유명해졌지만, 사실 헤라
클레이토스는 끝없는 생성과
소멸의 무질서한 연속이 아니
라 대립물의 충돌을 주장하였
다. 이 대립물들은 서로 연관
되어 있으며 서로가 없으면 존
재하지 않는다는 공통점이 있
다. 따라서 충돌에도 불구하고
순수한 신의 이성(로고스)인 질
서와 안전성이 탄생하는 것이
다. 헤라클레이토스의 주 관심
분야는 우주론과 정치학, 윤리
학이었다.

과에 비유한 인물은 헤라클레이토스Heracleitos
(B.C. 540?~B.C. 480?) 같은 소크라테스 이전의
몇몇 철학자들뿐이었다. 헤라클레이토스의 경
우, 노는 '어린아이'는 신들이거나 우연이었
지만 말이다. 놀이 활동은 다른 목적이 없고
다른 모델을 모방하지 않으며, 자기 충족 외에
는 다른 이득이 없다. 우리가 '우주'라 부르
는, 가장 멋진 놀이가 그러하다. 물론 플라톤
이라면 분명히 이런 위험하고 무정부적인 비
유를 불신하였을 것이다. 하지만 실러는 인간
의 특수한 품성을 놀이 능력에서 찾는다. "인
간은 말의 완전한 의미에서 인간일 때에만 놀
이를 하고, **놀이할 때에만 완전한 인간인 것입**

니다."

고등 동물의 새끼나 어린아이들은 앞으로 어른이 되어 살아가는
데 필요한 몸짓이나 동작을 즐겁게 연습하는 것 이상으로 '놀이하
지' 않는다. 진정한 놀이는 필요한 규칙을 스스로 정하는 활동이 펼
쳐지는, 자족적이고 자기 연관적인 상징 세계를 창조할 때 시작된
다. 이런 세상은 당연히 일정 정도 그 세상을 모방하고 성찰하는 일
상생활과 관련이 있지만, 그 일상생활의 규범을 뒤흔들고 치명적인
필연성의 강제에서 벗어난다. 실러에 따르면 놀이는 예술가들의 활
동 영역이다. 예술가는 현실의 미와 놀이하고, 미 자체를 ─우리에게

자유를 보여 주는 동시에 자유를 장려하는 보물로서- 본질적인 현실로 바꾼다. 예술의 놀이는 우리를 자기 세상의 주인으로 변신시키고, 우리에게 자연이나 법의 강제 저 너머에 있는 사회적이지만 개인적인 운명을 보여 준다. 무엇이 되고 싶은지를 죄의식이나 변명 없이 결정해야 하는 운명 말이다.

우리는 이 책에서 여러 차례 예술가들, 특히 가장 위대한 예술가들을 언급하였고 그들을 창조자라고 불렀다. 하지만 제아무리 유명해도 학자나 운동선수에게는 이런 표현을 잘 쓰지 않는다. 왜 그럴까? 어떤 의미에서 예술가를 창조자라 부를 수 있을까? 종교인들이 신을 표현할 때 쓰는 말과는 당연히 그 의미가 다르다. 가장 위대한 예술가라 할지라도 무無에서 작품을 창조할 수는 없다. 항상 기존의 재료들, 즉 색깔과 대리석과 언어와 음악 공책 등을 이용하고, 선배들이 창조해 놓은 것을 -거부하거나 새로운 길을 모색하는 방식으로- 기초로 삼는다.

그럼에도 예술가들은 약간 '신적'이다. 예술가들이 -그들의 소명이나 개성이- 없다면 그들의 작품은 설명되지 않는다. 아메리카 대륙은 1492년에 콜럼버스가 발견하지 않았더라도 한때 바이킹이 그랬듯이, 언젠가는 다른 대륙에서 온 어떤 사람이 그 땅에 발을 디뎠을 것이다. 마찬가지로 알렉산더 플레밍Alexander Fleming(1881~1955)이 페니실린을 발견하지 않았더라도, 언젠가는 다른 학자가 그 기적적인 곰팡이의 치유 능력을 깨달았을 것이다. 또한 100미터 달리기의 최고 기록은 그동안 수차례나 깨졌고 또 앞으로도 깨질 것이다.

탐험가, 학자, 프로 운동선수들은 지금까지 도달하지 못한 것에 처음으로 도달할 수는 있지만, 그것은 이미 존재하고 누구든 호기심과 능력만 있다면 도달할 수 있는 영역일 뿐이다. 반면에 모차르트나 세르반테스, 괴테가 요람에서 죽었더라면 〈마술피리〉, 《돈키호테》, 《파우스트》는 결코 탄생하지 못했을 것이다. 음악과 소설과 극작품은 존재했겠지만 그 음악, 그 소설, 그 극작품은 없었을 것이다. 발명가 그레이엄 벨Alexander Graham Bell(1847~1922)이 없는 전화기나 아인슈타인이 없는 상대성 이론은 상상할 수 있지만, 벨라스케스가 없는 〈시녀들〉은 상상할 수 없는 것이다.

그러므로 −크든 작든− 그가 아니었다면 정확히 그런 방식, 아니 그 비슷한 방식으로라도 존재하지 않았을 무엇인가를 창조하는 사람을 우리는 창조자라고 부른다. 예술 작품은 가능성이나 이미 존재하는 것의 실현된 특성이 아니다. 그것은 예술가의 개성 그 자체에서 나온다. 예술가와 비슷하며, 세상의 현실은 물론이고 예술가의 본질적 특성을 반영한다. 예술가는 무언가를 발견하고 무언가에 도달한 최초의 인간이 아니라, 무언가를 대체할 수 없는 방식으로 창조할 수 있는 유일한 사람이다.

찬란하고 섬뜩한 등장

그런데 예술 작품은 항상 '아름다워야' 할까? '추하다'의 반대 의미에서 '고와야' 할까? 부분들의 조화와 균형을, 전체의 완전함을 추구해야 할까? 아니면 불협화음을, 나아가 기형적인 것까지 수용할 수 있는 걸까? 플라톤의 신성한 삼위일체는 선, 진, 미이며, 이 세상 저편에 있는 이상적 질서의 것들이다. 반대로 현세의 갈등을 조장하는 듯한 악마의 삼위에는 위僞, 악惡, 추醜가 있다. 예술가는 이들 중 첫 번째 삼위일체만 섬겨야 할까? 두 번째 삼위일체를 우리에게 보여 주는 것도 그들의 임무가 아닐까?

이탈리아 르네상스가 낳은 위대한 화가 중 한 사람인 조르조네 Giorgione(1477?~1510)를 예로 들어 보자. 그는 인간 신체의 우아한 아름다움을 많이 그렸다. 하지만 그의 작품 중에는 젊었을 때는 분명 아름다웠을, 이빨이 다 빠진 허약한 노파를 잔인할 정도로 충실하게 그린 〈시간의 흐름과 함께〉라는 초상화도 있다. 제목에 걸맞게 그림은 아름다움 대신 시간이 그 아름다움에게 무슨 짓을 했는지를 그려내고 있다. 그렇게 그림에 담긴 노파는 누가 보아도 '아름답지' 않고, 그녀를 그렇게 서글픈 몸뚱이로 만들어 버린 시간의 파괴적인 흐름 역시 아름답거나 조화로운 면모를 전혀 담고 있지 않다. 그렇다면 조르조네는 거의 구역질을 일으킬 만한, 깊이 생각하면 음울한 공포심을 유발할 수도 있을 대상을 그림으로써, '아름다움'을 보여 주어야 하는 예술가의 의무를 저버린 걸까? 나는 오히려 이 그림이 예술적으로 '아름답다'고, 심지어 달콤하고 유치한 풍경화나 찬란한 젊음을 뽐내는 미스 유니버스보다 훨씬 더 아름답다고 주장하고 싶다. 왜 그럴까?

예술에서 '아름다움'이라고 부를 수 있는 것은 유쾌한 기분이나 우아함과는 별로 관계가 없기 때문일 것이다. 독일의 시인 라이너 마리아 릴케는, 아름다움이란 우리가 간신히 견뎌 내는 무서움의 시작일 뿐이라고 말했다. 예술의 매력은 항상 달콤한 말로 우리를 유혹하는 광고처럼 다가오지 않는다. 때로는 충격처럼 우리에게 달려든다. 예술의 과정에 주목한 프랑스의 현대 사상가 알랭Alain(1868~1951)은, 아름다움은 마음에 들거나 들지 않는 것이 아니라 우리를 사로잡는다는 점을 지적한다. 기본적인 미적 작용은 의례적으로 사물과 형태와 감정과 소리의 표면을 스쳐 지나가는 우리의 흩어진 관심을 고정시키는 데 있다.

이런 관점에서 보면 우리의 관심을 붙잡아 두는 것이 진정으로 아름답다. 그리고 예술 작품은 바로 이런 관심을 만족이나 동의보다 더 많이 요구한다. 그것에 우리의 관심을 선사하는 것은, 장시간 노동을 한 뒤에 뜨거운 물로 샤워를 하는 사람처럼 직접적인 만족의 감정에 사로잡히는 것과는 전혀 다른 것일 수 있다. 독일의 사회 철학자 테어도어 아도르노 Theodor W. Adorno(1903~1969)의 말대로, 미적인 것은 —소름이 최초의 미적 효과인 듯— 일종의 전율을 불러일으키는 능력으로 정의할 수 있을 것이다. 그냥 지나칠 수 없는 것, 우리의 마음을 사로잡고 충격을 주는 것은 전율을 일으킨다. 그전에는 한 번도 그렇게 순수하고 적나라하게 경험하지 못했던 현실이 찬란하고 섬

테어도어 아도르노

독일의 철학자, 사회학자, 예술 이론가. 막스 호르크하이머와 함께 프랑크푸르트 사회학 연구소를 이끌었으며, '프랑크푸르트학파'를 대표하는 인물이었다. 그의 철학은 억압당하는 자의 이름으로 기존 상황을 비판하였으며, 전후戰後 독일에서는 물론이고 그의 사후에도 큰 영향을 끼쳤다.

세상이 던지는 질문에 어떻게 답해야 할까?

뜩하게 등장하는 것이다. 이처럼 어떤 때는 행복으로, 다른 어떤 때는 전율로 경험할 수 있다는 것이 바로 아름다움의 역설이다.

현대 예술, 특히 최근 예술의 발전은 일그러진 소리와 형태로 우리를 압도하며 기괴한 것, 희망 없는 황폐한 영혼을 눈앞에 들이댄다. 그럼에도 우리는 그런 것들을 통해서도 감동을 주는 미의 전율을 경험할 수 있고, 때로는 예술이 심한 불안을 조장해도 그것을 보며 태연하게 즐거워할 수 있다. 이것이 아름다움에 대한 배반일까? 아마도 정반대일 것이다. 너무 값싸게, 너무 가볍고 너무 상냥하게 예술을 제공하지 않으려는 노력, 예술을 기만으로 만들지 않으려는 노력일 것이다.

프랑스 작가 스탕달Stendhal(1783~1842)은 아름다움이란 행복의 약속이라고 말했다. 하지만 이 약속에 담긴 조화의 노력은 아직 조화를 이루지 못한 현실의 위, 악, 추를 마지막까지 고민하도록 우리를 강요한다. 결핍이 노출되면 충만이라 부를 수 있을 것의 향후 가능성 역시도 환히 드러난다. 물론 이런 목표에는 위험도 없지 않다. 단순한 충격만을 목표로 하거나, 이론의 도움을 받지 않고서는 도저히 이해하기 힘든 난해한 형식에 빠져들 위험이 있다. 그로 인해 −시장이 점점 확대되고 있는− 대중 예술과, 소수의 엘리트만을 대상으로 하는 이른바 '순수 예술' 사이에 극단적 대립이 일어날 수도 있다.

이 길을 되돌아갈 수 있을까? 기존의 지식을 버리지 않고도 −어쩌면 현실에 신물이 난 우리가 상상하는 그 모습대로는 한 번도 존재하지 않았을− 잃어버린 조화로의 회귀를 바랄 수 있을까? 분명 조르조네가 옳다. 모든 개인에게 그러하듯이, 아름다움의 경우에도 시간은 흘러가기만 할 뿐 되돌아가거나 멈추지 않는다. 그렇다면 시간이란, 과연 시간이란 무엇인가? 삶에 관한 질문들을 통과하는 우리에게 아주 좋은 질문이 아닐 수 없다.

소멸하는 것은 시간일까,
우리일까?

시간을 배제하고도 인생을 이야기할 수 있을까? 시간보다 우리에게 더 친숙한 것이 있을까? 우리는 시간이 무엇인지 정말 알고 있을까? 왜 시간을 생각하기가 그렇게 어려울까? 지금을, 이 순간을 고정시킬 수 있을까? 왜 과거와 미래의 '지금'에 대해 말하기가 더 쉬울까? 왜 우리는 시간적 순간을 정확히 표현하기 위해 도피에 호소할까? 시간 측정의 형식들은 인간의 타고난 본성일까, 아니면 각 사회의 문화와 역사적 상황이 만든 것일까? 왜 모든 사회는 구성원 모두가 사용할 공동의 시간 단위를 만들까? 왜 현대인의 시간은 다른 문화나 시대보다 더 압박을 주고 더 '사적'인 걸까? 인간의 시간 측정이나 그것의 사회적 사용 방식 너머에 시간이 있을 수 있을까? 과거와 미래와 현재는 동일한 '현실성'을 가질까? 현재에 과거와 미래가 포함되어 있을까? 행위 주체로서의 인간에게 과거와 미래는 똑같이 중요할까? 미래는 운명론을 어떤 의미에서 좌절시킬까? 왜 우리의 '시간' 이미지는 항상 공간적일까? 시간의 순간과 공간의 장소에는 어떤 차이가 있을까? '시간을 통과하는 여행'은 가능할까? 실제로 소멸하는 것은 시간일까, 우리 인간일까? 인간은 그 본성상 시간의 결과물일까? 시간에 대한 우리의 관심과 죽음에 대한 공포 사이에는 어떤 관련이 있을까? 신체는 시간에서 벗어날 수 없는 우리의 유일한 '부분'일까? 죽음에 대한 공포는 우리 안에 비신체적인 것이 있다는 상상에 어떤 영향을 끼쳤을까? 죽을 수 없는 것은 정말로 살아 있을까? 탄생과 죽음은 어떤 식으로 시간적 실존의 변치 않는 구성 요인이 될까?

'지금'은 언제인가

사람들에게 일상이 어떻게 흘러가는지 한번 물어보자. 대부분의 사람들은 여러 가지 행동을 열거할 것이다. "아침 6시에 일어나서 7시 30분에 아침 식사를 하고 8시 30분에 일을 시작하고……." 어떤 사람은 개인적인 인상을 묘사할 것이다. "시간이 없어서 죽겠어요." 개중에는 은밀한 고백을 털어놓는 사람도 있을지 모른다. "두 달 전에 한 남자를 만났는데, 정말 마침내 행복을 찾았다는 느낌이 들어요."

향수에 젖은 목소리로 이렇게 말하는 사람도 있을 것이다. "잔디를 보면 어릴 적 생각이 나요." 대답을 하는 사람의 나이가 많다면 한숨도 빠지지 않는다. "급할 것도 없어. 살날이 얼마나 남았다고." 그 밖에도 각양각색의 대답이 나온다. "10년 전부터 월급이 한 푼도 안 올랐어.""이 땅에 자유가 찾아온 건 1960년대 이후였지.""우리는 이제 젊지 않아.""곧 봄이 올 거야." 자신의 인생이나 소망, 두려움, 자신을 에워싼 것들에 대해 말하면서 시간을 언급하지 않을 수 있는 사람은 없다. 이 같은 연대기적(시간 순서에 따라 배열한) 진술이 없다면 우리는 마음을 표현할 수도, 상대방을 이해시킬 수도 없을 것이다.

우리가 자신에 대해 말하기 위해, 자신이 무엇을 하는지 혹은 무슨 일이 일어났는지 말하기 위해 늘 관계를 맺어야 하는 시간만큼 우리에게 친숙하고 익숙한 것은 없을 것이다. 그럼에도 시간은 컴퓨터나 팩시밀리, DVD 플레이어 등 집에 있는 전자 기기와 같다. 우리는 그것들을 사용하고 그것들이 없이는 살기 어렵지만, 그 제품들이 어떻게 작동하는지 혹은 무엇으로 구성되어 있는지 −무엇인지− 질문을 받는다면 어깨를 으쓱하는 것 말고는 달리 대답할 말이 없다.

아우구스티누스

초기 기독교의 교부, 철학자. 믿음으로 가는 그의 험난했던 길은 자서전 《고백록》에 잘 담겨 있다. 그는 또 최초의 세계사를 집필하여, 인류의 역사를 현재의 신의 적들과 신의 왕국이 벌이는 투쟁으로 해석하였다. 수많은 철학적 고민들, 예를 들어 개념, 시간 현상, 사랑, 의식 등과 관련된 고민들이 그의 저서에서 발견된다.

물론 전자 기기에 대한 무지와 달리 시간에 대한 우리의 혼란은 역사가 아주 깊다. 어떻게 그러지 않을 수 있겠는가! 아우구스티누스 Aurelius Augustinus(354~430) 같은 유명하고 정직한 지성인도 4세기 말에, 지금 들어도 절로 고개가 끄덕여지는 이런 이야기를 했으니 말이다. "그러므로 시간은 무엇인가? 아무도 내게 묻지 않는다면 나는 그것이 무엇인지 안다. 누군가가 물어서 설명을 해야 한다면 나는 그것이 무엇인지 모른다. 그렇지만 나는 확실히 말한다. 아무것도 지나가지 않는다면 과거란 없고 아무것도 다가오지 않는다면 미래가 없을 것이며, 아무것도 존재하지 않는다면 현재도 없을 것이라는 사실을 안다고."

아우구스티누스의 말대로, 누군가가 시간에 대해 질문하면 설명을 할 수 없다. 철학적인 성찰의 경우에도 같은 문제가 발생한다. 양쪽 모두 직접 제기한 질문에 대답을 해야 하기 때문이다. 다른 사람과의 대화는 자신과 대화를 하기 위한, 즉 **생각하기** 위한 계기나 기폭제 이상이 아니다. 뭐, 좋다. 다른 사람이 묻지 않고 나 스스로도 묻지 않으면 −다시 말해 내가 알고 있다는 사실을 구체적으로 설명할 필요가 없다면− 나는 시간이 무엇인지 안다. 그런데 여기서 큰 난점이, 어려운 수수께끼가 시작된다.

멈추어라! 너는 참으로 아름답다

시간의 무엇이 그렇게 난해할까? 왜 시간에 대해 숙고하는 것이 그렇게 힘들까? 생각을 하려면 관심을 그 대상에게로 향해야 하고, 그것을 **고정**시켜야 하기 때문이다. 하지만 시간은 고정시킬 수가 없다. 시간은 붙잡을 수 없고, 그것을 −우리 관념 속에서조차도− '정지 상태'로 경험할 수도 없다. 우리가 시간에 집중한다고 가정해 보자. 괴테의 《파우스트》에서 파우스트가 "멈추어라! 너는 참으로 아름답다"라고 외치며 붙잡으려 했던 그 덧없는 순간에 집중하려고 한다. 그런데 우리의 관심이 향할 수 있는 순간은 어떤 순간일까? 이 순간, 바로 지금이다! 하지만 이 '지금'은 지금 이미 지나갔고, 더 이상 '지금'이 아니다. '방금 전' 혹은 '조금 전'이다. 한마디로 수천 명이 태어나고 죽고 사랑을 나누고 꿈을 꾸고 약속을 하며 지식을 얻거나 잊어버렸을 과거의 '지금'인 것이다. 그것은 있었지만 더 이상은 있지 않다. 지나가 버렸기 때문이다. 어떤 다른 '지금'에 집중할 수는 없을까? 말하자면, 조금 있다 다가올 지금에? 그러나 그것은 아직 존재하지 않으니, 그것을 붙잡겠다는 생각은 이상할 것이다.

이처럼 시간을 그것의 '지금'에 고정시키려고 노력하면, 이미 존재하지 않는 '지금'을 회상하거나 아직 존재하지 않는 앞으로 다가올 '지금'을 생각하는 것밖에는 할 수 없다. 역설적이게도 더 이상 없는 과거의 순간과 아직 존재하지 않은 미래의 순간은 현재의 순간보다 훨씬 쉽게 손아귀에 넣을 수 있다. 그에 비해 현재의 순간은 현재가 되자마자, 더 정확하게는 나의 관심을 그것에게로 돌리려 하자마자 사라진다. 현재가 오는 것과 멀어지는 것은 볼 수 있지만, **머무르는** 것은 결코 보지 못한다. '있지'만 '머무르지'는 않는 것을 어떻게 규정할 수 있을까?

새로운 실험을 해 보자. 시간을 올라타기 힘든 야생마라고 상상해 보자. 말은 자기 등에 올라탄 우리를 순식간에 내팽개칠 것이다. 우리 눈에 보이는 것이라고는 갈기를 휘날리며 달려가는 말의 뒷모습뿐이다. 하지만 경험한 현재의 무한히 작은 간극을 좁힌다고 해서 거기에 속아 넘어가서는 안 된다. 엘레아의 제논Zenon ho Elea(B.C. 495?~B.C. 430?)은 달리기 최고 기록 보유자인 아킬레우스도 −앞지른 거리가 아무리 적어도- 앞서 있는 느림보 거북이를 결코 따라잡지 못한다고 주장했다. 둘의 거리가 예를 들어 20센티미터라고 하면, 아킬레우스는 극도로 짧은 시간 안에 그 거리를 달려갈 수 있을 것이다. 그러나 거북이도 그동안 조금이나마 앞으로 갔을 것이고, 둘 사이에는 다시 간격이 생겼을 것이다. 그 얼마 되지 않는 간격쯤이야 아킬레우스가 다시 초고속으로 따라잡겠지만, 그 짧은 시간 동안 거

❘ 엘레아의 제논

고대 그리스의 철학자로, 파르메니데스가 아끼는 제자였다. 20세기에 러셀에 의해 재발견되었다. 그의 유명한 패러독스 (예를 들면, 아킬레우스와 거북이의 패러독스)는 주로 존재의 다양성과 운동, 분할 가능성의 불가능성, 다시 말해 존재의 단일성과 변화 불가능성을 입증하기 위한 목적이었다.

북이는 또 살짝 앞으로 기어갈 것이다. 따라서 아무리 거리가 가까워도 아킬레우스는 느릿느릿 기어가는 거북이를 절대로 따라잡을 수 없는 것이다. 물론 우리는 아킬레우스가 거북이를 추월할 것이라는 사실을 안다. 다만 불행하게도 우리는, 어떻게 그가 추월을 할 수 있는지 설득력 있게 설명할 수 없다. 마찬가지로 우리는 우리가 현재에 살고 있다는 것을, '지금'은 정확히 지금이지 이전도 이후도 아니라는 사실을 **안다**. 당연히 알고 있다. 하지만 그것을 '생각하는' 것은 아우구스티누스가 이미 깨달았듯이 훨씬 더 복잡한 문제인 것이다.

헤겔 역시 너무나 확실해 보이는 것, 바로 우리 코앞에 있는 것, 우리의 의혹에 도전장을 던지는 것, 우리가 '구체적으로' 지칭하려고 애쓰는 것 -'지금', '여기', '이것'- 이, 이것을 사고의 영역으로 끌어들이려고만 하면 너무나 의외로 그 내용이 완전히 텅 비어 버린

다는 사실을 적확하게 꼬집은 바 있다. 우리가 확실하게 말할 수 있는 건 기껏해야 **여기** 있다는 것이지만, 모든 '여기'는 매우 비슷해서 더 정확한 설명을 필요로 한다. "너 어디 있어?"라는 질문에 "여기"라는 대답은 충분하지 않다. 이런 대답은 장소에 대한 주관적인 보고일 뿐이기 때문이다. 앞에서도 말했듯이, 주관적인 관점을 객관적인 관점과 결합하려는 노력이야말로 이성의 임무이다.(두 번째 질문: 우리는 어떻게 '무엇을 안다'고 믿는 것일까? 참고.) 그러므로 보충이 필요하다. "나 여기 있어. 내 방에, 이런저런 도시의 거리에, 이런저런 나라에, 이런저런 좌표의 한 지점에……."

그런데 나의 '여기'를 내용으로 채우자마자 확실성은 사라진다. 어쩌면 내가 거리나 나라를, 또는 위도나 경도를 잘못 알았을지도 모르는 일이니까. 반면에 내가 그냥 '여기'라고 말하는 데는 착각의 여지가 없다. 손가락으로 어떤 대상을 가리키거나, 그 대상을 몇 번 톡톡 치면서 '이것'이라고 말할 때도 마찬가지다. '여기 이것이 이것이라는' 사실에는 의심의 여지가 없다. 그에 비해 이것이 무엇인지, 왜 그것은 다른 것이 아닌지 생각할 수 있으려면 그것이 500년 전에 아무개라는 이름의 목수가 호두나무로 만든 탁자라는 사실을 말해야 한다. 이 '이것'을 내용으로 채우는 —비록 의심스럽거나 부족한 진술일 가능성이 높아진다 하더라도— 일련의 진술을 보충해야 하는 것이다. 구체적으로 설명하기 위해 가장 추상적인 말인 "이것은 이것이다"라고 한다 해도 절대로 잘못된 것이 아니다. 다만, 그 자리에 없는 사람에게 내 앞에 있는 것이 무엇인지 설명하려면 최대한 정확하게 설명해야 실제로 구체적인 것이 된다.

　이처럼 적어도 '여기'와 '이것'이 한 장소에 귀속된다는 사실은 확실하다. 그에 비해 '지금'은 그런 규정을 거부하며, 인식하는 순간 금방 사라져 버린다. 그런 가변성을 고정시키려면 내가 말하는 순간을 내 대화 상대가 지침으로 삼을 수 있는 다양한 방식의 다른 움직임과 결합시켜야 한다. "지금은 언제인가?" 이 질문에 대한 대답은 이럴 것이다. "내가 팔을 내릴 때, 시곗바늘이 12를 가리킬 때, －소크라테스의 처형 시간을 정할 때처럼－ 델피에서 돌아오는 배가 저 멀리 보일 때, 독재자가 죽었을 때……."

현재에 과거와 미래가
포함되어 있을까?

아리스토텔레스가 《물리학》에서 말했듯이, 시간 개념은 근본적으로 대상이나 생명체의 움직임 개념과 결부되어 있다. 이때 '움직임'은 한 장소에서 다른 장소로의 이동, ─온도의 상승 및 하강, 색깔의 변화 등─ 상태의 변화, 생로병사 등 가장 넓은 의미로 이해해야 한다. 시간이 가는 이유는 무언가가 지나가거나 다른 일이 일어나기 때문이다. 아무 일도 일어날 수 없는 곳에서는 '시간'에 대해 말할 수 없다. 예를 들어 산술에서 그러하다. '언제'라는 질문에 '2 더하기 2는 4'라고 대답할 수 없다. 이런 관계는 어떤 변화와도 접촉하지 않은 채 항상 유지될 것이기 때문이다. 이런 관계가 영원하다고 말할 수 있을까? 영원이라는 단어의 신학적 분위기를 피하기 위해 '시간을 초월한다'는 개념을 사용하는 편이 더 낫겠다. 논리적, 수학적 진리는 시간 '바깥'에 있다. 비록 그 문제에 골몰하는 주체는 시간에 아주 많은 −너무 지나친− 의미를 부여하는 우리 인간이지만 말이다.

우리는 시간을 인식하고, 시간을 생각하는 어려움을 인식한다. 따라서 그것을 −결코 멈추지 않는 이 흐름을− 붙들기 위한 아주 다양한 방법을 고민하였다. 다시 말해, 시간을 **측정하는** 다양한 형식을 발전시킨 것이다. 그런데 시간을 측정한다고 할 때, 대체 우리는 무엇을 측정하는 것일까? 시간을 측정한다는 것은 우리 자신, 우리의 활동, 우리가 사는 세상과 접촉하는 변화의 기간을 정하는 것과 어느 정도 동일하다. 하지만 이런 변화들은 종류가 매우 다양할 수 있으며, 우리가 그 변화들에 적용하는 단위도 매우 다양한 기준을 따른다. 그 때문에 유일한 '시간'을 말하는 것은 실제로 불가능하다. 그저 관찰된 변화(예를 들어 다른 사람들에게 큰 사회적 의미를 갖는 변화들)와 사용한 측정 규칙에 따라 다양한 '시간'이 존재한다는 것을 확인하는 데 만족해야 한다.

철학자들은 −보통 사람들 역시− 시간이 흘러간다는 느낌이 모든 인간에게 동일한 '자연스러운 것'이라고 생각하는 경향이 많다. 이것은 '비시간적인', 시간을 배제하는, '비역사적' 사고방식이다. 그런 사고 방식은 자신이 해명하고 싶어 하는 바로 그 개념에 역행한다. 유대계 독일 사회학자 노르베르트 엘리아스Norbert Elias(1897~1990)는, 우리가 현실에서 우리의 특수한 문화와 역사적 시대에 속하는 시간성의 다양한 형식들을 −'자연적'이라 평가하면서− 일반화한다는 사실을 입증하였다. 하지만 인간 공동체가 시간적으로 **방**

향을 정하는 방식은 매우 다양하다. 시간의 리듬과 간격을 정하려는 노력은 단순한 이론적 호기심의 결과로만 볼 수 없다. 특정한 사회 활동 —수확, 사냥, 종교 의식 등— 을 실행에 옮길 적절한 순간을 정확히 정해야 하는 필연성의 결과물이기 때문이다. 나아가 시간의 확정은 우리가 공동체에서 다른 사람들과 함께 실행해야 하는 임무를 시간적으로 정하려는 노력의 표현이기도 하다. 오늘날 우리의 생활을 옭아매는 시간 그물의 그물코는 아주 조밀하다. 아리스토텔레스나 아우구스티누스는 분分이나 초秒 단위를 말하지 않았다. 하물며 오늘날의 물리학에서 거론하는 나노초nano秒야 말해 무엇 하겠는가.

'추워지면' 같은 말이 시간 측정의 기준으로 충분하던 공동체도 많았다. '겨울'이나 '1월', '2월' 혹은 몇 달, 며칠이 기준이 되는 공동체도 있었다. 양력이 가장 널리 보급되고 가장 오래된 시간 단위이지만 음력을 사용한 공동체도 있었고, 우기의 시작이나 조수 간만을 기준으로 삼은 곳도 있었다. 역사적 사건 —전투, 예수의 탄생 등— 역시 시간의 흐름에 기준점을 찍기 위한 방편으로 사용되었다.

그러므로 시간의 단위는 공동체가 실행해야 하는 행위, 과거에 대한 공동의 기억, 자연 관찰의 지식수준에 따라 달라진다. 농부나 사냥꾼은 오늘날의 산업 노동자처럼 정확한 시간 단위가 필요하지 않다. 시간의 단위는 항상 사회적인 만남의 장소이다. 그것은 특정한 공동의 목표에 따라 공동체 구성원들 사이에 조화를 조성한다. 때때로 시간의 단위는 들판에 꽃이 피거나 새가 돌아오는 것만으로도 — 동일한 시간 간격을 두고 늘 다시 일어나는 일이라면— 충분하다. 하지만 다른 때에는 시계의 시간처럼 추상적인 메커니즘과 관련이 있으며, 변화나 예외를 참지 못하는 정확하고 반복되는 시간의 경과가 확정되어야만 한다.

어느 경우에라도 시간의 측정 형식은, 사회적으로 포기할 수 없는 특정한 관심사와 관련하여 합의를 도출하기 위한 불가피한 **관습**, 즉 약속이다. 공동의 시간 단위가 없다면 −길이나 양, 무게의 공동 단위가 없을 때처럼− 협력과 교환에 기초한 사회 집단은 제 기능을 다할 수 없다. 물론 조금 덜 엄격한 시간 단위가 필요한 공동체가 있고, 매우 엄격한 단위가 필요한 공동체도 있다. 전통 사회에서는 공동체 전체가 모이는 순간을 정하는 것이 중요하지만, 현대 사회에선 개인이 자신의 특수한 활동을 정비하는 형식이 무엇보다 중요하다.

시간 측정의 규칙은 시간과 공동체의 특별한 관계에 영향을 미친다. 기술이 발달한 현대 사회에서는 숨 막힐 정도로 정밀하지만 훨씬 더 '개인화된' 시간과 더불어 살아간다. 공동체의 시간적 전환점이 아니라, 엄격한 시간 계획에 복종하는 특수한 시점들의 관계가 중요한 것이다. 각자는 개인의 기호에 따라 시간의 방향을 정한다. 도시가 현대화될수록 밤낮 구분 없이 언제나 쇼핑을 하기가 쉬워진다. 그럼에도 명절이나 한 해의 시작 등 몇 가지 중요한 공동의 전환점은 유지된다. 새 천 년이 시작되던 2000년 초에 전 세계가 얼마나 축제 분위기에 휩싸였는지 생각해 보면 쉽게 알 수 있다.

삶은 항상 현재에서 일어난다

이렇듯 이런저런 시간 단위를 정해 사용하다 보면, 문득 인간의 합의와 상관없이 존재하는 다른 시간이 있다는 생각이 솟구친다. 행성들이 운행 궤도를 다 돌기 위해서는 일정한 시간이 필요하고, 세포는 우리가 정확히 정할 수는 없어도 죽는 날이 정해져 있다.

우리가 아무리 마음대로 시간 단위를 정한다 해도 몇 가지 사건은 영원히, 반드시 다른 사건보다 앞서서 일어난다. 예를 들어 어머니는 자식보다 먼저 태어나고, 파종은 수확보다 앞서서 일어난다. 오늘날의 우주론이 우리의 시간 측정 형식을 상대화한다 해도, 태양이 태양계의 나머지 행성보다 뒤늦게 탄생했다거나 포유류가 공룡보다 나중에 지구에 등장했다고 주장할 사람은 없다. 우리의 공동 욕구에 따라 정해지는 '사회적 시간'과 그에 상응하는 시간 측정의 형식 옆에는 반드시 '자연적 시간'이 존재한다. 이 시간은 때로 사회적 시간의 길잡이로 이용되기도 하지만, 어떤 경우에라도 인간의 규범과는 별개로 흘러간다. 영국의 작가 루이스 캐럴이 쓴 《거울 나라의 앨리스》처럼 세상이 거꾸로 뒤집히는 환상 소설에서나, 제일 **먼저** 고통에 비명을 지르고 **그 다음에** 피가 나기 시작하며 **마지막으로** 손가락을 찔리는 일이 일어나는 것이다.

앞에서도 말했듯이, '언제'라는 질문의 대답인 '지금'은 과거, 현재, 미래라는 큰 세 가지 시간대 모두에 기거할 수 있다. 셋 중에서 둘 -과거와 미래- 은 어느 정도는 '가상'의 현실에 불과하다. 삶은 항상 현재에서 일어나니까 말이다. 현재의 바깥에선 아무것도 온전하게 실재하지 않으며, 아무것도 직접적인 **영향력**을 갖지 않는다. 제2차 세계 대전의 총알이 내 몸에 상처를 입힐 수는 없으며, 2010년의 태양이 이제 와서 내 피부를 태울 수도 없다. 루이스 캐럴은 아무 때나 먹을 수 있지만 오늘만은 먹지 못하는 맛있는 잼을 만들어 냈다. 이 잼은 영원히 내 입에 군침이 돌게 만든다. '오늘' 먹을 수 없는 것은 결코 먹을 수 없기 때문이다.

그렇다면 현재에만 집중하고 과거와 미래는 외면해야 할까? 현재를 과거의 그림자와 미래의 약속으로 채우는 건 그릇된 짓일까? 엄격하고 총명한 도덕주의자 파스칼Blaise Pascal(1623~1662)의 생각이 바로 그랬다. "과거의 일로 불안해해서는 안 된다. 우리가 애석해해도 되는 것은 자신의 실수뿐이기 때문이다. 하지만 미래의 것은 덜 무서워해도 된다. 완벽하게 숨어 있기 때문이고, 어쩌면 경험하지 않을지도 모르기 때문이다. 현재는 진실로 우리 것이며, 신의 뜻에 따라 우리가 사용해야 하는 유일한 시간이다. …… 세계는 한시도 쉬지 않기에 현존과 지금 살고 있는 순간을 거의 생각하지 않고 그저 앞으로 살게 될 순간만을 생각한다. 그렇게 인간은 항상 미래를 보며 살 뿐, 현재에 살지 않는다."

개인만 과거에 대한 후회와 미래에 대한 불

🖊 블레즈 파스칼

프랑스의 철학자, 신비론자, 수학자로 일찍부터 신학적 회의와 신앙심에 빠져들었고, 이런 관점에서(무엇보다 미완성인 《팡세》에서) 과학적-이성적 세계 이해를 비판하였다. 유명한 자연 과학자인 그의 이런 비판은 큰 반향을 불러일으켰다. 그는 이성 하나만으로는 탈 신화화된 기계적 세계의 인식만이 가능하고, 따라서 신을 경험할 수 있는 직관적 '심장의 논리'로 이성을 보충해야 한다고 주장하였다.

안으로 현재를 망치는 것이 아니다. 공동체, 민족, 국가도 과거의 복수를 하고 과거의 죄악을 보상하기 위해 현재를 희생하거나, 미래의 복지라는 이름으로 현재의 모든 세대가 희생을 한다. 하지만 무엇 때문에 불확실한 미래의 복지를 현재의 복지보다 우선시해야 하는가?

미래는 운명론을
어떻게 좌절시키는가

과거와 미래가 현재에 짐이 된다면 그것들은 결국 겉모습과 달리 전혀 '과거'나 '미래'가 아니다. 실제로 현재는 과거와 미래가 실재하는, 다시 말해 그것들이 어떤 방식으로든 영향을 끼칠 수 있는 시간 지대이기도 하다. 내 생각엔, 어떤 방식으로든 다른 현실에 영향을 끼치는 것만을 '실재'한다고 부를 수 있다. 그것의 실존이 실제로 다른 것에게 어떤 방식으로 영향을 끼치는지 말할 수 없는 것은 '실재'라고 부를 수 없다.

이 문제를 가장 이해하기 쉽게 설명한 주인공은 아우구스티누스이다. "확실한 결과로서 …… 세 종류의 시간, 즉 과거와 현재와 미래가 있다는 말은 엄격한 의미에서 적확하지 않다는 사실이 드러난다. 엄격한 의미에서는 과거의 현재, 현재의 현재, 미래의 현재, 이렇게 세 종류의 시간이 있다고 말해야 할 것이다. 우리 영혼 속에 실제로 이 세 가지 종류의 시간이 존재하기 때문이고, 다른 곳에서는 내가 이를 보지 못하기 때문이다. 과거에 대한 현재의 기억, 현재에 대한 현재의 관찰, 미래에 대한 현재의 기대 말이다." 과거도 미래도 우리의 현재에 현존하기에 현재에 영향을 미친다. 현재에게서 과거에 대한 기억과 미래에 대한 기대를 빼앗는다면 그것은 현재의 '밀도'와 '실체'를 빼앗는 것과 다름없다.

그럼에도 과거와 우리의 관계는 미래와 우리의 관계와 똑같지 않다. 현재를 우리 삶이 일어나는 순간으로, 우리가 행동해야 하는 순간으로 규정한다면, 오히려 과거에 일어난 일이 현재에 미치는 영향력은 미래의 영향력과 배치된다고 보는 편이 옳을 것이다. 과거에는 우리가 더 이상 바꿀 수 없는 주지周知의 것들이 있다. 반면 미래에는 아직 바꿀 수 있는 미지未知의 것이 우리를 기다린다. 우리가 행동을 하면서 과거를 계산에 넣을 수는 있어도, 우리의 행위가 과거를 바꿀 수는 없다. 반대로 우리의 모든 행위가 미래에 영향을 끼치지만, 미래의 것은 그 무엇도 확정할 수 없다. 과거의 것은 −건드릴 수는 없어도− 이미 우리 손아귀에 들어와 있다고 말할 수 있다. 그에 비해 미래의 것은 아직 수수께끼의 어둠으로 휩싸여 있고, 그럼에도 현재가 되기 위해 우리의 관여를 허용하며 심지어 우리의 관여를 필요한 것으로 만든다. 우리의 인간 본성은 무엇보다 **적극적 행동**이 특징이기에 현재에서는 당연히 미래가 과거보다 더 큰 비중을 차지한다.

미래는 우발적이다

　이런 견해에 반대를 표할 수도 있다. 가장 단순하고 완고한 이의는 간단히 '운명론'이라 부를 수 있다. 그보다 좀 더 신중한 논거는 흔히 '우발적(확정되지 않은) 미래 이론'이라 불린다. 운명을 믿으면 ─스토아학파의 철학자들처럼─ 모든 사건은 영원한 시간부터 완벽하게 미리 정해져 있었다고 생각하게 된다. 고대 그리스의 철학자 크리시포스Chrysippos는 아울루스 겔리우스Aulus Gellius(123?~165?)가 《아티카의 밤》에서 그의 견해를 요약했듯이, 운명이란 "영원히 서로 결합된 모든 과정들과 그것들의 영원히 변치 않는 자기 연쇄의 잘 짜인 순서이며, 우주의 규정에 적혀 있다"고 주장했다. 그래서 '미래는 쓰여 있다'는 말들을 하는 것이다.

　그런데 실제로는 운명을 믿으면 미래란 존재하지 않는다. 미래의 장소인 새로운 것도 불확실한 것도 없고, 있는 것은 오직 앞을 내다보지 못하는 우리의 무능력뿐이다. 보편적 질서는 그림을 그려 돌돌 만 두루마리처럼 펼쳐질 것이다. 천천히 그림을 펼치면 미리 그려 넣은 것들만 나타난다. 서서히 정체가 드러나는 이 그림에는 개인들과 그들의 인생에서 일어나는 사건들이 들어 있다. 그러므로 우리는 자유롭지 않고, 우리의 행동 능력은 ─'행동'이라는 말을 현실의 과정을 따르기만 하는 것이 아니라 적극적으로 관여할 가능성이라고 이해한다면─ 미심쩍은 것이 된다.

　아리스토텔레스가 제시한 논거는 훨씬 더 신중하다. 그는 미래를 부인하는 사람들을 순수하게 **논리적**인 근거를 통해 반박하면서 실질적인, 즉 열린 미래의 가능성을 옹호하였다. 이 가능성에 대해 이렇게 두 가지 주장을 할 수 있을 것이다. "내일 전투가 있을 것이다." "내일 전투가 **없을** 것이다." 이 둘 중 오직 하나, 하나만이 맞지만 우리는 아직 어떤 것이 맞는지 모른다. 그러나 진실한 것은 영원히 진실하다는 점을 냉엄한 논리학자들은 반드시 상기시킬 것이다. 그런 사람들은 어디에나 꼭 있는 법이니까! 그들은 이 두 진술의 각각을 반박하거나 확인할 미래가 어딘가에 쓰여 있는 것이 틀림없다고 주장한다. 다행히 아리스토텔레스는 건강한 인간 이성을 동원하여 이들의 논리를 반박한다. "예를 들어, '내일 해상 전투가 일어나거나 또는 일어나지 않을 것이다' 라는 나의 진술은 필연적이다. 그러나 내가 말하기를, '내일 해상 전투가 일어날 것이다' 라고만 하거나 또는 '내일 해상 전투가 일어나지 않을 것이다' 라고만 하면, 이는 필연적이지 않다. 필연적인 진술이 되려면, '내일 해상 전투가 발생하거나 혹은 발생하지 않을 것이다' 라고 말해야 한다."

즉 '내일' 의 진리는 둘 혹은 그 이상인 가능성 사이의 의혹이지, 이런저런 가능성의 예언적 확실성이 아니다. 미래는 '우발적' 이다. 이럴 수도 있고, 다를 수도 있다. 운명도 필연도 아니다. 내일 일어나는 일은 의심할 여지조차 없이 나름의 원인이 있을 것이다. 그 원인에는 영향력이 큰 우리의 결정 ─그 이전이 아니라 우리가 그 결정을 실행에 옮길 때 비로소 현실에 관여하는 결정─ 도 포함될 수 있다. 그러므로 인간의 행동에 전혀 구애를 받지 않는 우발적인 미래가 있을 수 있는 것이다. 그리고 우리는 미리 쓰인 미래를 읽는 것으로 만족하지 말고 그 미래를 기록하는 데 협력해야 할 것이다. 아리스토텔레스 씨, 감사합니다.

인간은 '짧게' 산다

미래를 거부하려는 대부분의 시도는 어쩌면 시간에 대한 **공간적** 관념 때문일지 모른다. 시간을 생각할 때 우리는 시간에 대한 '이미지'를 그리는 것으로 시작한다. 그런데 공간적이지 않은 '이미지'를 그리는 것은 힘든 -불가능한?- 일이다. 우리는 시간이 공간에서 움직이는 것처럼 지나가는 광경을 '본다.' 시간은 '달려가고' 아주 '느리게' 우리에게 다가온다. 우리는 아직 몇 달 '거리를 둔' 한 해의 끝을 향해 '걸어가며' 시간의 '강'을 이야기한다. 손바닥을 폈을 때 엄지와 검지 사이의 거리를 뜻하는 '한 뼘'이 18세기부터는 짧은 시간 단위를 표현할 때도 사용되기 시작하였다.

하지만 시간은 일종의 바람 같은 것일 수 있다. 우리를 미래로 데려다 주는 역사, 그 역사의 돛을 부풀리는 바람 말이다. 현대 철학자 발터 베냐민Walter Benjamin(1892~1940)은 파울 클레Paul Klee(1879~

1940)의 그림 〈앙겔루스 노부스〉를 분석한 글에서 뒤로 날아가는 천사에 대해 언급하였다. "그러나 천국에서 폭풍이 불어오고, 폭풍은 날개를 꼼짝달싹할 수도 없을 만큼 세차서 천사는 날개를 접을 수 없다. 이 폭풍은 천사가 등을 돌리고 있는 미래를 향해 천사를 쉴 새 없이 몰아가고, 천사의 눈앞에 쌓인 파편의 잔해가 하늘로 솟구친다. 우리가 진보라 부르는 것이 이 폭풍이다."

유대- 기독교적 관념으로 보면, 시간은 낙원에서 최후의 심판을 향해 날아가는 화살과 같다. 발터 베냐민이 인용한 이런 신화의 세속적 버전에서는 화살의 날아감이 '진보', 즉 나쁜 것에서 더 나은 것으로의 —뒤를 쳐다보는 역사의 천사에게는 재앙으로 보이는— 움직임이다. 하지만 이런 움직임이 정확히 반대 방향을 향한다고 보는 염세주의자들도 없지 않다.

잠바티스타 비코Giambattista Vico(1668~1744)나 프리드리히 니체Friedrich Wilhelm Nietzsche(1844~1900) 같은 사람들은 시간을 순환으로 보았다. 바퀴처럼 영원히 제 주위를 돌면서 계속해서 똑같은 것을 현재의 시야로 실어 나른

● **발터 베냐민**

독일의 문예 평론가, 미학자. 문학, 현대 문화, 정치, 미학, 철학 등 다양한 주제에 대한 뛰어난 문체의 작품을 집필하였다. 아도르노에게 미친 영향력이 지대하였다. 그는 자체적으로 해석한 마르크스주의에 많은 영향을 받았다.

● **프리드리히 니체**

1844년 목사의 아들로 태어났으며, 24세에 정통 문헌학 교수가 되었다. 하지만 그의 관심 분야는 철학이었다. 쇼펜하우어에게 영향을 받았지만, 일찍부터 쇼펜하우어의 염세주의를 삶을 긍정하는 구상들을 통해 확장하려 노력하였다. 당대의 허무주의적 경향, 즉 목적도 확신도 없이 만사에 무관심하고 퇴폐주의적인 생활 경향을 매우 예리한 분석적, 심리적 감각으로 포착하여 비판하였다. 그는 서양의 '우상', 도덕, 형이상학, 종교의 이상과 가치, 신앙의 내용을 공격함으로써 모든 가치의 무가치화에 기여하기도 했지만, 그보다는 더 숭고한 삶의 방향, 철학적으로 확실한 존재와 운명의 긍정을 목표로 삼았다. 니체는 20세기의 많은 예술가와 철학자들에게 막대한 영향을 미쳤다.

다고 말이다. 강, 화살, 바퀴, 폭풍 등 항상 추동推動 에너지가 작동한다. 우리를 이 지점에서 다음 지점으로 데려가며, 공간을 지나는 궤도와 너무나 흡사한 궤도를 따르는 추동 에너지가 말이다. 이런 주제를 다룬 현대의 공상 과학 영화와 소설의 목록은 H. G. 웰스의 소설 《타임 머신》에서부터 폴 앤더슨Poul Anderson(1926~2001), 레이 브래드버리Ray Bradbury(1920~)의 작품들까지 끝없이 이어진다.

시간은 달아나는 것일까

앙리 베르그송

프랑스 철학자. 1927년 노벨 문학상을 수상하였다. 생生철학의 대표자로, 모든 것의 근저에는 생이 있다고 보았다. 그리고 그 삶은 삶의 충동을 통해 펼쳐지며, '체험 가능할' 뿐 이성적으로 인식할 수는 없다고 보았다. 그는 개념과 체험된 것의 이런 차이를 시간의 예(시간 'temps'와 기간 'duree')에서 발견하였다.

이러한 시간의 '공간화'에 이의를 제기한 사상가들도 많다. 프랑스 철학자 앙리 베르그송Henri Bergson(1859~1941)은 20세기 초에, 과학과 합리주의의 '외화된' 시간에 맞서 '지속 duree'을 주장하였다. 지속은 개인이 가장 내밀하게 체험한 중단되지 않는 영속으로, 일체의 공간적 토막 내기에 저항한다. 베르그송에 따르면, 물리학자들의 시간은 영화가 보여 주는 동작과 비슷한 것이다. 즉 개별 촬영 혹은 순간 촬영들의 연속적 행렬로 인간의 눈은 이것을 몸짓, 달리기, 폭발 등으로 파악한다. 하지만 영화 속의 우리인 우리 자신은 그 동작이 실제로는 움직이지 않는 순간들의 연속(제논의 주장이다.)이 아니라, 연속성 즉 빈틈없는 지속이란 사실을 알고 있다. 마찬가지로 시간의 경과는 –여기, 저기, 항상 같은 궤도를 따르는– 시간을 초월한 일련의 정거장을 지나가지 않는다. 시간은 미리 정해진 구간 없이 흘러가고, 등장하는 그 순간 **우리를 통과해서** 사라진다. 시간은 우리를 데려가지 않는다. 우리를 관통한다.

그 외에도 시간이 흘러가는 것은 공간에서 움직이는 것과 중요한 차이가 있다. 무엇보다 가장 중요한 차이는, 공간의 모든 장소에는 단 하나의 물체만이 자리할 수 있지만 시간의 매 순간에는 머나먼 별에서부터 우리 구두 위를 기어가는 개미에 이르기까지 모든 물체들이 동시에 자리할 수 있다는 점이다. 공간의 모든 지점에는 이런저런 정해진 대상만 들어맞지만, 시간은 아무리 잘게 나누어도 무수하거나 무한한 것을 포괄하는 법이다.

빨라진 여행의 속도 덕분에 우리도 어느 정도 시간을 통과해 움직이는 일에 익숙해졌다. 비행기를 타고 베를린에서 뉴욕으로 날아가면 비행하는 동안 몇 시간을 '얻게 된다.' 뉴욕에 도착해 베를린에 있는 가족들에게 전화를 걸어 보면 그들보다 나의 시간이 몇 시간 뒤쳐져 있다. 프랑스 소설가 쥘 베른Jules Verne(1828~1905)의 대표작 《80일간의 세계 일주》를 보면, 끝부분에서 모험가 필리어스 포그는 자신이 내기에서 이길 수 있었던 것은 지구의 자전으로 인한 시간대의 차이 덕분이었다는 사실을 깨닫는다. 하지만 그런 시간의 '득得' 이나 '실失'은 시간의 **관습적 측정**에서만 가능할 뿐, 시간 그 자체에서는 가능하지 않다. 내가 대서양 건너편의 가족에게 전화를 거는 동안 내가 사는 그 순간은 나의 가족이 사는 순간과 동일한 것이다.

공간적으로 뒤로 혹은 앞으로 움직이는 것처럼 시간을 지나 '여행을 하는' 것도 불가능하다. 공상 과학 소설가들이 온갖 방법을 짜내며 이런 가능성으로 재미를 보고 있지만, 그것은 불가능한 일이다. 만일 그렇게 된다면 서로를 조건으로 삼는 다양한 부조리가 발생할 것이다. 예를 들어 내가 과거로 돌아가 요람에 누운 나를 목 졸라 죽인다면 나는 커서 어른이 되지 못할 것이고, 여행을 감행한 그 나이에 이르지도 못할 것이다. 미래로 가서 나를 만나 미래의 나에게 이 시간 여행에 대해 폭로한다면, 그 미래의 나는 이미 그 사실을 알고 있을 것이다. 여행은 우리가 만나기 전에 일어난 일이니까 말이다.

또한 줄지어 늘어선 시간의 '장소들'은 공간의 장소들처럼 서로 마주 보고 있지 않다. 시간의 '시간성'을 파괴하지 않고서는 뒤집을 수 없도록 내적으로 연결되어 있다. 게다가 시간을 지나는 '움직임'은 아무리 작더라도 시간의 간격을 요구한다. 하지만 우리는 그 간격이 과거에 속하는지 미래에 속하는지, 그것을 어떻게 셈해야 하는지 알지 못할 것이다. 공간을 지나 여행을 할 때는 우리가 어디에 있는지 항상 알 수 있지만, 시간 여행을 하는 동안에는 시간적으로 어떤 '장소'에도 있지 않을 것이다. 그러므로 시간은 −(우리가 걸어서 통과하는 공간처럼) 우리가 만나는 어떤 주어진 것으로서− '여기 있는' 것이 아니라, 우리가 그것을 **데리고 다니**는 것처럼 보인다. 여기에 대해서는 잠시 뒤에 다시 살펴보기로 하자.

그리스 출신의 정치 철학자 코르넬리우스 카스토리아디스Cornelius

Castoriadis(1922~1997)가 강조한 바 있듯이, 공
간과 시간은 또 다른 차이점이 있다. 공간에서
는 다양한 것이 발견되지만, 완전히 다른 것,
실제의 상이성은 시간에서만 찾아볼 수 있다.
공간에 편입된 다양한 형태의 정체성은 항상
매우 비슷하게 등장한다. 하지만 인간의 창조
정신은 시간이 가면서 성숙하여 갑자기 −문학
이든 교향악이든, 도구든 과학의 발명이든, 법
률이든 혁명이든− 동일하지 않은 것, 말 그대
로 한 번도 존재하지 않았던 것의 진정한 새로
움을 창조한다.

코르넬리우스 카스토리아디스

그리스 출신의 정치 철학자, 경제학자, 정신 분석가. 제2차 세계 대전이 끝난 뒤 프랑크푸르트에서 살았다. 사회주의 정당들의 관료주의에 맞서 싸웠고, 그들의 역사관, 사회관을 비판하였다. 나아가 결정론과 제도적 확정에 반대하며, 상상과 즉흥적인 행동을 중시하는 대안적인 정치−철학적 입장을 견지하였다. 또 정신 분석과 언어, 인식론에도 관심을 가졌다.

고대 그리스 인들은 이럴 때 '카이로스kairos'라는 말을 썼다. 카
이로스는 그전에는 불가능했던 것을 창조할 수 있는 적절한 순간,
인간의 정신 활동을 통해 이전에는 없었던 새로운 '이념'이 등장하
는 순간을 가리킨다. 시간성에서 실제로 중요한 것은 카이로스 −정
해진 틀과 예상 가능한 것을 타파하고 우주에 의식적 삶의 새로운
관점을 열어 주는 미래 순간, 상상력이 현실이 되는 순간− 의 가능
성이 항상 열려 있다는 것이다. 공간에서는 미지의 것을 탐색하고,
이미 있었는데 몰랐던 것을 발견할 수 있다. 하지만 단순히 확인할
수 있는 경지를 넘어, 우리의 상상력에서 튀어나온 것에 빛을 비추
어 줄 수 있는 곳은 시간뿐이다.

프랑스 작가 쥘 르나르는 1902년 12월 31일 일기장에 이렇게 적

었다. "해年. 시간에서 잘려 나온 원반. 시간은 온전하게 남는다." 시간에는 -시간 측정의 형식에 대한 인류학적 확인과 시간성이 다양한 문화권에서 갖는 다양한 역할 저 너머에서, 또한 우주의 시간에 관한 기나긴 철학적 숙고의 저 너머에서- 우리에게 감탄을 일깨우는 무언가가 있다. 우리 자신은 시간의 소용돌이에 휘말려 들었는데도 정작 시간 -쉬지 않고 우리에게서 도망치는, 이 결코 붙잡지 못할 무언가- 은 어느 정도 완벽하고 온전하게 남는다는 사실이 우리를 감탄케 한다. 시간은 달아나는 것일까, 아니면 우리 자신이 시간 안에 있을까? 16세기의 프랑스 궁정 시인 피에르 드 롱사르Pierre de Ronsard(1524~1585)의 대답은 우리의 확신을 재차 확인해 준다.

나의 여인이여, 시간이 사라지고 시간이 흘러갑니다.
아, 아니 가는 것은 시간이 아니라 시간 속 우리입니다.

우리 자신이 시간이다

우리는 시간이 사라진다고 믿고 싶지만, 실제 시간은 항상 거기 있고 흘러갈 뿐 줄어들지도 늘어나지도 않는다. 흘러가고 쉬지 않고 사라지는 것은 그 시간이 아니라 **우리의** 시간이다. 시간의 본질이 이렇게 어쩔 수 없이 -시간 자체는 건드리지 않고 우리 자신을 건드리며- 사라지는 것이라면, 시간은 우리의 본질적인 차원 그 이상도 이하도 아니란 말인가? 뛰어난 혜안을 지닌 아우구스티누스는 이렇게 말했다. "그래서 나는 시간이란 어느 정도의 이완distentio과 다르지 않다고 생각하게 되었다. 무엇의 이완일까? 잘 모르겠지만, 그것이 정신 자체의 이완이 아니라면 놀라울 것이다." 우리가 시간을 측정하는 것이 아니라 −우리를 측정하는 것이 시간 스스로가 아니라면− 우리가 시간 **속에서** 우리 자신을 측정하는 것이다.

그러므로 시간을 훨씬 더 직접적인 방식으로 우리의 본성 −적어도 현대 서구 사회에서 이해하는 우리의 '인간적' 존재 방식− 과 결합시켜 시간의 문제를 새롭게 제기해야 하는 것인지도 모르겠다. 그 것은 마르틴 하이데거가 유명한 《존재와 시간》에서 했던 바로 그 일이다. 그 책을 내놓기 3년 전에 이미 그는, 시간이란 무엇인가 하는 질문은 시간은 누구인가 하는 질문으로 바뀌었다고 쓴 바 있다. 하이데거는 우리 자신이 시간이 아닌가 하고 물었고, 그 질문에 긍정으로 대답했다. 그가 **현존**이라 부르는 것은 그 본질이 다름 아닌 '시간'에, 이 지나가는 변화무쌍함에 있다고 말이다. 그의 주장은 아르헨티나 작가 호르헤 루이스 보르헤스의 시적이고 사상적인 표현과 본질적으로 일치한다. 《시간에 관한 새로운 반문》이라는 에세이에서 보르헤스는 말하였다. 모든 존재자와 유한자의 뒤편에 숨은 것을 설명하려는 노력은 형이상학적인 계획이며, 당연히 성공할 수 없다고……. "시간은 나를 휩쓸어 가는 강이지만 내가 강이다. 시간은 나를 잡아먹는 호랑이지만 내가 호랑이다. 시간은 나를 집어삼키는 불이지만 내가 불이다. 세상은 −아쉽게도− 실제이고, 나는 −아쉽게도− 보르헤스이다."

이렇게 해서 우리는 첫 번째 질문으로 이 책의 문을 열었던, 피할수 없는 죽음의 실재와 다시 만나게 된다. 하이데거에게도 보르헤스에게도 시간은 −바로 그 때문에 보르헤스는 시간을 반증하고자 했던 것이다− 시간의 결과물, 죽음의 선고를 받은 것, 멈추지 않고 죽음을 향해 움직이는 것을 의미한다. 우리가 불멸이라면 그 어떤 형식과 측정 방법을 택해도 시간은 전혀 중요하지 않을 것이다. '어제' 일이 기억나느냐고 물으면서 지난여름이나 오늘 아침을 말하는 아이들처럼, 우리는 시간에 큰 관심을 기울이지 않을 것이다. 시간성은 죽음으로, 소멸로, 우리가 가장 아끼는 것의 종말로 향하는 우리 움직임의 인식이다. 따라서 죽음은 우리를 압박하고 공포에 떨게하며, 우수에 젖게 하거나 도전을 받아들이라고 재촉한다.

이런 관점에서 본다면 우리가 몇 년을 사는지는 별로 중요하지않다. 에스파냐의 소설가 벨타사르 그라시안 이 모랄레스Baltasar Gracián y Morales(1601~1658)는 큰 성을 짓고 싶어 했던 왕의 이야기를 들려준다. 왕은 성을 짓기 전에 자신이 몇 년이나 살지 궁금했다. 성을 짓는 데 많은 돈이 들어갈 것이므로 투자의 가치가 있는지 확인하고 싶었던 것이다. 왕은 점성술사에게 물었고, 점성술사는 1000년을 살 것이라고 대답했다. 그러자 왕은 성을 짓지 말라고 명령했다. 그렇게 잠시 살다 죽을 것이라면 오두막으로 족하다고 하면서 말이다. '시간적'이라는 말은 항상 '짧게' 산다는 의미이다. 하지만 인생의 짧음은 우리에게 강하고 진한 매력을 선사하기도 한다. 삶이 항상 끝나려고 하기에 우리는 결코 무심하게 있을 수 없다. 죽음이 잠복해 있기에 제아무리 심심한 순간도 숨 막힐 듯 흥미로워지는 것이다.

우리를 시간에, 유한성에 꼭 붙들어 매는 것은 우리의 몸뚱이다. 그 세포 안에는 차츰차츰 우리의 시계를 망가뜨리는 독이 들어 있다. '우리'인 이 치명적인 시간이 내장의 생리학적 조건이라고 생각할 근거는 충분하다. 진화는 인간 종의 각 개인에게 그 치명적인 시간을 건네주었다. 물질적 '생산물'인 우리의 유전자에는 유통 기한이 새겨져 있다. 지금 내 책상에 펼쳐진 《생명의 시간》을 쓴 분자 생물학자 존 J. 메디나John J. Medina 같은 전문가들이 그렇다고 힘주어 말한다. 우리는 늙고 죽도록 '프로그래밍'되어 있다. 허약한 몸 때문에 우리는 늘 ―희미한 불안이든 가슴을 내리누르는 공포든― 두려움을 느낀다. 물론 처음에는 명확하지 않지만 해가 갈수록 점점 더 마음이 무거워진다.

이런 공포는 죽음으로 이끌려 가는 존재로서 우리가 갖는 시간 의식의 메아리이다. 마르셀 콘체Marcel Conche는 《시간과 운명Temps et destin》에서 이렇게 말했다. "흐릿한 공포는 우리 존재의 정서적 근간, 정서적 기조이다. 공포는 항상 있다. 사소한 일이 일어나도 이미 우리는 공포를 느낀다. 이 '사소한 일'이, 그래 누가 알겠는가, 사소한 일이 아니라 이미 죽음일 수도 있는데." 본성상 우리를 항상 무방비로 죽음에 내맡기는 것은 몸뚱이다. 따라서 시대를 막론하고 부상을 입지 않는, 치명적인 생물학적 과정에도 상처를 입지 않는 비육체적인 것, 비시간적인 것 ―즉 어떤 방식으로든 신체적 특징에 반대되는 불멸의 것- 이 우리 안에 있다는 관념이 번성했던 것이다.

마르셀 콘체는 여기에 대해 이렇게 말했다. "비신체적인 것, 불가분의 것으로의 순수 정신이나 **영혼**의 개념. 골자는 분명 공포의 산물이다. 죽음에 대한 인간의 공포는 너무나 깊어서 자신의 운명, 죽음에서 벗어나기 위해 **몸 없는 인간, 영혼**이라는 인간의 관념을 만들어 낼 정도이다." 영혼은 시간을 신체에 일어나는 일로만 인식할 뿐, 자기 자신은 계속되는 마모에 전혀 영향을 받지 않는다.

그렇다면 죽지 않아도 되는 것은 **진정**으로 살 수 있을까? 어쩌면 탄생과 죽음은 우리 운명의 시작과 끝일 뿐 아니라, 쉬지 않고 생기는 우리 인생의 특징일지 모른다. 모든 인생에서 아이의 '죽음'은 청춘에게 길을 열어 주고, 사랑의 상실이나 임무의 완수는 새로운 기획으로 나아가는 출발점이 된다. 가는 것은 오는 것의 조건이다. 낡은 것을 버리지 않으면 새로운 것을 향해 문을 열 수 없다. 우리를 향해 달려오는 미래는 우리의 종말을 데려오기도 하지만, 또한 의지와 상관없이 우리의 발길이 향하는 미지의 땅이기도 하다. 그곳에서 우리는 모험가처럼 덫에 빠지기도 하고 보물을 만나기도 한다.

아일랜드 시인 윌리엄 버틀러 예이츠William Butler Yeats(1865~1939)의 말처럼, 인간은 두 영원 사이에서 여러 차례 살고 죽는다. 이 생生과 사死의 교체야말로, 우리를 배제하는 영원을 보면서도 자유를 포기하지 않고 우리가 '인간의 운명'이라 부를 수 있는 바로 그것이다.

'왜'가 없는 삶

나는 있다. 더 정확히 말해, 여기 있다. 나는 호흡한다.
가장 깊은 것은 공기다.
현실은 나를 지어내고
나는 현실의 전설이다. 만세!
— 호르헤 기옌 Jorge Guillén

철학은 창의적 상상력이다

철학의 역사 못지않게 철학을 조롱하는 풍습의 역사도 깊다. 그런 풍습의 초기 피해자라 할 수 있는 밀레투스의 탈레스Thales(B.C. 624?~B.C. 546?)는 하늘을 쳐다보며 걷다가 우물에 빠졌고, 지나가던 하녀들이 그 광경을 보고 깔깔거리며 웃었다고 한다. 유명한 작가들도 우스꽝스러운 철학자들을 조롱할 기회를 놓치지 않았다. 고대 그리스의 작가 아리스토파네스Aristophanes(B.C. 448?~B.C. 380?)는 희극 《구름》에서, 같은 시대 사람인 소크라테스를 잔인할 정도로 조롱하였다. 소크라테스의 지적인 스타일을 희화화하였고, 바구니를 타고 공중에 매달려 별을 연구하는 모습으로 그를 등장시켰다. 또 작품 속에

탈레스

고대 그리스의 철학자로, 생애와 이론에 대해서는 별로 알려져 있지 않다. 세계의 탄생을 신화로 설명하지 않았기 때문에 아리스토텔레스는 그를 세계의 탄생을 더 이상 신의 존재에게 귀결시키지 않는 우주론의 '창시자'라고 불렀다. 탈레스는 만물의 근원을 물이라고 보았다.

서 소크라테스는 젊은이들에게 부모를 두들겨 패라고 가르친다. 그 장면은 다른 희화화보다 훨씬 위험한 유머였다. 뒷날 소크라테스에게 사형을 선고한 죄목이 바로 젊은이들을 타락시킨다는 것이었으니 말이다.

기원전 2세기의 신랄한 풍자가 사모사타의 루키아노스Lucianos (120?~180?)는 《철학 학파의 경매》라는 매우 재미난 대화록을 썼다. 제우스가 신들의 사자使者 헤르메스의 도움을 받아서, 철학의 최고 권위자들을 노예나 창녀처럼 값을 가장 많이 부르는 사람에게 경매로 넘긴다는 내용이다. 구매자들은 경매 매물로 나온 철학자들의 −재미나게 요약한− 철학 이론이 인생의 지침으로 얼마나 유익한지에 따라 값을 부른다. 가장 높은 가격이 매겨진 철학자는 소크라테스와 플라톤으로 각기 2탈렌트(1탈렌트는 60미네이다.)였고, 아리스토텔레스의 가격은 20미네를 넘지 못했다. 에피쿠로스의 경우 불과 2미네밖에 안 되었다. 소크라테스나 플라톤에 비하면 정말 푼돈이 아닌가! 그래도 에피쿠로스는 낫다. 헤라클레이토스와 데모크리토스Democritos(B.C. 460?~B.C. 370?)는 −아무도 그들의 이론을 이해하지 못해서− 아무도 경매에 나서지 않는 바람에 유찰되었으니 말이다.

프랑스의 극작가 몰리에르Molière(1662~1673)도 작품에 우스꽝스러운 현자들을 등장시켰다. 그중 한 사람은 아편의 수면 작용이 'via dormitiva'라는 성질 때문이라고 설명했다. 하지만 그가 거들먹거리며 발표한 그 'via dormitiva'는 번역하면 '잠을 재우는 힘'

이라는 뜻이다. 그러니까 아편을 먹으면 잠이 오는 이유가 아편에 '잠을 재우는 힘'이 있기 때문이라는 말이다. 정말 하나 마나 한 소리 아닌가.

물론 때로는 철학자들도 로시니의 오페라 〈신데렐라〉에서 착한 요정을 대신하는 알리도로처럼 호감 가는 인물로 등장하기도 한다. 하지만 철학자 알리도로의 선행은 요정의 그것처럼 진리가 되기에는 너무 착하다.(알리도로는 진리를 전달하는 철학자라기보다는 요정처럼 착한 인물로만 그려지고 있다.) 티보 피셔Tibor Fischer의 아이디어 번득이는 소설 《사변적인 은행강도The Thought Gang》에서는 인생에 실패한 술 좋아하는 철학 교수가 주인공으로 등장하여, 가장 유명한 사고 체계의 원칙에 따라 은행을 털려고 작정한다. 그는 심오한 철학적 성찰을 무시로 종이에 끄적이는데, 그중 하나가 우리 책의 주제와 관련이 깊다. "우리는 엉덩이께까지 질문과 대답에 잠겨서 끙끙대며 걸어간다. 질문과 대답의 홍수에 세상이 잠기고, 그중에는 몇 개만 짝을 지어 줄 수 있어도 상당히 진척될 것들이 많다." 은행을 터는 방법으로 사용된 철학 체계라니, 다른 철학의 쓰임새에 비하면 상당히 유용하다 하겠다.

왜 철학은 철학을 좋아하지 않는 사람은 물론이고, 철학을 존중하는 사람들에게도 우스꽝스럽게 비칠 때가 많은 걸까? 첫째, 과도한 이론 ─철학은 항상 모든 것에 대해 질문을 던지고 항상 이유를 알고 싶어 한다─ 과 빈약한 실제 결과 ─거의 모든 대답은 질문과 다름없이 불안을 조장하며 '실질적인 이득'을 주지 못한다─ 때문이다. 철학자들은 종종 건강한 이성을 갖춘 인간의 눈에는 명확해 보이는 견해를 의심하고, 교양 있는 사람들은 절대 웃음거리로 삼지 않는다는 명예로운 전통을 훼손한다. 더구나 흔히 사용하지 않는 표현이나 외래어가 넘쳐 나는 이해할 수 없는 은어를 남발하면서, 일상어로 토론하는 사람들을 경시한다. 때로는 겸손하기도 하지만 – "나는 내가 아무것도 모른다는 것을 안다" – 그 배후에는 "나만큼 많이 아는 사람은 없어!"라는 식의 말도 안 되는 거만이 숨어 있다. 또 듣기 좋은 도덕적 교훈을 설파하면서도 정작 자신은 그런 교훈과 관계없이 사는 사람도 많다. 마지막으로 철학자들은 자기들끼리 멱살을 잡고 입에 거품을 물고 동료를 비판한다. 한마디로 철학자들은 너무 쪼잔하고, 엘리트 의식에 빠져 있고, 아무짝에도 쓸모가 없으며, 위선적이고, 무례하고, 자기중심적이다.

이러한 비난은 과장과 일반화 탓이긴 하지만, 한 줌의 진실을 담고 있는 것도 사실이다. 약 50년 전에 장-프랑수아 르벨Jean-François Revel(1924~2006)은 지금 읽어도 좋을 《철학의 이유?Pourquoi des Philosophes?》라는 책을 썼다. 거기서 그는 몇 가지 악행을 지적했는데, 철학의 은어, 보란 듯이 사용하는 외래어 표현도 그 악행에 포함시켰다.

물론 지나치게 전문적인 철학 용어는 쓸데없는 경우가 많지만, 반면에 우리의 인식을 갈고 닦아 주며 철학 논쟁을 더 심도 있게 만들어 줄 수도 있다. 철학이란 오랜 전통이며, 특정 개념들은 선각자들이 이미 깨달은 내용을 건설적으로 발전시킬 수 있게 도와주는, 매 순간 다시 처음부터 시작하지 않아도 되게 도와주는 유용한 길잡이이기 때문이다. 그렇다고 해서 철학자들이 똑똑한 일반인의 질문에 함구해야 한다는 의미는 아니다. 의미가 담긴 좀 더 정확한 개념들은 현실의 토론을 촉진할 수 있다. 그러나 그보다 더 중요한 것은 −우리가 현실을 이해하기 위해 사용하는 단어들이 아니라− 바로 그 현실이다. 덴마크의 철학자 키르케고르Søren Aabye Kierkegaard(1813~1855)가 정해진 방식으로만 '말하게 하는' 모든 사고를 불신하라고 충고한 것도 바로 이런 이유에서였다. 키르케고르는 지성인의 성실함을 입증하는 증거로 개념을 바꾸라고 조언했다. 하나의 관념은 정해진 '언어 공식'과 동일한 것이 아니라고 말이다. 때로는 순식간에 특수한 개념을 만들어 내는 것보다는 우리가 거의 자동적으로 사용하는 일상 언어의 표현들을 분석하는 편이 훨씬 흥미롭다. 특수한 개념이 우리의 호기심을 만족시켜 준다고 떠들지만 사실은 오히려 호기심을 죽이고, 대부분 깨달음을 주는 마법적인 힘 때문에 숭배를 받는 우상으로 변한다. 그러므로 소소한 개념에 사로잡혀 자기들만의 토론에 열중할 일이 아니라, 인간의 질문과 의혹에 대답하려 노력해야 할 것이다.

🖊 쇠렌 키르케고르

덴마크의 철학자이자 신학자로, 현대 실존 철학의 선구자이다. 그의 철학적 신학은 개인의 다양한 인생관을 중심에 두었다. 하지만 혹독한 교회 비판과 제멋대로의 개인주의적 생활로 코펜하겐 주류 사회에서 쫓겨났고, 1855년 몸도 망가지고 돈도 다 떨어진 신세가 되어 사망하였다.

의심 속으로 더 깊이 파고 들어가라

이 책의 첫머리에서 본격적인 질문을 시작하기 전에 우리는 이미 원래 의미의 철학 연구와 과학 연구의 차이점을 살펴보았다. 하지만 철학과 자연 과학은 완전히 다르거나 대립하는 두 개의 세상이 아니다. 현실과 밀접한 '경험주의적', '실증주의적' 계기를 탓하며 과학을 비웃는 형이상학자들보다 더 우스꽝스러운 것은 없을 것이다. 그중에서도 최악은 키케로Marcus Tullius Cicero(B.C. 106~B.C. 43)의 이론을 달달 외우면서 양자 역학을 철저히 무시하는 것이 인문주의 교양의 이상이라고 착각하는 태도이다.

분명 철학은 다양한 영역의 인간 지식을 제공하는 실질 정보 그 '이전'이 아니라 '이후'에 오는 정신 활동이다. 인류학이나 심리학에 대해서는 쥐꼬리만큼도 모르면서 보편적 인간에 대해 떠들어 댈 수는 없다. 언어학을 모르면서 언어에 대해 깊이 파고들 수는 없으며, 미술관에 가지도 소설이나 영화를 보지도 않으면서 미학을 이야기할 수는 없다. 물리학이나 화학은 하나도 모르면서 물질을 이야기하려고 하는 사상가는 무당이나 주술사이지 철학자가 아니다. 그렇게 해서 내놓을 수 있는 것은 계몽이라는 철학의 임무와는 정반대되는 결과물, 즉 말만 화려한 연막작전일 뿐이다.

철학의 임무는 우리가 사는 문화에 대해, 그것이 우리에게 갖는 객관적인 의미뿐 아니라 주관적인 의미까지도 고민하는 것이다. 그러자면 최대한의 문화적 교양이 필요하다. 교양 있는 사람이 모두 철학자는 아니지만, 교양이 없는 철학자는 있을 수 없다. 자연 과학은 문화의 포기할 수 없는 일부이지, 단순히 도구적인, 다시 말해 직접적인 유용 가치만을 목표로 하는 이해관계의 대피선이 아니다. 문화적 교양이 동반되지 않은 철학은 제아무리 애를 써도 쓸데없는 추상적 공식이나 정의와 진리에 관한 모호한 공개 토론 이상을 일구어낼 수 없는 법이다.

철학을 한다는 건 의심을 이겨 낸다는 뜻이 아니라, 의심 속으로 더 깊이 파고 들어간다는 의미이다. 그러므로 철학을 하려면 다음의 네 가지 사실을 잊지 말아야 한다.

첫째, '철학'은 없다는 사실이다. **철학**들이, 앙드레 콩트-스퐁빌 André Comte-Sponville(1952~)의 말처럼 철학 활동이 있을 뿐이다. "철학은 모두가 자신의 진리를 낚을 수 있는 조용히 흐르는 긴 강이 아니다. 철학은 수천 개의 물결이 뒤척이는 바다다. 수천 개의 조류가 서로를 향해 달려가고 만나고, 때로 뒤섞였다 헤어지고 다시금 만나는 곳이다. 그 바다에서 모두가 최선을 다해 항해를 한다. 이것이 바로 '철학하기'라고 부르는 것이다." 자연 과학이나 예술의 관점과 구분되는 **하나의** 철학적 관점이 있지만, 다행스럽게도 그 철학적 관점은 여러 가지 얼굴을 갖고 있다.

둘째, 철학 공부가 재미있는 것은 철학이 아리스토텔레스나 칸트 같은 비범한 사람들이 매진한 학문이기 때문이 아니다. 이 철학자들이 우리의 관심을 끄는 이유는 우리의 인간적, 합리적, 문명적 삶에 큰 의미를 갖는 엄청난 범위의 질문들에 대해 고민했기 때문이다.

다시 말해 철학은, 잘하든 못하든 철학을 연구한 모든 개별 인간보다 훨씬 더 중요하다.

셋째, 위대한 철학자에게서도 부조리한 주장이나 심각한 실수가 발견된다는 사실이다. 사람들이 많이 지나간 지성의 길에서 가장 멀리 떨어진 사람이 길을 잃을 위험도 가장 컸다. 이 말은 비난이 아니라 칭찬으로 해석해야 한다. 그러므로 철학자는 저작으로 평가하거나 시대와 연관 지어 살펴보아야 하며, 나아가 그들의 이념과 논거를 올바로 이해하면 오늘날 우리가 사는 현실을 더 잘 이해하는 데 도움이 될 수 있다. 철학은 고고학의 잔가지가 아니다. 유명한 철학자가 남긴 명언을 숭배하는 것도 바람직하지 않다. 철학 연구는 학위나 '고상한 문화'의 겉모습 이상의 것을 주어야 한다.

넷째, 보편적인 문제에 대해 좋은 질문을 던지는 방법을 배운다는 것은, 지나치게 한정된 최종 대답을 불신하는 법을 배운다는 의미라는 사실을 기억해야 한다. 우리는 아는 것에서 출발하여 모르는 것 -결코 알지 못할 것- 을 향해 철학을 한다. 때로는 아는 것과 반대로 철학을 한다. 더 정확하게 말해, 안다고 믿는 것을 고민하고 캐묻는다. 그렇다면 우리는 절대로 어떤 것을 해명할 수 없단 말인가? 그렇지 않다. 적어도 우리의 의혹과 확신의 경계를 좀 더 확실하게 그을 수 있게 된다면 말이다. 덧붙여, 불확실성과 더불어 살아갈 능력이 없는 사람이라면 '생각하기'를 멀리하는 편이 좋을 것이다.

그러나 그것이 답일까?

철학이 항상 조롱을 받는 이유 가운데 하나는 종교와 경쟁하면서 우리를 구원할 **삶의 의미**를 찾기 때문이다. 그런데 그런 '의미'에 대한 질문은 그 자체가 종교적이다. 따라서 철학이 할 수 있는 유일한 것은 ―나도 지금 하고 있듯이― 이런 노력의 종교적 성격을 입증하고, 질문을 다르게 제기하여 철학적 가치를 얻으려고 애쓰는 일이다. 누군가가 삶의 의미를 찾고 있다고 ―이미 찾았다고!― 말한다면, 그것은 과연 어떤 종류의 '의미'를 말하는가?

우리는 어떤 것이 다른 것의 도움을 받아서 어떤 의미를 띠거나 특정한 목적을 이룰 때, 그 어떤 것이 의미가 있다고 말한다. 단어나 문장의 의미는 그것이 말**하고자** 하는 것이다. 신호의 의미는 그것이 가리키고자 하는 것 ―방향, 어떤 인물의 신분 등― 혹은 그것이 우리에게 경고하거나 알리려고 하는 것 ―위험, 기상 시간, 인도人道 등― 이다. 어떤 대상의 의미는 수프를 먹거나, 사람을 죽이거나, 멀리 떨어진 사람과 이야기를 하는 등 그것의 쓰임새이다. 예술 작품의 의미는 아름다움의 형태, 현실의 묘사, 현실에 대한 불만, 이상의 환상 등 창조자가 표현하고자 하는 바이다. 태도나 기구의 의미는 사랑, 안전, 오락, 부, 질서, 정의 등 그것이 도달하고자 하는 바이다.

어떤 것의 의미를 정하는 데 중요한 것은 그 뒤에 숨은 **의도나 의향**이다. 상징, 예술 작품, 태도, 인간이 만든 조직 등은 우리의 의도가 그것들에 부여한 의미와 결부되어 있다. 동물의 행동, 나아가 향성向性과 굴성屈性처럼 식물이 외부 자극에 반응하는 동작도 마찬가지이다. 이 모든 경우에, 의도는 생명을 보존하고 번식하며 다양한 형태로 펼쳐 나가는 등 생명과 결합되어 있다. 생명이 없는 곳에는 의도도, 의미도 없다. 홍수나 지진, 일출의 원인은 설명할 수 있어도 '의미'는 설명할 수 없는 법이다. 이렇듯 의미를 묻는 질문에 대한 유일하게 이해할 수 있는 대답이 생명의 의도라면, 생명 자체는 어떻게 '의미'를 가질 수 있을까? 모든 의향이 마지막 거점으로 도로 생명을 가리킨다면, 자신의 생명은 전체적으로 어떤 '의향', 어떤 '의도'를 가질 수 있을까?

어떤 것의 '의미'에서 중요한 점은 그 의미가 자신과 **다른 어떤 것**을 도로 가리킨다는 사실이다. 주체의 의도적 목적, 주체의 본능, 그리고 마지막으로 자기 보존과 자기 규제, 생명의 번식을 가리킨다는 사실이다. 하지만 "생명은 무엇을 **원하는가?**"라는 질문을 던지면 우리는 우리 질문의 대상이었던 생명 자체와 다시 마주치게 된다. 삶의 의미를 찾기 위해서 우리는 **다른** 것, 즉 삶 자체도 살아 있는 것도 아닌 것, 삶의 **저 너머에 있는** 어떤 것을 찾아야 한다.

삶 자체가 '의미'가 없다면 -'의미'의 나머지 모든 형태들이 직접적이든 간접적이든 도로 생명을 가리키기 때문에- 절망에 빠져 삶은 **부조리**하다는 결론을 내려야만 하는 걸까? 절대로 그렇지 않다. 우리는 의미가 있어야 하는데도 의미가 없는 것을 '부조리하다'고 부르지, (의향의 영역을 떠나기 위해) 의미가 있을 필요가 없는 것은 '부조리하다'고 부르지 않는다. 마찬가지로 인간이나 동물이 보지 못할 때는 "눈이 멀었다"라고 말하지만, 돌이 "눈이 멀었다"는 표현은 기껏해야 비유적으로밖에는 쓸 수 없다. 인간이나 동물의 경우에는 보는 것이 '마땅히' 자연적 본성에 맞는 일이지만, 돌에게 시각을 요구할 수는 없다. 그러므로 생명 전체가 의미를 갖지 않는 것은 부조리하지 않다. 우리는 생명 바깥의 의향을 알지 못하며, 의향성의 영역 저 너머에서는 의미에 대한 질문이 전혀 의미가 없다.

실제로 삶의 의미를 찾으려는 노력은 보편적 삶이나 추상적 '세계'가 아닌 손에 잡히는 것, 개별 인간의 삶과 우리가 살고 고통당하는 실제 세상에 관심을 갖는다. 삶이 의미가 있는가 하는 질문을 던질 때 우리가 알고 싶은 것은, 우리의 도덕적 노력이 보상을 받는가 하는 점이다. 성실하게 일하고 이웃을 존중하며, 타인이 나에게 해코지를 해도 똑같이 갚아 주려 하지 않는 것이 과연 그럴 만한 가치가 있는 일인가? 한마디로 삶의 저 너머에, 삶의 바깥에 무언가가 우리를 **기다리고** 있는지, 아니면 우리를 기다리는 건 무덤뿐인지 알고 싶은 것이다.

절망을 극복할 수 있다면 **지금** 살아 있다는 것이 죽음보다 적잖이 확실하다는 사실을 확인할 수 있을 것이다. 죽음이 존재하지 않고 어떤 장소에도 있지 않다는 의미라면, 우리 모두는 이미 그 죽음과 결전을 벌여 승리를 거둔 경험이 한 번씩 있다. 어떻게? 바로 세상에 태어나면서 그랬다. 우리는 **이미** 살았고 **아직** 살아 있기에 우리에게 영원한 죽음은 없을 것이다. 삶의 확실성이 죽음의 확실성을 통해 소멸되거나 흐려지지 않을 것이다. 그러므로 우리는 《성경》의 한 구절처럼, "죽음아, 너의 승리가 어디 있느냐?"라고 물을 권리가 있다. 죽음이 어느 날 우리의 삶을 방해한다 해도, 지금 우리가 살아 있고 이미 살았던 것을 방해할 수는 없을 것이다. 죽음은 우리의 몸을 먼지로 만들어 버리고 우리의 사랑과 우리의 작품을 흩어 버리겠지만, 우리 삶의 실제 **현존**은 그렇게 할 수 없다. 그렇다면 이처럼 **현재의** 삶이 이미 어둡고 영원한 죽음을 이긴 곳에서 왜 **미래의** 죽음이 계속 의미를 가져야 하는가? 우리가 있지 않은 죽음이 우리가 있는 삶보다 왜 더 중요해야 하는가? 프랑스 시인 로트레아몽Lautréamont(1846~1870)은 이렇게 말한다. "태어난 것 말고는 다른 은총을 알지 못한다. 공평한 정신은 그 은총이 완벽하다고 생각한다."

삶 속에 자신이 있음을 깨달은 인간은 열광한다. 이런 열광을 우리는 **기쁨**이라고 부른다. 기쁨은 죽음과, 절망과 맞닥뜨린 삶에 힘과 감동을 준다. 기쁨은 잔혹하기도 한 구체적 삶의 내용이 아닌 삶 자체를 축하한다. 그것이 **죽음이 아니기 때문**이고, '노No'가 아니라 '예스Yes'이기 때문이며, 무無에 비하면 모든 것이기 때문이다. 또한 기쁨은 도취가 아니라 활동이며, 더 나아가 우리를 두려움과 탐욕과 증오로 채우는 죽음의 절망적 악행에 맞서는 투쟁이다. 물론 기쁨도 절망을 완벽하게 이길 수는 없다. 우리 모두에겐 절망과 기쁨이 공존한다. 하지만 기쁨은 절망에 굴복하지 않는다. 우리는 기쁨에서 출발하여 삶의 어깨를 짓누르는 불길한 죽음의 짐을 '덜어 내려' 노력한다. 기쁨은 기댈 곳을 찾고 활동적인 호의를 이웃에게로, **살아 있는** 유한자에게로 확장시키지만, 절망은 우리 모두를 위협하는 무無 외에는 다른 것을 알지 못한다. 사회는, 자신이 죽을 것이라는 사실을 알고 생명의 현존을 재삼 확인하기 위해 단합하는 수천 명의 공범자들을 하나로 묶는 끈이다.

죽음이 망각이라면 사회는 기억이다. 죽음이 궁극적 평등을 의미한다면, 사회는 차이를 만들어 낸다. 죽음이 침묵과 의미의 부재라면, 사회의 근간은 모든 것을 의미로 바꾸는 언어이다. 죽음이 완벽한 소진消盡이라면, 사회는 힘과 에너지를 추구한다. 죽음이 무감각이라면 사회는 온갖 감각을, 감각의 과잉을 지어내고 강화한다. 죽음이 궁극적 고립이라면, 사회는 정서적 공동체이며 불행에 빠진 서로에게 내민 도움의 손길이다. 죽음이 부동不動이라면, 인간 사회는 그 무엇도 멈출 수 없는 동動과 속도를 촉구한다. 죽음이 같은 것의 반복이라면, 사회는 예부터 전해 내려온 삶의 몸짓과 우리 자신 같은 새로운 생명체, 길들일 수 없는 유한자의 종족을 항상 새로운 어떤 것으로 사랑하고 장려한다. 사회는 볼품없는 부패에 맞서 아름다움과 −수도 없이 죽었다가 다시 부활할 수 있는− 놀이를, 의미의 변신을 후원한다. 모든 사회는 유한자 −자신이 죽을 것이라는 사실을 알지만 죽음의 절망적이고 파괴적인 메시지를 거부하는 자− 를 위해 투입된 불멸이다. 분명 인간의 모든 사회적 시도들은 두려움과 탐욕, 증오의 영향으로부터 자유로울 수 없다. 그러나 창조적인 것은 절망이 아니라 기쁨이다. 이 사실을 상기시키는 것이 윤리학의 유일한 교훈이다. 그런 까닭에 스피노자는 성실한 인간은 '명랑'하다고 −또한 현명하다고− 말한 것이다.

우리 인간이 사는 세상에는 의미가 없지 않다. 증거는? 세상은 하나의 의미를 부여하려는 모든 시도에 -아무리 그 시도가 다양하다 해도- 저항한다. 철학자 카스토리아디스는 말했다. "세상에 내재하는 의미가 없다는 사실만 보더라도, 인간은 세상에게 지극히 다양한 의미의 이 막대한 다채로움을 선사해야 했고 또 할 수 있었다." 의미는 인간이 삶과 세상에 부여하는 것이다. 인간이 되면서 극복했고 죽음으로 인해 굴복해야만 하는 카오스의 무의미한 벼랑을 보며 우리는 세상에 의미를 부여한다. 의미 있는 승리와 보잘것없는 패배! 개인은 죽지만 개인이 삶에 부여하려 했던 의미는 죽지 않고 우리에게, 그리고 주변 사람들에게 남아 있기 때문이다.

하지만 우리의 모든 의미 안에도 카오스의 벼랑이 이면으로, **심연**으로 숨어 있다. 우리는 그 벼랑 **위에서** 살고, 또 그것의 존재를 인식하며 산다. 따라서 인간의 이성은 단순한 도구의 공장이 아닐뿐더러, 아직 풀지 못한 문제의 정답을 찾는 것만으로는 만족하지 못한다. 철학은 이성일 뿐 아니라 창의적 상상력이기도 한 것이다. 조지 스타이너George Steiner는 《정오표: 심사하는 인생Errata: An Examined Life》에서 말했다. "남자와 여자를, 여자와 남자를 수다쟁이로, 떠버리로, 시인으로, 형이상학자로, 플래너planner로, 예언가로, 죽음에 항거하는 폭도로 만들었던 것은 상상의 것, 입증할 수 없는 것(시적인 것)의 도구성이며, 허구(거짓말)의 잠재성이고, 끝없는 미래로 뛰어든 구문론의 도약이다."

종교는 영혼의 구원과 육체의 부활을 약속한다. 하지만 철학은 구원을 주지도, 부활을 선사하지도 않는다. 철학은 의미의 모험을, 의미의 탐색을 최대한 실행하려 할 뿐이다. 또한 죽음의 실재를 부인하지 않지만, 절망에 빠져 죽음이 일깨우는 두려움이나 증오에 굴복하지도 않는다. 철학은 삶의 내용과 한계를 **생각하려**고 노력한다. 마치 삶이 그것들 속에 있는 것처럼 철학은 노력한다. 조롱과 조소를 감수할 정도로 대담하게.

> 이렇게 우리는 쉬지 않고 묻는다.
> 사람들이 한 줌의 흙으로
> 우리의 주둥이를 틀어막을 때까지
> 그러나 그것이 답일까?
> – 하인리히 하이네Heinrich Heine

철학의 힘은 질문이다

박연숙(철학 박사 / 숭실대학교 베어드 학부대학 교수)

나는 종종 학생들에게 '지혜를 소유한 사람'과 '지혜를 사랑하는 사람' 중에 어떤 사람이 되고 싶은가를 물어보곤 한다. 그러면 대부분의 학생들은 '지혜를 소유한 사람'이 되고 싶다고 말한다. 아마도 보석을 사랑하는 사람보다 보석을 소유하고 있는 사람이 더 좋다는 생각에서 답하는 것 같다. 그런데 고대 그리스 어의 어원으로 따져볼 때, '지혜를 소유한 사람'이 소피스트Sophist이고 '지혜를 사랑하는 사람'이 철학자(philos사랑+sophia지혜→Philosophy)라고 말해주면, 학생들은 궤변론자로 알려진 소피스트에 대한 거부감을 먼저 떠올리며 의아해한다.

소피스트의 어원이 '지혜Sophia'에서 나온 '지혜로운 자'라는 뜻이고 논변술을 가르치면서 많은 돈을 벌고, 많은 인기를 누렸던 점을 감안하면, 확실히 소피스트는 당대의 명성보다는 훨씬 부정적인 이미지로 알려져 있는 셈이다. 반면 철학자를 대표하는 소크라테스는 남들에게 철학을 가르치지도 않았고, 단 한 권의 책도 쓰지 않았으며, 자신이 알고 있는 유일한 지식이라곤 자신이 아무것도 모른다는 것을 알고 있을 뿐이라고 했는데 2500여 년의 세월 동안 현자로 칭송받고 있다. 생각해 보면 참으로 이상한 역설이다. 왜 우리는 '지혜를 가진 자'보다 '지혜를 사랑하는 자'를 따르고 있는 걸까?

소피스트와 철학자 소크라테스를 구분하는 중요한 차이가 하나 있다. 바로 '질문'이다. 소크라테스는 질문하는 사람이었지만 소피스트는 그렇지 않았다. 소피스트는 자신이 이미 충분한 지식을 소유하고 있기 때문에 질문할 필요가 없었다. 소피스트는 자신이 알고 있는 지식을 돈을 받고 거래하였다. 오늘날로 치면 소피스트의 지식은 일종의 서비스 상품에 해당했다. 이에 비해 철학자 소크라테스는 돈이나 명성을 얻기 위한 수단으로서의 지식이 아니라 지혜에 대한 열망과 탐구심에서 끊임없이 스스로에게 질문하였다. 소크라테스에게 지혜는 다른 무엇을 위한 것이 아니라 그 자체로 가치 있는 것이며, 삶을 더 올바르게, 더 인간답게 살게 하기 위한 질문들로 이루어져 있다.

사실 철학을 한다는 것은 소크라테스처럼 지혜에 대한 사랑에서 비롯된 질문들을 던지는 것과 같다. 많은 철학자들이 질문하고 답을 모색해온 과정이 철학의 역사라고 해도 과언이 아니다. 그렇게 던져진 질문들 중에는 '정의란 무엇인가'와 같이 여러 시대에 걸쳐 지속적으로 제기 되는 질문도 있지만 '인간복제를 허용할 것인가?'와 같이 세상이 바뀌고 기술이 발전하면서 새롭게 제기되는 질문들도 많다. 철학자들은 그에 대해 각자 자신의 생각으로 다시 묻고 다시 대답을 찾아가면서 자신의 철학 체계를 세운다.

그렇다면 질문을 한다는 것은 무슨 의미일까? 모든 것을 이미 다 알고 있다고 생각하고 질문하지 않는 사람보다 자신이 알고 있는 것을 의심하며 질문하는 사람이 더 좋은 걸까? 질문하는 사람은 자신이 알고 있는 바에 만족하지 않고 그 앎의 확실성을 의심하며, 비판적으로 검토하는 사람이다. 그렇다고 질문하는 것이 결핍과 의심과 불만족을 의미하는 부정적인 것만은 아니다. 질문하는 것의 가장 큰 의미는 질문을 통해 자기 스스로 주체적으로 생각하고 행동한다는 것이다. 질문은 고뇌를 자처하는 것이기도 하지만 삶의 의미를 되새기며 철학의 방법을 터득하는 지름길이기도 하다.

이 책의 저자이며 스페인의 철학자 페르난도 사바테르(1947~)는 여덟 가지 질문을 통해 우리를 철학의 길로 안내한다. 그가 안내하는 철학의 길목에서 우리는 종종 칸트와 데카르트와 같은 어려운 철학자들을 맞닥뜨리기도 하지만, 중요한 지표는 역시 질문들이다. 페르난도 사바테르는 이 책에서 우리의 삶과 떨어질 수 없는 매우 중요한 주제들을 담아내고 있다. '죽음', '앎', '자아', '책임', '기술', '민주주의', '예술', '시간' 이라는 주제인데, 처음 듣기에는 무겁고 지루할 것 같지만 사바테르는 매우 친숙하고 일상적인 물음들로 시작한다. 그래서 누구라도 그리 어렵지 않게 철학의 길로 들어

설 수 있다.

철학은 어려운 개념으로 이루어진 알 수 없는 관념의 세계가 아니다. 철학은 자신의 삶을 타인이나 관습에 의해서가 아니라 바로 자기 자신의 생각과 주체적 행동으로 세우는 실천의 도구이다. "나는 누구인가?", "10년 전의 나와 지금의 나는 같은 사람인가 아닌가?"를 묻는 사람은 그런 질문을 평생 한 번도 하지 않은 사람과 다른 인생을 살 것이 분명하다. 자기 자신에 대해 질문하지 않는 사람은 남들이 하는 대로 살고 남들이 원하는 것을 쫓아다니며 살 가능성이 좀 더 높을 테니까 말이다.

이 책은 다양한 질문들을 우리에게 던진다. 저자는 질문에 대한 답을 쉽게 정리해서 알려주지는 않는다. 우리 스스로 찾도록 안내해주고, 그 과정에서 우리 스스로의 삶을 사랑하고 우리 자신을 발견하게 해준다. 그런 점에서 이 책은 철학을 터득하게 하는 안내서이다. 그러니 이 책에서 제기되는 철학적 질문들을 두려워하지 말라. 그 질문들이 우리 젊은이들의 인생을 더 올바르게, 더 의미 있게 더 참되게 이끌어 줄 테니까.

"그 무엇에도 대답을 찾지 못하는 것이 나의 강점이다."

－에밀 시오랑Emile Cioran

세상이 던지는 질문에 어떻게 답해야 할까?

초판 1쇄 발행 2012년 4월 15일
초판 3쇄 발행 2012년 7월 7일

지은이 페르난도 사바테르
옮긴이 장혜경
감　수 박연숙
펴낸이 박선경

마케팅 • 박언경
표지 디자인 • 고문화
본문 디자인 • 김남정
제작 • 펙토리

펴낸곳 • 도서출판 갈매나무
출판등록 • 2006년 7월 27일 제395-2006-000092호
주소 • 경기도 고양시 덕양구 화정동 965번지 한화오벨리스크 1501호
전화 • 031)967-5596
팩시밀리 • 031)967-5597

isbn 978-89-93635-28-7/03100
값 14,000원

• 잘못된 책은 구입하신 서점에서 바꾸어드립니다.
• 본서의 반품 기한은 2017년 4월 30일까지입니다.